·中国宏观经济研究院基础课题项目资助

WHAT IS THE DIRECTION OF COAL?

The flows of coal and the economic transition of coal resource-based cities in China, towards 2030

煤炭怎么走？

面向2030年，我国煤炭资源流向及煤炭资源型城市经济转型

蒋茂荣◎著

中国经济出版社
CHINA ECONOMIC PUBLISHING HOUSE
北京

图书在版编目（CIP）数据

煤炭怎么走?：面向2030年，我国煤炭资源流向及煤炭资源型城市经济转型／蒋茂荣著．--北京：中国经济出版社，2024.8（2025.4重印）．-- ISBN 978-7-5136-7881-0

Ⅰ．F426.21

中国国家版本馆CIP数据核字第2024XW2950号

责任编辑　贺　静
责任印制　李　伟
封面设计　华子设计

出版发行　中国经济出版社
印 刷 者　北京建宏印刷有限公司
经 销 者　各地新华书店
开　　本　710mm×1000mm　1/16
印　　张　14.25
字　　数　204千字
版　　次　2024年8月第1版
印　　次　2025年4月第2次
定　　价　89.00元
广告经营许可证　京西工商广字第8179号

中国经济出版社　**网址** http://epc.sinopec.com/epc/　**社址** 北京市东城区安定门外大街58号　**邮编** 100011
本版图书如存在印装质量问题，请与本社销售中心联系调换（联系电话：010-57512564）

Preface 前言

我国的碳达峰、碳中和目标已明确稳妥有序推进总基调，强调必须立足我国能源资源禀赋，坚持先立后破、通盘谋划，将系统观念贯穿“双碳”工作全过程。近期和中期，统筹发展和安全，要以保障国家能源安全和经济发展为底线，传统能源逐步退出必须建立在新能源安全可靠替代的基础上，有计划、分步骤地实施碳达峰行动。

随着新型能源体系加快规划建设，我国能源低碳化、无碳化转型步伐加快，能源系统中煤炭被大规模替代成为历史的必然。党的二十大报告提出“加强能源产供储销体系建设”“加强煤炭清洁高效利用”，为煤炭产业发展和煤炭资源型城市经济转型明确了新方向。

在此背景形势下，亟须做好两方面研究工作：一是系统研究我国煤炭资源流量、流向，深挖煤炭资源流动空间网络演变及成因，综合研判我国煤炭供给潜力和煤炭需求趋向，为碳达峰、碳中和战略愿景下新型能源体系建设提供坚实保障。二是结合“新发展理念、新发展阶段、新发展格局”等时代要求，系统分析煤炭资源型城市转型发展的迫切性、艰巨性、科学性和有效性，“因城施策”，为我国各类型煤炭资源型城市转型发展提供有力支撑。

Contents **目 录**

绪 论

Ⅰ 全国篇

Ⅱ 区域篇

Ⅲ 城市篇

Ⅳ 形势篇

Contents 图目录

Contents 表目录

绪论

一、明晰我国煤炭资源流量、流向及趋势是实现碳达峰、碳中和目标的必然要求

自2020年9月习近平主席向国际社会宣示我国碳达峰、碳中和（以下简称“双碳”）战略目标以来，中共中央加快构建“双碳”“1+N”政策体系，地方政府纷纷颁布“双碳”实施意见和行动方案，行业和企业加速制定推动“双碳”目标实现的时间表、路线图、施工图。“双碳”目标已明确稳妥、有序推进总基调，强调必须立足我国能源资源禀赋，坚持先立后破、通盘谋划，将系统观念贯穿“双碳”工作全过程。近期和中期，统筹发展和安全，要以保障国家能源安全和经济发展为底线，传统能源逐步退出必须建立在新能源安全可靠替代的基础上，有计划、分步骤地实施碳达峰行动。新发展阶段，煤炭作为主体能源的地位短期内不会改变，系统研究我国煤炭资源流量、流向，深挖煤炭资源流动空间网络演变及成因，综合研判我国煤炭供给潜力和煤炭需求趋向，发挥煤炭作为保障能源安全的兜底保障作用，具有重要的指导价值。

二、做好我国煤炭资源流量、流向及趋势分析是构建新型能源体系的必要前提

党的二十大报告提出“加快规划建设新型能源体系”，这是在编制实施现代能源体系规划和推动构建新型电力系统基础上，对能源发展提出的新要求，其中，“加强能源产供储销体系建设”“加强煤炭清洁高效利用”等表述也为煤炭产业发展指明了新方向。在推进新型能源体系建设进程中，囿于太阳能、风能等可再生能源存在间歇性、波动性、调峰能力弱等

天然属性，能源系统稳定、可靠运行难度增大，仍需煤炭为新能源发展“扶上马，送一程”，这要求对煤炭资源流量、流向进行更加实时、准确的把握，对未来煤炭资源流量、流向和趋势进行更加科学的研判。与此同时，世界百年未有之大变局下，全球能源贸易格局加速转变，国际能源市场稳定运行风险激增，特别是在能源价格居高难下的情况下，积极调整我国煤炭生产和进口布局，提前规制煤炭需求导向，对于更好地推进新型能源体系建设至关重要，这也更加要求明确我国煤炭资源流量、流向及趋势。

三、深化我国煤炭资源流量、流向及趋势研究是推动资源合理配置的必要基础

过去，在对资源合理配置的研究中，学界充分融入地理学、生态学、经济学系中物质流、能量流、信息流和价值流等相关科学理念，提出了“资源过程论”“资源的生态经济平衡论”“资源流动论”等重要理论，为国家与区域的可持续发展、资源与环境的协调发展等提供了有力支撑。但是学界多在建模分析能源资源在不同区域、产业之间流转配置所产生的经济社会效应，对能源资源流动实际情况和数据掌握不足，导致对实践指导作用相对薄弱。当前，我国煤炭产业大数据网络已然建立，在成熟的学理基础上补充煤炭资源流量、流向基础数据，不仅能够拓展煤炭资源流动研究的深度和广度，而且能够完善能源安全保障的政策工具体系。此外，推动煤炭资源合理配置还需“跳出能源看煤炭、跳出煤炭看煤炭”，进一步深化煤炭资源流量、流向及趋势研究，重点测度煤炭资源流动效率，科学界定煤炭资源流动效率概念体系、时空演化机理特征，这将对煤炭资源在不同区域、不同行业之间优化配置产生积极影响。

四、全面推进高质量发展，破解煤炭资源型城市转型发展问题意义重大

煤炭资源型城市是我国重要的能源资源战略保障基地，是长期以来国民经济持续健康发展的重要支撑，其产生机理和发展模式具有一定的时代

特征。在新时代背景下，促进资源型城市可持续发展，是加快转变经济发展方式、实现全面建成小康社会奋斗目标的必然要求，也是促进区域协调发展、统筹推进新型工业化和新型城镇化、维护社会和谐稳定、建设生态文明的重要任务。现阶段，囿于资源条件、产业政策导向和市场选择，我国煤炭产能逐步向晋陕蒙宁新地区集中，短期内这些地区对于保障国家煤炭供应安全的责任重大，对煤炭经济的依赖程度也可能会进一步加深。20余年来，我国东北、华东等地区都曾经历过煤炭资源型城市的经济转型，有的比较成功，有的至今仍旧发展困难。梳理和总结这些城市在煤炭经济转型过程中的政策体系、产业发展模式等做法，并对比其中的经验和教训，对于晋陕蒙宁新等煤炭资源区在促进城市可持续发展、减轻煤炭经济依赖、推动产业多元发展等方面具有重要借鉴作用。在新时期，煤炭资源型城市不仅面临传统煤炭转型制约，也需考虑非煤产业接续发展，还需面对新发展格局下的全新约束。因此，针对煤炭资源型城市经济转型发展进行系统研究具有显著的时代意义。

I 全国篇

一、我国煤炭行业发展总体趋势

（一）煤炭占我国能源消费比重持续下降，但仍超过一半

我国“富煤贫油少气”的能源资源禀赋以及我国稳定经济增长的能源需求现实，决定了煤炭在近期和中期仍将占据主体能源地位，长期以来煤炭在我国能源系统中发挥着主体能源作用。在推动能源绿色低碳转型进程中，清洁低碳能源加快发展，煤炭消费占比不断下降，从 2007 年的 72.5% 下降到 2021 年的 56.2%，年均下降 1.09 个百分点，但仍是我国第一大能源，在保障我国能源供应安全中起到了“压舱石”作用（见图 1－1）。近年来，能源安全保供形势日趋复杂严峻，2022 年，我国立足能源资源禀赋，先立后破，稳步推进煤炭增产保供工作，圆满完成煤矿产能核增既定目标，推动实现煤炭产量较大幅度增长。国家统计局公布的数据显示，2022 年原煤产量同比增长 10.5%，日均煤炭产量达历年最高水平，煤炭安全兜底保供作用进一步显现。“双碳”目标背景下，作为高碳能源的煤炭被逐步替代是大势所趋，但能源转型不可能一蹴而就，先立后破成为保障能源安全的战略选择，未来 10～15 年是我国能源转型的过渡期，清洁低碳、安全高效的能源体系尚在构建过程中，加之国际能源形势错综复杂，需统筹能源发展与安全，发挥传统能源对我国能源安全的兜底保障作用。长期来看，特别是随着可再生能源的快速发展，储能、氢能等新技术不断推广应用，煤炭在能源系统中的作用必将向兜底保障和调节能源转变。

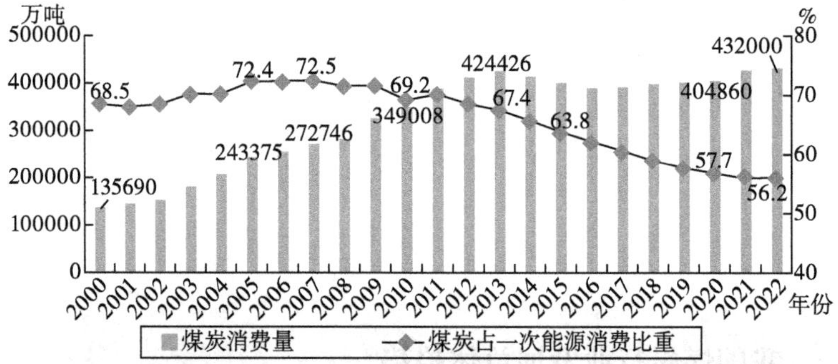

图 1－1　2000—2022 年我国煤炭消费量和一次能源消费占比情况

资料来源：国家统计局、中国煤炭市场网。

（二）发电用煤需求不断攀升，是煤炭消费的增量主体

新中国成立以来，电力、钢铁、建材、化工 4 个行业总耗煤量占煤炭消费总量的比重不断提高，由 1953 年的 18% 提高到 1980 年的 40%。进入 21 世纪，四大行业煤炭消费占比超七成，2015 年四大行业耗煤量占煤炭消费总量的 81.5%，2022 年进一步提升至 92% 以上。特别是“十三五”时期，我国电力和钢铁行业煤炭消费增量分别约为 3.5 亿吨和 1.3 亿吨，累计分别增长 19% 和 23%，建材和化工行业煤炭消费减量分别约为 3000 万吨和 1000 万吨，累计分别下降 6% 和 3%，煤炭消费逐步聚拢于电力、钢铁等行业（见表 1－1）。在世界百年未有之大变局叠加新冠疫情的冲击下，近年来我国国民经济发展相对滞缓，钢铁、建材、化工等行业煤炭需求相对下行，电煤需求增长逐步成为煤炭消费增量主体。根据中国煤炭市场网数据，2022 年我国电力、钢铁、建材和化工等行业耗煤量约占全社会煤炭消费总量的 92%，其中，电力行业贡献了 2022 年全社会煤炭消费增量的 80% 左右，化工行业用煤需求增速最高，同比增长约 5.4%，冶金行业用煤需求趋于平稳，建材行业用煤趋于下滑。未来，全社会钢铁、建材类产品需求进入平台期，行业用煤稳中趋降；在原料用能不纳入能源消费总量控制前提下，化工行业用煤趋增；电气化、城镇化持续推进，抬升了全社会的电力需求，电力行业煤炭消费占比将进一步提高。

表 1－1 2015—2022 年我国主要行业煤炭消费情况 单位：亿吨

行业	2015 年	2016 年	2017 年	2018 年	2019 年	2020 年	2021 年	2022 年
电力	18.4	18.5	19.9	21.2	21.3	21.9	24.2	24.6
钢铁	6.0	5.9	6.4	6.5	6.8	7.3	6.7	6.8
建材	5.2	5.2	5.1	4.8	4.9	4.9	5.5	5.2
化工	3.0	3.1	2.8	2.8	2.9	2.9	3.1	3.2
其他（含散烧煤）	7.0	5.8	4.6	3.8	3.5	3.5	3.2	3.4

资料来源：中国煤炭市场网。

（三）全国煤炭区域和企业生产集中度呈逐年上升态势

2022 年，煤炭主产区和国有大型煤企的战略地位与重要作用越发凸显。分地区来看，15 个煤炭产量千万吨级以上省区产量占比已达 99% 以上，其中，山西、内蒙古、陕西、新疆全年煤炭产量分别达到 13.1 亿吨、11.7 亿吨、7.5 亿吨和 4.1 亿吨，分别占全国原煤生产总量的 28.7%、25.7%、16.5% 和 9.0%。2016—2022 年我国晋陕蒙新及晋陕蒙煤炭产量占全国比重如图 1－2 所示。

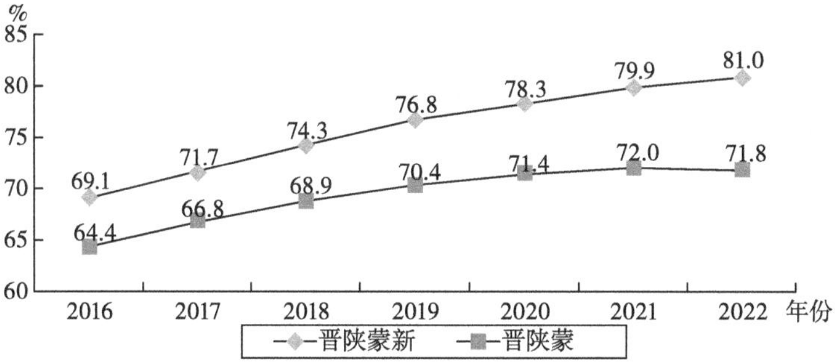

图 1－2 2016—2022 年我国晋陕蒙新及晋陕蒙煤炭产量占全国比重

资料来源：中国煤炭市场网。

（四）我国省际煤炭资源流动占生产消费五成左右

长期以来，我国煤炭产能逐步向晋陕蒙新转移，中东部资源日渐枯竭，但是煤炭消费仍处峰值平台，跨省调入调出量约占全国煤炭消费量的 50%，晋陕蒙等主产区煤炭资源跨省调出，为冀苏鲁等中东部经济大省能源电力提供了稳定保障。从 2021 年下半年开始，我国煤炭市场整体呈供需紧平衡、价格大幅上涨态势，为积极引导市场预期，国家颁布了一系列煤炭保供稳价措施，省际煤炭调入调出频率明显加快。中国煤炭市场网统计数据显示，2022年我国煤炭资源流动超过22亿吨，同比提升14%。分省份来看，内蒙古、山西和陕西三省（区）是我国三大煤炭调出地，贡献了近90%的省际煤炭调出量。内蒙古区外煤炭销售约8.1亿吨，其中调往河北、江苏、山东最多，分别约占内蒙古煤炭调出量的12%、12%、10%；山西省外煤炭销售约6.6亿吨，其中调往河北、江苏、山东最多，分别约占山西煤炭调出量的24%、20%、9%；陕西省外煤炭销售约5.0亿吨，其中调往山西、江苏、广东最多，分别占陕西煤炭调出量的15%、13%、9%（见图1-3）。当前，新疆煤炭调出量占全区煤炭产量比重为10%左右，随着“疆煤外运”的有效实施，未来新疆将成为我国煤炭资源跨省流动主要增量来源。

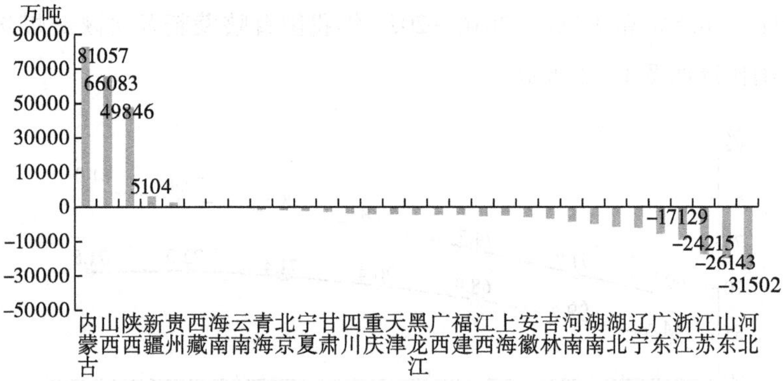

图1-3 2022年我国各省（区、市）煤炭净调出量统计

注：净调出=生产-域内消费+出口-进口。

资料来源：中国煤炭市场网。

（五）煤炭综合输运能力超30亿吨/年，跨区调运条件明显改善

随着“西煤东送”“北煤南运”“疆煤外运”等煤炭铁路运输布局的日渐完善，“公转铁”的持续推进，以及“铁水联运”的有力实施，全国煤炭输运网络同步得到有力提升，有力支撑了全国煤炭调运和能源保供工作。截至2021年年底，全国煤炭基地外运通道输送能力达30亿吨/年以上，其中山西、陕西和内蒙古西部“三西”地区外运能力约18亿吨/年。2022年，大范

围疫情、产区强降雨、局部地区需求快速释放等造成了多次区域性供需失衡风险，对煤炭的调运工作形成巨大挑战。根据中国国家铁路集团信息，全年铁路输运电煤14.9亿吨、同比增长13%。其中，“北煤南运”连接山西到华东地区山东的瓦日铁路货运力分别较2020年、2021年增长39.4%、11.7%；连接内蒙古到华中地区江西的浩吉铁路运煤总量同比增长55.6%。“西煤东送”连接山西到秦皇岛的大秦线累计完成运量近4亿吨，除常规检修外基本实现满运。煤炭铁路运输网络持续高效运行，推动煤炭跨区域调度高效运转，为煤炭安全供给提供了有力保障，其中晋陕蒙等地煤炭调出量占全国煤炭跨区调动的90%以上，“疆煤外运”量同比增长近45%。

（六）我国煤炭年进口2.5亿~3亿吨，是中东部地区的重要补充

为满足我国经济社会的发展要求，特别是保障沿海地区用能用电安全，我国近年来加大进口煤炭调节力度，“十三五”时期全国煤炭年进口量保持在2.5亿吨以上。海关数据显示，2021年我国全年进口煤炭3.2亿吨、同比增长6.6%，日均进口量达88.6万吨，进口量占全国煤炭消费比重约7.5%。进口煤炭主要流向珠三角、长三角和京津冀等地区，其中，广东、福建、北京、浙江和江苏全年煤炭进口量分别为6260万吨、6000万吨、4160万吨、2950万吨和1530万吨，有效保障了我国沿海地区电力行业用煤的需求。从进口来源看，印度尼西亚、俄罗斯和蒙古国依然是我国煤炭进口三大来源，2022年自这3个国家的煤炭进口量分别为1.71亿吨、0.68亿吨和0.31亿吨，分别占我国煤炭进口总量的58.2%、23.2%和10.6%（见表1－2）。从进口煤种来看，2022年我国进口褐煤1.30亿吨、炼焦煤0.64亿吨、无烟煤及其他煤种0.99亿吨，占进口煤比重分别为44.5%、21.8%和33.8%。

表1－2　2016—2022年我国煤炭进口来源基本情况　　单位：万吨

进口来源	2016年	2017年	2018年	2019年	2020年	2021年	2022年
印度尼西亚	10380	10901	4406	13762	14084	19566	17065
俄罗斯	1885	2807	2379	3224	2854	5699	6806
蒙古国	2640	3399	3191	3635	2854	1644	3115
澳大利亚	7054	8006	7977	7709	7751	1171	285

续表

进口来源	2016年	2017年	2018年	2019年	2020年	2021年	2022年
美国	0	317	228	112	94	1060	452
加拿大	519	527	295	380	549	1043	866

资料来源：海关总署。

二、我国煤炭资源流量、流向及趋势研判

（一）全国煤炭需求判断

1. 新时代全国能源需求分情景研究

（1）我国经济社会发展展望及能源需求情景设定

第一，经济社会发展展望。

改革开放以后，我国创造了经济持续高速发展和社会长期稳定的两大奇迹。党的十九大报告为建设社会主义现代化，明确提出“两个阶段”战略安排。党的二十大报告又强调了“两步走”战略部署。第一步，2020—2035年，在全面建成小康社会的基础上，再奋斗15年，基本实现社会主义现代化。第二步，从2035年到21世纪中叶，在基本实现现代化的基础上，再奋斗15年，把我国建成富强民主文明和谐美丽的社会主义现代化强国。

2020年，我国能源领域二氧化碳排放达100亿吨左右，占全国二氧化碳排放量的80%以上。随着我国经济社会可持续发展、新型工业化和新型城镇化加快推进，未来一段时期内能源需求总量还将继续增长，且仍有一定的增量空间。因此，在能源需求总量不断上升的背景下，为实现国家的长期发展愿景和兑现“双碳”承诺，要统筹能源发展和安全，加快建立清洁低碳安全高效的能源体系。

短期而言，“十四五”后3年，影响全国能源需求的因素较多、较复杂，与“十四五”初期相比发生了明显变化。

从国际形势来看，全球能源发展进入大变革、大调整、安全风险积聚期。世界能源安全呈现出多重矛盾。俄乌冲突爆发后，国际秩序和格局深度调整，能源地缘不稳定因素显著增多。中美竞合博弈持续，能源国际合

作仍存在障碍。科技革命深入推进，能源技术领域垄断与壁垒越发凸显。

从人口规模来看，近年来我国人口增长速度明显放缓，少子化和老龄化时代加速到来。2022 年全国总人口 141175 万人，比 2021 年减少 85 万人，意外出现下降情况；新生儿出生量仅为 956 万人，连续多年低于预期。与之前普遍预计全国人口峰值在 2025—2030 年出现、峰值约 14.2 亿人的认识相比，实际上峰值可能已经提前到来。尽管我国生育政策已经做出及时调整，但是普遍认为若没有更多配套政策发布，三孩政策或难以扭转人口总量的下降趋势。

从经济总量来看，2022 年我国国内生产总值突破 120 万亿元，按不变价格计算，比上年增长 3.0%。按年平均汇率折算，我国 GDP 总量约为 18.0 万亿美元，稳居世界第二位。我国人均 GDP 连续 3 年超过 1 万美元，已进入中等偏上收入国家行列。未来，我国经济实力、科技实力、综合国力将不断提高，不断向高收入国家迈进。

展望中长期，各阶段国家发展主要目标愿景如下：

到 2025 年，经济发展取得新成效，在质量效益明显提升的基础上实现经济持续健康发展。生态文明建设实现新进步，能源资源配置更加合理、利用效率大幅提高，单位国内生产总值能源消耗和二氧化碳排放分别降低 13.5% 和 18.0%，生态环境持续改善。民生福祉达到新水平。

力争于 2030 年前实现二氧化碳排放达到峰值。

到 2035 年，基本实现社会主义现代化。经济实力、科技实力、综合国力将大幅跃升，经济总量和城乡居民人均收入将迈上新台阶，关键核心技术实现重大突破，进入创新型国家前列。广泛形成绿色生产生活方式，碳排放达峰后稳中有降，生态环境根本好转，美丽中国建设目标基本实现。人均国内生产总值达到中等发达国家水平。人民生活更加美好。

到 2050 年前后，建成富强民主文明和谐美丽的社会主义现代化强国。物质文明、政治文明、精神文明、社会文明、生态文明全面提升，实现国家治理体系和治理能力现代化，成为综合国力和国际影响力领先的国家，全体人民共同富裕基本实现，我国人民将享有更加幸福安康的生活，中华民族将以更加昂扬的姿态屹立于世界民族之林。

努力争取2060年前实现碳中和，为实现应对气候变化《巴黎协定》确定的目标做出更大努力和贡献。

第二，能源需求情景设定。

以2030年前二氧化碳达峰、2060年前碳中和为目标导向，本书研究设定了3种情景，分别是参考情景（情景1）、相对保守情景（情景2）、乐观理想情景（情景3）。情景设计主要考虑了经济社会低碳化发展进程、节能低碳技术进步和实践应用程度、碳排放和环境治理效应等方面，具体含义描述如下。

情景1：参考情景。一是提高能效，推动绿色生产生活方式，能源需求朝绿色低碳方向转型。统筹能源发展与安全，能源支撑国家“两步走”目标实现，建成社会主义现代化强国。二是节能低碳技术进步取得进展，CCS/CCUS[①]、氢能等关键技术试点示范，能源领域新技术、新业态、新模式不断发展；能源结构持续优化，加快化石能源清洁低碳高效利用。三是能源相关污染物排放持续下降，接近世界卫生组织（WHO）空气质量标准，水、土地、生态持续恢复。能源领域支撑生态文明建设，2035年基本实现美丽中国目标。

情景2：相对保守情景。一是持续大幅提高能效，广泛形成绿色生产生活方式，促进能源需求朝绿色低碳方向转型。统筹能源发展与安全，能源支撑国家“两步走”目标实现，建成社会主义现代化强国。二是节能低碳技术进步取得重大进展，CCS/CCUS、氢能等关键技术实现大规模、多元化应用，能源领域新技术、新业态、新模式商业化不断发展，能源结构持续优化，低碳转型顺利推进。三是能源相关污染物排放持续大幅下降，达到WHO空气质量标准，水、土地、生态得到较好恢复。能源领域有力支撑生态文明建设，2035年基本实现美丽中国目标。

---

① CCS(Carbon Capture and Storage)，即二氧化碳捕集与封存，是一种用于减缓气候变化、减少二氧化碳排放的技术，其雏形是20世纪70年代在美国兴起的用二氧化碳驱油以提高石油采收率的技术。CCS的3个关键要素是对二氧化碳进行捕集、运输和地质封存。CCUS(Carbon Capture, Utilization and Storage)即二氧化碳的捕集、利用与封存，是中国结合本国实际提出的概念，即在CCS基础上增加了二氧化碳利用的环节，主要方式包括利用二氧化碳驱油、精制食品级二氧化碳以及其他工业利用方式。目前，CCUS的概念已经在世界范围内被广泛接受。

情景3：乐观理想情景。一是进一步持续大幅提高能效，全社会形成绿色生产生活方式，能源需求加快向绿色低碳方向转型。能源支撑国家“两步走”目标实现，建成社会主义现代化强国。二是节能低碳技术进步取得重大突破，CCS/CCUS、氢能等关键技术实现商业化应用，能源领域新技术、新模式、新业态商业化加快发展，能源结构持续优化，低碳转型加快推进。三是能源相关污染物排放持续大幅下降，提前达到 WHO 空气质量标准，生态环境得到根本好转。能源领域有力支撑生态文明建设，2035 年前实现美丽中国目标。

（2）我国能源电力需求基础分析

第一，能源消费总量将出现和经济总量“同步增长，逐步脱钩”。

“十四五”时期，我国加快经济高质量发展，全国及区域碳市场建设持续推进，碳资产价格将沿产业链传导至产业各部门，从而深刻影响“十四五”时期的经济增速和产业结构变化。此外，考虑到“十三五”中后期在石化及化工、电力热力生产、有色金属、钢铁等行业中有多个大规模耗能项目建成投产，预期将带来较大的能源消费增量，可能会导致“十四五”能源消费总量规模持续扩大。考虑到我国后工业化发展阶段特点、经济高质量发展有效推进，以及二氧化碳达峰的迫切要求，“十四五”将是我国能源消费的中低速增长期。以发电煤耗法计算，能源消费总量年均增长 3.8% ~4.4%；以电热当量法计算，能源消费总量年均增长 2.5% ~3.4%。但是，由于能源总量基数较大，预计 2025 年能源消费总量仍将上升至 58.6 亿 ~60.4 亿吨标准煤（发电煤耗法）（见图 1 –4 和图 1 –5）。

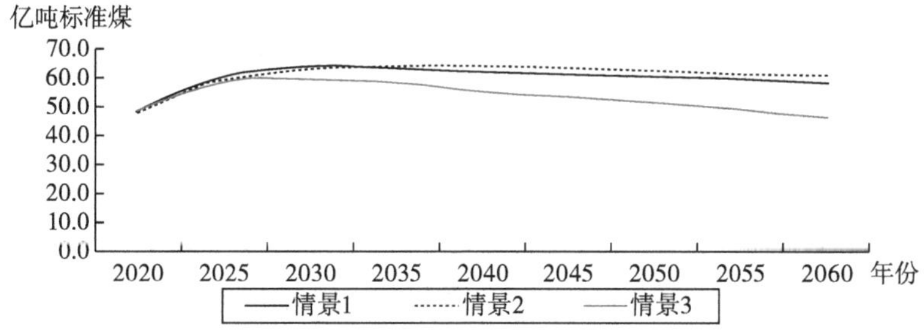

图 1 –4　到 2060 年我国一次能源需求预测（发电煤耗法）

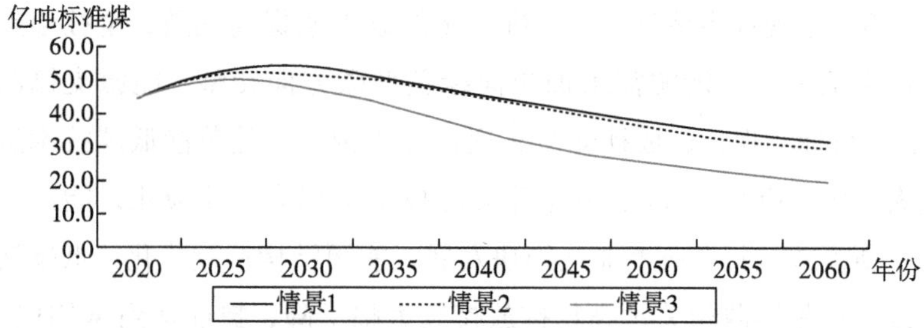

图1-5　到2060年我国一次能源需求预测（电热当量法）

“十五五”时期，我国经济总量有望跃居世界第一位，经济高质量发展取得显著成效。能源需求增长速度将进一步放缓，进入低速增长期。以发电煤耗法计算，能源消费总量年均增长0.3%~1.1%；以电热当量法计算，能源消费总量年均增长-1.2%~0.5%。但是，由于能源消费总量基数大，每年新增能源消费规模还将不断上升，2030年能源消费总量很可能突破60亿吨标准煤，超过原定目标。

从中长期看，3种情景中能源消费总量峰值集中在2025—2035年出现。以发电煤耗法计算，能源消费总量峰值水平为59.5亿~63.5亿吨标准煤；以电热当量法计算，能源消费总量峰值水平为50.7亿~54.1亿吨标准煤。两种计算方法的结果出现较大差异，主要原因是能源消费结构发生颠覆性改变。

分阶段看，在2035年之前，能源需求会持续增长，与经济实现同步增长，但是增速逐步放缓，出现饱和特征。在2035年之后，能源需求在稳定一段时间后可能出现缓慢下降，能源消费增长与经济增长出现逐步脱钩的迹象。到2060年，以发电煤耗法计算，能源消费总量为46.5亿~60.9亿吨标准煤，比峰值水平下降5%~22%，下降幅度相对有限；但是若以电热当量法计算，能源消费总量可能降至19.9亿~31.6亿吨标准煤，比峰值水平下降42%~61%，下降一半左右。

电力需求。全社会用电量将持续增长，增速逐步放缓，表现出饱和特征。其中，终端用电量率先进入峰值平台，终端用电量饱和水平在11万亿~14万亿千瓦·时。终端电气化率从当前的25%提高至2060年的60%~70%。2035年后，制氢用电和储调损耗迅速增长，推动全社会用电量继续增长。2060 年，全社会用电量达到 14 万亿～18 万亿千瓦·时。制氢用电及电能损耗占比不断提高，从当前的 7% 提高至 2050 年的 17%～20% 和 2060 年的 26% 左右。

基于我国经济社会发展阶段变化以及能源电力系统低碳零碳转型调整，预计 2020—2060 年我国全社会用电量变化趋势可主要分为以下 3 个阶段（见图 1－6）。

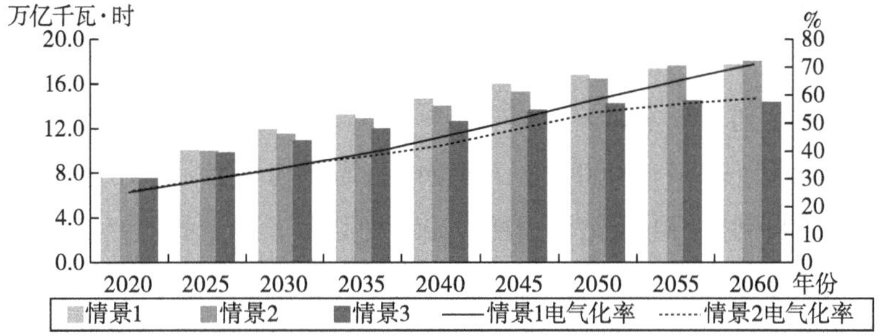

图 1－6 到 2060 年我国电力需求预测

第一阶段（2020—2030 年）：电力消费保持较快增长，年均增速逐步放缓。“十四五”和“十五五”时期，我国总体仍处于工业化中后期、城镇化快速推进阶段。随着经济发展方式转变和产业结构优化调整，新技术、新业态、新模式将逐步成为经济发展的新动能，工业生产转型升级加快，高端制造业发展将推动电力需求刚性增长，5G、大数据、人工智能等将带动新兴产业用电量快速增长，人民对美好生活的向往将不断推动居民生活用电需求持续提升。这一时期，电化学储能、电动汽车 V2G 等新型储能还处于培育和初期发展阶段。预计“十四五”时期全社会用电量平均增速保持在 5.5%～5.8%，“十五五”时期全社会用电量平均增速降低至 2.2%～2.9%，2025 年、2030 年全社会电力需求分别达到 9.5 万亿～10 万亿千瓦·时、11 万亿～12 万亿千瓦·时。

第二阶段（2030—2050 年）：电气化水平快速提升，终端用电量逐渐饱和。按照 2035 年我国基本实现社会主义现代化、2050 年建成富强民主文明和谐美丽的社会主义现代化强国的战略目标，中远期我国经济实力、科技实力、综合国力将大幅跃升，新型工业化、信息化、城镇化、农业现代化持续推进，工业、建筑、交通等终端用能领域的电气化水平快速提升。随着城市化建设和经济社会发展放缓，终端电力需求增速也逐步放缓，到2050年前后，达到峰值为11.5万亿~14.0万亿千瓦·时。与此同时，随着新能源占比越来越高，电化学储能、电动汽车V2G等新型储调技术得以快速推广应用，这些储调技术的用电量及电能损耗占比逐步提升。预计2030—2050年，全社会用电量年均增速在1.3%~1.8%。到2050年，电能占终端能源消费的比重提升至54%~60%，全社会用电量达到14万亿~17万亿千瓦·时，其中制氢用电量及储调技术电能损耗占全社会用电量的比重达到17%~20%。

第三阶段（2050—2060年）：终端电力需求稳中有降，用电增长空间基本全部来自制氢用电及储调损耗。2050年以后，随着我国经济发展方式调整，城镇化水平趋缓以及人口逐步饱和，终端电力需求进入峰值平台期，并逐渐缓慢下降。其间，考虑到氢能需求量持续提升，以及以新能源为主体的新型电力系统对电化学储能、电动汽车V2G等新型储调技术的刚性需求成为常态，电解水制氢等电制燃料的用电量和新型储调技术的电能损耗仍将进一步增加。预计2050—2060年，全社会用电量基本饱和，年均增速不到1%。到2060年，电能占终端能源消费的比重提升至60%~70%，全社会用电量达到14.3万亿~18.0万亿千瓦·时，制氢用电量及储调技术电能损耗占比进一步提升至26%左右。

第二，能源消费结构出现颠覆性改变。

“十三五”时期，我国能源消费结构优化取得显著进展。2021年，煤炭占能源消费总量的比重持续下降0.9个百分点，至56%。石油约占18.5%，下降0.3个百分点；天然气比重提高至8.9%左右，提高0.5个百分点；非化石能源比重上升至16.6%。“十四五”及“十五五”时期，我国能源消费结构将进一步优化。在控制能源消费总量、煤炭消费总量等政策及终端清洁能源替代措施的推动下，煤炭比重继续明显下降，非化石能源比重继续显著上升。2030年，煤炭在一次能源消费中的比重将降至40%~45%，非化石能源比重将提高至25.5%~34.4%，如期实现国家提出的2030年非化石能源比重25%的目标。中长期，我国能源消费结构将出现颠覆性改变，非化石能源将替代煤炭、石油等化石能源，成为能源消费中的绝对主体。到2060年，非化石能源比重将上升至80.7%～97.6%，如期实现国家提出的2060年非化石能源比重达到80%以上的目标（见图1－7至图1－9）。

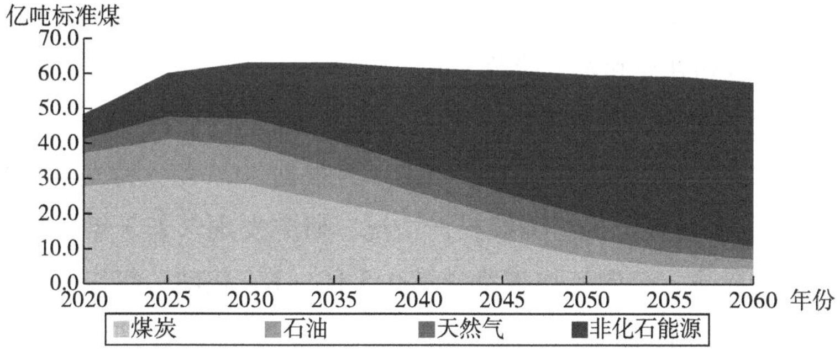

图1－7　能源消费结构预测（情景1）（发电煤耗法）

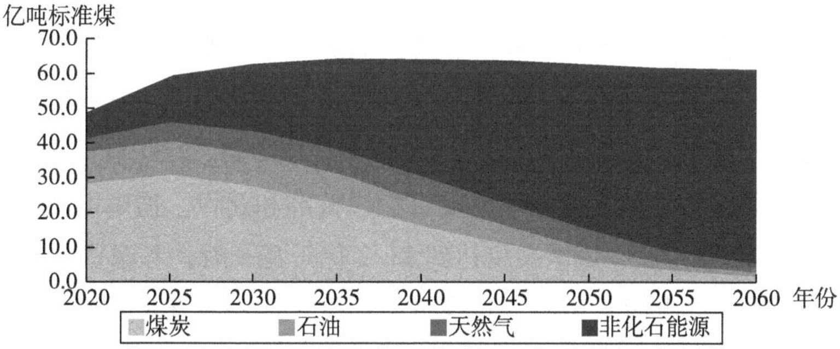

图1－8　能源消费结构预测（情景2）（发电煤耗法）

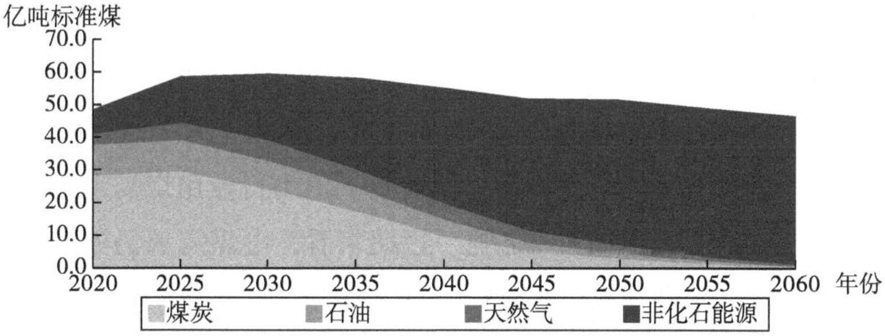

图1－9　能源消费结构预测（情景3）（发电煤耗法）

2. 我国煤炭消费处于峰值平台期

“双碳”目标要求下，作为高碳能源的煤炭被逐步减量替代是必然过程。近中期，清洁低碳、安全高效的能源体系尚在构建过程中，煤炭仍将维持主体能源地位，持续发挥我国能源安全的兜底保障作用。远期，随着需求减量替代，依托供给侧结构性改革的深度推进、弹性产能建设的有力实施，煤炭定位朝补充和调节能源方向转变。

（1）近期和中期，我国煤炭消费总量仍将处于峰值平台

综合考虑固定资产投资、出口、消费，且根据2023年火力发电情况和“十四五”后期新增煤电机组陆续投产情况，研究发现未来3年煤炭需求仍处平台上升阶段，全国年均消费增量0.5亿～1.1亿吨，年均消费增速逐年略有降低，预计到2025年我国煤炭消费量达45.7亿～47.5亿吨。统筹煤电、钢铁、建材、化工等行业形势研判，“十四五”后3年我国四大耗煤行业煤炭需求将呈“两升两降”态势。其中：

发电用煤需求持续增长。我国经济发展进入新常态以来，终端电气化进程加快，5G、数据中心等新兴产业快速发展，叠加极端天气影响，电力消费增速快于经济增速的状态频发，为保障电力安全，更好地发挥煤电兜底作用，全国清洁高效支撑性煤电项目加快核准和建设。据中电联统计数据，截至2022年年底，煤电装机达到11.2亿千瓦·时，考虑“三个8000万”装机计划，“十四五”后3年煤电新增投产能力将逐步释放，但不同区域投资建设进度仍有一些不确定性，预计2023—2025年，全国煤电装机规模将分别达到11.7亿～11.8亿千瓦、12.3亿～12.6亿千瓦和13.0亿～13.6亿千瓦。考虑火电基荷调峰需求，全国煤电机组平均利用小时数有序下降，预计2023—2025年，在经济快速增长和极端气候冲击等影响下，高情景下电力行业用煤需求将分别达26.4亿吨、27.7亿吨、29.1亿吨；若经济增长低于预期且天气较为正常，低情景下电力行业用煤需求将分别约为26.1亿吨、27.0亿吨、27.7亿吨。短期来看，电煤需求仍处于快速上升阶段，且占煤炭消费比重进一步提升至60%以上，电煤消费仍是影响全国煤炭需求的核心因素。

化工行业用煤需求稳中有升。“十三五”以来，传统煤化工耗煤量呈

大幅下降趋势，合成氨工业耗煤量呈小幅下降趋势，制甲醇、制电石耗煤量稳步减少。新型煤化工耗煤量稳中有增，国家明确推动煤炭由燃料向燃料与原料并重转变，煤制烯烃等新型煤化工产品产量持续攀升，拉动化工用煤需求量整体稳中有升。初步判断，高情景下，未来3年化工行业煤炭需求年均增量在1500万~2000万吨，至2025年达到3.8亿吨左右。低情景下，未来3年化工行业煤炭需求年均增量约1000万吨，至2025年达到3.6亿吨左右。

冶金用煤进入峰值平台。综合考虑技术进步带动电炉钢比重不断提升、固定资产投资仍将担当拉动经济发展主动能的重要角色、新型基础设施建设加快布局等因素，“十四五”时期全社会钢铁需求预计出现峰值拐点。高情景下，经济向好态势下，房地产和基建投资发力，但行业周期性调整及外部需求减弱，预计未来3年钢铁行业煤炭需求量将分别为6.90亿吨、6.87亿吨和6.73亿吨。低情景下，经济发展低于预期，钢材等主要产品内外部需求量呈持续下降趋势，行业能（煤）耗进一步降低，未来3年钢铁行业煤炭需求量将分别为6.8亿吨、6.7亿吨和6.6亿吨。

建材用煤进入下滑通道。“十三五”以来，我国铁路、公路、水利等基础设施建设达高饱和状态，房地产行业发展趋缓，城市棚户区改造工程基本完成。“十四五”中后期，受房地产等主要下游行业景气度下行影响，我国水泥、玻璃、陶瓷等建材行业主要商品需求预计整体低位运行，预计未来3年行业煤炭需求量每年减少1500万~3000万吨，到2025年耗煤总量或降至4.7亿~4.8亿吨。

此外，全社会煤炭需求还包括农林牧渔、批发零售、居民消费、工业小锅炉等较为分散的煤炭消费，当前这些行业部门煤炭消费总量仍维持在3.5亿吨左右。未来3年若进一步加大散煤治理力度，预计每年削减潜力为1000万~2000万吨。

（2）中长期，我国煤炭消费占比或以较快速度下降

“十五五”时期及更长远期，我国在实现碳达峰目标后，将进一步加速推动现代能源体系建设，加快实现非化石能源对传统化石能源存量替

代，特别是随着现代产业体系建设的日渐成熟，钢铁、建材、化工等行业煤炭需求将逐步下降。

一是电力行业在分别考虑低碳发展和安全运行等因素影响下，行业煤炭需求量和达峰时间短期内存在较大不确定性，初步判断长期来看，煤电将完成基础性电源向调节性电源转变。二是钢铁行业煤炭需求量短期内处于高峰平台阶段，2030 年前后，行业煤炭需求可能出现峰值拐点，中长期，随着钢铁需求减量和电炉钢的发展，行业煤炭需求量快速下降。三是建材行业短期内处于相对稳定阶段，中长期，随着城镇化进程趋缓，传统基建逐步饱和，煤炭行业煤炭需求量逐步降低。四是化工行业发展受政策和市场发展制约较多，行业前景不甚明朗。近期和中期，新型煤化工发展可能拉升行业煤炭需求在2.9 亿吨以下；远期来看，化工用煤可能加速原料化和材料化转变。五是 2030 年以后，全社会逐步实现散煤清零(见表1－3)。

表1－3　我国分行业煤炭需求预测　　单位：亿吨

行业	2020 年	2030 年	2035 年
电力	21.9	23.5	20.5
钢铁	7.3	6.5	6.0
建材	4.9	3.5	2.5
化工	2.9	2.3	2.0
其他	3.5	0.2	0.0

此外，作为国际公认的有效减碳途径之一的 CCS 和 CCUS 技术，其发展将是未来全球走向净零排放的关键支撑，也是我国实现碳中和目标的技术保障。目前，国内相关技术攻关和试点示范正在稳步推进，未来该技术的成熟运用将在一定程度上改变现有煤炭乃至化石能源消费格局。

（二）我国煤炭资源情况和供给潜力分析

1. 全国煤炭资源及开发现状

(1) 煤炭资源相对集中分布于三大区域

我国聚煤盆地主要是在晚古生代和中新生代形成，在其形成和演化过程中又明显受控于古亚洲洋构造域、特提斯构造域、环太平洋构造域和蒙古国—鄂霍茨克构造域的形成和演化影响。这些构造域的相互作用干涉或先后叠置，使我国的聚煤盆地具有明显的东西差异和南北差异，这样的差异导致煤系的赋存也有较大差异。煤田构造格局可划分为：

第一，以贺兰山—龙门山南北向一级构造带分划的两大构造区域：东部构造区域、西部构造区域；

第二，两条东西向一级构造带（阴山—燕山构造带、昆仑—秦岭构造带）与南北向一级构造带组合划分的五大赋煤构造区：东北赋煤构造区、华北赋煤构造区、西北赋煤构造区、华南赋煤构造区、滇藏赋煤构造区；

第三，北北东向重力梯度带表征的大兴安岭—太行山—武陵山构造带与贺兰山—龙门山南北向构造带分划的三大煤系变形带：东部复合变形带、中部过渡变形带、西部挤压变形带。

与此同时，自晚古生代以来，相继经历了古亚洲地球动力学体系、太平洋地球动力学体系和特提斯地球动力学体系，并在其作用下，我国大陆构造演化兼具时空非均匀性、基底属性和地层结构的复杂性等特性，煤系变形格局呈现出复杂而又有序的总体面貌。与大陆岩石圈构、构造基本格局相似，煤系变形分区、分带组合可划分为三大区域：

第一，东部复合变形区。大兴安岭—太行山—武陵山以东，煤系后期改造显著且多样化，秦岭—大别山以挤压背景为主，华北和东北则以伸展背景为主。煤系变形分区以北东—北北东向布、平行排列的条带结构组合为基本格局，变形幅度和强度由东向西递减。

第二，西部挤压变形区。贺兰山—龙门山以西，煤田构造格局以挤压体制为特色，煤系变形分区组合呈北西—北西西—北北西弧形展布，变形强度向北递减。煤系变形分区组合由滇藏聚煤区的平行条带结构，转换为西北聚煤区多中心的环带结构。

第三，中部过渡变形区。大兴安岭—太行山—武陵山与贺兰山—龙门山之间的南北向过渡带，地壳结构稳定，煤盆地演化以继承性为特征，鄂尔多斯盆地和四川盆地煤系变形分区呈现出典型“地台型”同心环带结构。

（2）千米以浅煤炭资源储量超1.2万亿吨

我国煤炭资源受成煤环境和后期构造运动影响，埋藏深度差异较大，一般东部煤层埋藏深，西部煤层埋深较浅。截至2019年年底，我国累计探获煤炭资源储量为14460.65亿吨，保有资源储量为13841.18亿吨。在已开展勘查工作获得的煤炭资源储量中，全国埋深小于1000米的资源储量为12474.36亿吨，埋深1000～1200米的资源储量为530.57亿吨，大于1200米的资源储量为836.25亿吨。全国煤炭勘查区勘探资源量为1908.34亿吨，设计可采储量1811.08亿吨，生产煤矿保有资源量3062.34亿吨(见表1－4)。

表1－4　我国煤炭资源埋深储量统计　　单位：亿吨

省（区、市）	0～1000米	1000～1200米	1200米以深
北京	20.64		
天津	3.82		
河北	87.75	10.94	5.07
山西	2096.09	270.96	653.26
内蒙古	3092.00	32.70	23.68
辽宁	32.98	3.05	2.01
吉林	29.54	1.79	1.65
黑龙江	233.66	4.19	0.23
江苏、上海	6.43	3.95	0.61
浙江	0.29		
安徽	204.75	31.48	18.62
福建	9.69		
江西	7.82	0.12	
山东	55.40	14.62	4.68
河南	156.28	13.15	24.7
湖北	0.74	0.01	0.16
湖南	3.81		
广东、香港、澳门	4.85		
广西	2.14		
海南	1.67		
重庆	29.24		

续表

省（区、市）	0~1000 米	1000~1200 米	1200 米以深
四川	102.03	0.40	0.18
贵州	1483.72	3.66	8.68
云南	463.87	1.11	1.92
西藏	5.29		
陕西	1273.54	6.21	0.14
甘肃	214.57	48.80	58.78
青海	61.06	0.07	0.00
宁夏	260.59	22.23	11.92
新疆	2525.88	61.13	19.94

资料来源：谢和平，任世华，等．煤炭碳中和战略与技术路径［M］．北京：科学出版社，2022.

分区域看：

①黄河流域。黄河流域是我国最重要的煤炭资源富集区，累计探获资源储量 8952.69 亿吨，保有资源储量 8498.03 亿吨。黄河流域的煤炭资源主要分布在内蒙古、山西、陕西、宁夏、河南、甘肃六省（区），具有资源丰富、分布集中、品种齐全、煤质优良、埋藏浅、易开发等特点。在全国已探明储量超过 100 亿吨的 26 个大煤田中，黄河流域有 12 个。该区域煤炭勘查区勘探资源量 711.29 亿吨，设计可采储量 1191.99 亿吨，生产煤矿保有资源量 2006.72 亿吨。黄河流域流经宁东、陕北、神东、晋北、晋中、晋东、黄陇、河南和鲁西 9 个大型煤炭基地，探获资源储量占全国 14 个大型煤炭基地总量的 45.04%，1000 米以浅预测总量占 39.30%，1000~2000 米以浅预测总量占 33.19%。

②东北区。东北区主要包括辽宁、吉林、黑龙江三省含煤区。该区绝大多数煤炭资源为褐煤和长焰煤，局部地区分布低变质烟煤和高变质无烟煤。东北区煤炭探获资源储量 347.23 亿吨，保有资源储量 309.12 亿吨。煤炭勘查区勘探资源量 45.28 亿吨，设计可采储量 55.04 亿吨，生产煤矿保有资源量 127.2 亿吨。

③京津冀区。京津冀区包括河北、北京、天津。该区煤类丰富，包括

气煤、气肥煤、肥煤、焦煤和瘦煤，也有贫煤和无烟煤少量分布，总体以中变质烟煤为主。京津冀区煤炭探获资源储量154.42亿吨，保有资源储量128.22亿吨。煤炭勘查区勘探资源量4.65亿吨，设计可采储量32.74亿吨，生产煤矿保有资源量67.57亿吨。

④东南区。东南区包括安徽、江苏、浙江、福建、江西、湖南、湖北、广东、广西、海南。该区煤类以贫煤、无烟煤为主，其次为褐煤，其他煤类较少。煤的硫分较高，高硫煤占40%以上，灰分以中灰煤为主，部分为中高灰煤，低灰煤较少。东南区煤炭探获资源储量32.21亿吨，保有资源储量24.48亿吨。煤炭勘查区勘探资源量39.6亿吨，设计可采储量116.5亿吨，生产煤矿保有资源量190.2亿吨。

⑤西南区。西南区包括贵州、云南东部、四川东部以及重庆。该区煤炭变质程度差别较大，云南65%为褐煤，30%为焦煤和无烟煤；贵州65%为无烟煤，30%为肥煤、焦煤、瘦煤和贫煤；四川东部70%为贫瘦煤、贫煤和无烟煤。西南区煤炭探获资源储量2126.02亿吨，保有资源储量2094.83亿吨。煤炭勘查区勘探资源量548.13亿吨，设计可采储量92.83亿吨，生产煤矿保有资源量173.5亿吨。

⑥新疆区。新疆区分为北疆区和南疆区。北疆区煤炭探获资源储量2551.60亿吨，保有资源储量2533.30亿吨。煤炭勘查区勘探资源量517.71亿吨，设计可采储量232.93亿吨，生产煤矿保有资源量396.63亿吨。南疆区煤炭探获资源储量75.85亿吨，保有资源储量73.63亿吨。煤炭勘查区勘探资源量12.41亿吨，设计可采储量6.5亿吨，生产煤矿保有资源量20.98亿吨。

⑦西藏区。西藏区主要为四川西部、云南西部及西藏地区。西藏区煤炭探获资源储量5.32亿吨，保有资源储量5.29亿吨。无生产煤矿。

（3）煤炭开发西移伴随基地化、集团化趋势

我国煤炭资源区域分布不均，总体上呈西多东少、北富南贫的特点。东部开发历史长，资源面临枯竭；中部和东北部开发强度大，接续资源多在深部，潜力不大；西部越来越成为生产重心，资源丰富，开发潜力大。未来一段时期，我国煤炭开发还将继续西移，晋陕蒙新将成为煤炭供应保

障的重点区域。

大型煤炭基地供应主体地位逐步深化。进入21世纪，中国依托大型煤炭基地的煤炭供应体系逐步形成。“十五”时期，国家明确要求建设13个大型煤炭基地，主要位于山西、内蒙古、陕西、宁夏、安徽、贵州、黑龙江、山东、河南等省（区），“十一五”又将新疆整体作为第14个大型煤炭基地。“十一五”末期，全国大型煤炭基地煤炭产量达到28亿吨，占全国煤炭生产总量的87%；2018年，全国大型煤炭基地煤炭产量达到37亿吨，占全国煤炭总产量的97%。

建立了以大集团和大煤矿为主导的建设格局。“十三五”以来，依托大型煤炭基地建设，全国煤炭供应强力保障国民经济稳步发展。随着山西、山东等地区大力推进煤炭企业兼并重组步伐，煤炭行业生产集中度也进一步提升。2020年，我国前4家煤炭企业为国家能源投资集团、晋能控股集团、新组建的山东能源集团和中煤能源集团，其各自煤炭年产量均在2亿吨以上，分别为5.3亿吨、3.1亿吨、2.7亿吨和2.2亿吨，合计产量为13.3亿吨，占全国煤炭总产量的34.1%。2022年，国有大型煤企的战略地位和重要作用越发凸显，原煤产量亿吨级企业扩大至7家，分别是国家能源投资集团、晋能控股集团、山东能源集团、中国中煤能源集团、陕西煤业化工集团、山西焦煤集团和潞安化工集团，七大亿吨级煤炭企业产量合计约20.6亿吨、同比增长6.4%，占全国煤炭总产量比重约45.8%，较上年提升2.7个百分点(见表1－5)。

表1－5　2022年我国煤炭企业煤炭产量5000万吨以上企业名单

排名	企业名称	煤炭产量/万吨	同比增长/%
1	国家能源投资集团有限责任公司	60109	5
2	晋能控股集团有限公司	41297	8
3	山东能源集团有限公司	26516	4
4	中国中煤能源集团有限公司	26150	3
5	陕西煤业化工集团有限责任公司	23326	11
6	山西焦煤集团有限责任公司	18215	5
7	潞安化工集团有限公司	10466	13

续表

排名	企业名称	煤炭产量/万吨	同比增长/%
8	中国华能集团有限公司（煤炭板块）	9954	15
9	国家电投集团	7879	2
10	淮河能源控股集团有限责任公司	7411	0
	小计	231323	6.3
	占规上企业产煤比重	51.30%	

资料来源：中国煤炭工业协会。

我国煤炭资源经过多年的高强度开发，也面临诸多问题和挑战：

一是资源总量丰富但优质炼焦煤稀缺，实际剩余可采资源量并不乐观。据原国土资源部统计，截至2018年年底，我国保有查明煤炭资源储量约1.7万亿吨。尽管各个煤化阶段的煤炭资源种类齐全，但结构并不均衡，炼焦煤资源相对稀缺，占资源总量的18%左右，优质主焦煤和肥煤更是占3%左右。从开采条件来看，可供露天开采储量占总储量的6%～7%，且以变质程度较低的褐煤为主；目前井工矿产量占比约80%，开采条件较差，未来随着采深增加，开采难度、开采成本和安全生产压力还将进一步加大。从剩余可采资源来看，国家能源投资集团课题组等相关资料显示，全国生产、在建、规划3类煤矿剩余可采资源共计约4660亿吨，考虑落后产能退出、回采率等因素，实际剩余可采资源量并不乐观。

二是传统产区资源接续压力大，新疆基地远离市场。分区域看，我国东部煤炭开发历史长、资源枯竭问题较为突出，目前资源储量占全国的3%左右（不含东北），主要产煤省河北、山东煤炭产量预计10年内减幅超半；中部、东北部开发强度大，接续资源多在深部，潜力不大，目前资源储量占全国的20%左右，其中主产省山西近两年处于超负荷生产状态，浅部资源不足，后期稳产压力大；西部一批主力矿区接续问题较为突出，特别是神东等开采年限较长的矿区已经进入残采期，面临较大的资源接续压力，而资源储备充足的新疆由于远离市场，开发潜力受到制约。

三是资源开发制约问题较多。除安全监管、环保督察趋严，开采条件变差以及土地征用、三下压煤等问题对煤矿生产形成一定“制约”外，生态保护对煤炭资源形成的压覆问题成为煤炭资源开发的重大制约。现阶段我国煤炭产量的70%集中于黄河领域，生态约束日益增强。而我国自然保护区、水源保护区等的划定尚未建立相关部门的协调统筹机制，一些地方的生态红线划定不尽科学，存在没有遵循煤矿开发基本规律、对煤炭企业征求意见不够等问题，导致一些主产区资源压覆较为严重，一些优势资源得不到开发。比较典型的是，蒙西一些待开发煤炭资源受制于水源地保护，开发进度严重滞后；蒙东的一批大型安全高效露天煤矿规划项目，受严苛的草原保护影响，开发建设的可能性越来越小，影响了东北三省煤炭供给。

2. 煤炭产能产量现状及趋势

“十三五”末期全国各类煤矿总规模超过50亿吨/年。根据国家煤矿安全监察局统计数据，全国安全生产许可证等证照齐全的生产煤矿产能为36.1亿吨/年；根据各省（区、市）建设煤矿登记公告，全国已核准或审批的建设煤矿包括新建煤矿、改扩建煤矿、技术改造煤矿、资源整合煤矿，规模为15.8亿吨/年，其中已建成投入联合试运转煤矿为5.3亿吨/年，尚未建成煤矿为10.5亿吨/年；根据调研统计数据，全国尚有未公告的停产停建煤矿、已列入关闭退出计划煤矿为1.7亿吨/年。其中：

（1）合规生产煤矿产能为41.4亿吨/年。合规生产煤矿是指具备生产资格的煤矿，包括两部分：一是安全生产许可证等证照齐全的生产煤矿；二是已核准或审批建设煤矿中已建成的联合试运转煤矿。截至2019年年底，全国合规生产煤矿产能41.4亿吨/年，其中安全生产许可证等证照齐全的生产煤矿产能为36.1亿吨/年，已建成进入联合试运转的煤矿产能5.3亿吨/年。

（2）合规建设煤矿规模为10.4亿吨/年。为便于分析全国煤矿产能变化趋势，合规建设煤矿仅指已核准或审批且尚未建成的煤矿，不含已建成进入联合试运转的煤矿。截至2019年年底，新建、改扩建、技术改造、资源整合等尚未建成的煤矿规模为10.4亿吨/年。

“十四五”初期，煤炭产能核增有序推进。我国立足能源资源禀赋，统筹发展和安全，特别是推动煤炭增产保供以来，全国煤炭产能核增工作成效显著。2022年年初，国家发展改革委发布《关于成立工作专班推动煤炭增产增供有关工作的通知》，要求主要产煤省（区）和中央企业全力挖潜扩能增供，年内再释放产能3亿吨以上。中国煤炭工业协会数据显示，截至2020年年底，我国煤炭生产矿井产能合计约41亿吨/年。2021年能源安全保供政策实施以来，全国共核增煤炭产能约5亿吨/年，综合产能改扩建、新增投产、报废淘汰等因素，当前全国煤矿产能约55.3亿吨/年，其中动力煤种产能合计约41.7亿吨，炼焦煤种产能合计约13.6亿吨。据国家矿山安监局监测，自2021年9月以来，共核增煤炭产能4.9亿吨/年。另据国家发展和改革委员会、国家能源局统计，自2018年以来，累计核准新建煤矿产能为4.3亿吨/年（见图1－10）。

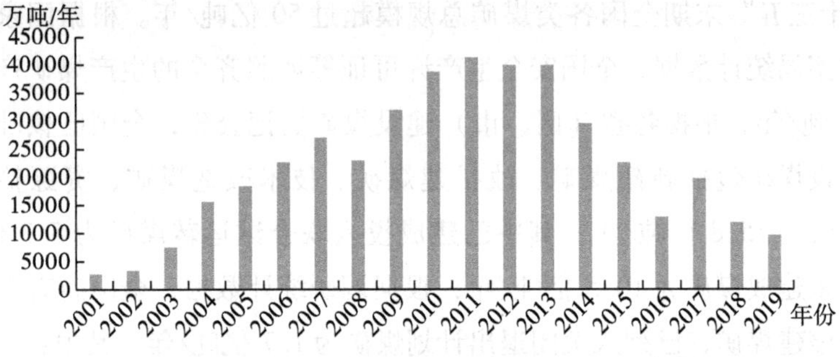

图1－10　2001年以来我国原煤开采新增生产能力

资料来源：国家能源局。

预计2025年、2030年全国分别生产原煤40亿吨、35亿吨。煤炭是我国长期以来的主体能源，原煤产量占一次能源生产总量比重仍维持在65%以上。“十三五”时期，我国煤炭行业深入推进供给侧结构性改革，加快淘汰老旧小煤矿矿井，着力提升煤炭核心产区和千万吨级现代化煤矿建设，全国煤炭产量较为稳定。但随着可再生能源快速发展，煤炭占一次能源生产总量的比重连续下滑至2020年的67.5%（见图1－11）。近年来，国家统筹发展和安全，坚持先立后破，高度重视能源保供工作，多措并举推动煤炭增产增供和市场稳定，全国煤炭生产实现较快增长，有力发挥了传统能源对我国能源安全的兜底保障作用。当前，我国加快构建新型能源体系，但煤炭主体能源地位不会改变，原煤占一次能源生产总量的比重将较长时间保持在50%以上；长期来看，作为高碳能源的煤炭被逐步替代是大势所趋，煤炭在能源系统中的作用将向兜底保障和调节能源转变，综合考虑煤炭资源和煤矿产能变动情况，未来原煤产量占一次能源生产总量的比重将延续不断下降总体趋势。由于历史原因形成的部分资源整合煤矿和技术改造煤矿，因资源储量不多、有关手续办理困难等因素，已无继续建设价值，未来分类处置退出的可能性较大。

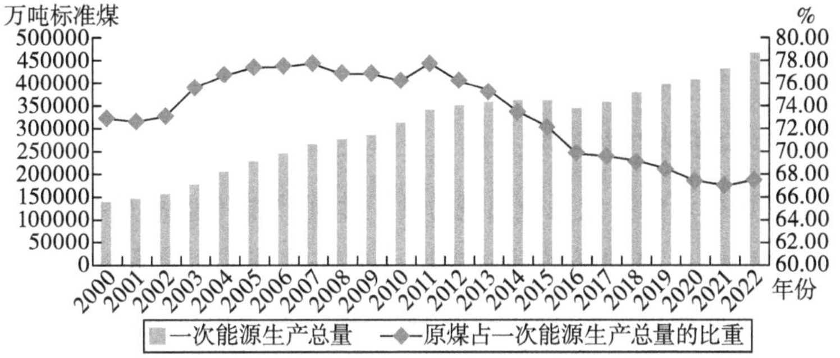

图 1 - 11　2000—2022 年我国一次能源生产总量及煤炭占比情况

资料来源：国家统计局。

参照当前全国各类煤矿生产设计情况，“十四五”后 3 年我国煤炭行业平均产能利用率将保持当前 82.5% 的水平，2025 年全国煤炭产量预计为 40.3 亿吨。“十五五”时期，我国稳步推进煤矿弹性产能建设，煤炭行业平均产能利用率或有所下降，但在保障矿井基本收支平衡的前提下，总体仍需维持在 75% 以上，预计到 2030 年全国煤炭产量为 35.0 亿吨。

“十四五”时期我国主要煤炭生产基地建设要求如表 1 - 6 所示。

表 1 - 6　“十四五”时期我国主要煤炭生产基地建设要求

名称	主要内容要求
蒙东基地、云贵基地	稳定规模，安全生产，区域保障。煤炭产量分别稳定在 5 亿吨/年、2.5 亿吨/年左右，提高区域煤炭稳定供应保障能力
冀中基地、鲁西基地、河南基地、两淮基地	控制规模，提高水平，基本保障。煤炭产量分别稳定在 0.6 亿吨/年、1.2 亿吨/年、1.2 亿吨/年、1.3 亿吨/年左右
晋北基地、晋中基地、晋东基地、神东基地、陕北基地、黄陇基地	控制节奏，高产高效，兜底保障。控制煤炭总产能，建设一批大型智能化煤矿，提高基地长期稳定供应能力。晋北、晋中、晋东基地煤炭产量控制在 9 亿吨/年左右，神东基地控制在 9 亿吨/年左右，陕北和黄陇基地控制在 6.4 亿吨/年左右

续表

名称	主要内容要求
新疆基地	科学规划，把握节奏，应急保障。超前做好矿区总体规划，合理把握开发节奏和建设时序，就地转化与外运结合，实现煤炭梯级开发、梯级利用，做好应急储备和能力保障。“十四五”时期煤炭产量稳定在3亿吨/年左右
宁东基地	稳定规模，就地转化，区内平衡。煤炭产量稳定在0.8亿吨/年左右

资料来源：《煤炭工业“十四五”高质量发展指导意见》。

3. 晋陕蒙等地领跑煤矿产能有效率指标

各地区煤矿产能有效系数出现分化。煤矿产能有效率是有效产能与证载产能的比值，反映的是各地区煤矿历史整体产能与产量之间的一般规律。根据国家能源投资集团技术经济研究院资料，由于资源禀赋、开发历史、开采强度、安全条件等因素，我国不同地区煤矿产能整体有效系数差异较大。内蒙古和陕西煤炭资源丰富、开采条件好、安全保障程度高，且近10年来新建大型现代化煤矿产能占比较大，煤矿产能整体有效系数可达到1。山西煤炭资源丰富，开采条件较好，但开采历史长、开发强度大，已进入衰老报废期的煤矿规模较大，产能整体有效系数相对较低，未来10年逐步下降到0.90左右。河北、山东、安徽、河南、宁夏部分矿区进入资源枯竭衰老报废期，且开采深度不断增加，安全生产风险较大，越来越多的煤矿难以达到证载产能，整体有效系数将逐步下降到0.85～0.75。辽宁、吉林、黑龙江、湖南、贵州、云南的煤炭资源开采条件较差，单井规模小，高瓦斯、煤与瓦斯突出等灾害严重，多数煤矿证载产能虚高，产能整体有效系数为0.70～0.75。其他省（区、市）煤炭赋存条件差，且产能规模低，产能整体有效系数在0.70以下。随着浩吉、瓦日等运煤专干线建成投产，我国“北煤南运”“西煤东送”规模日益扩大，未来煤炭开发布局进一步向中西部主产区聚集，“东减中控西增”仍是未来煤炭开发的主要趋势。

需要注意的是，当前我国煤炭生产资源接续问题不容忽视。一方面，生产煤矿资源枯竭报废规模逐步扩大。由于部分主要产煤地区煤炭资源开采历史长、开发强度大，一些矿区已陆续进入资源枯竭期，未来煤矿衰老报废规模将越来越大，其中主要集中在河北、山西、山东、河南等地。“十四五”时期，除部分煤矿因资源枯竭衰老报废外，还将继续淘汰一批落后产能，预测全国将报废退出和淘汰关闭煤矿产能38亿吨/年，到2025年年末合规生产煤矿产能下降到37.6亿吨/年。“十五五”时期，煤矿关闭退出以资源枯竭煤矿为主，预测全国将衰老报废煤矿产能4.5亿吨/年，到2030年年末合规生产煤矿产能进一步下降到33.1亿吨/年。另一方面，部分合规建设煤矿难以建成投产。《煤炭工业“十四五”高质量发展指导意见》指出，“十四五”时期，我国将加快大型煤炭基地建设，但由于以下两个方面原因，部分煤矿难以继续建设。一是历史原因形成的部分资源整合煤矿和技术改造煤矿，因资源储量不多、有关手续办理困难等因素，已无继续建设价值，未来分类处置退出的可能性较大。例如，山西资源整合煤矿规模约2.0亿吨/年，难以建成投产的煤矿约1.4亿吨/年；内蒙古技术改造煤矿规模约1.1亿吨/年，难以建成投产的煤矿约0.6亿吨/年；贵州资源整合煤矿和技术改造煤矿规模约1.4亿吨/年，难以建成投产的煤矿约1.1亿吨/年。二是部分新建煤矿因环境敏感、区位市场、投资成本等因素，难以继续建设。例如，内蒙古的塔然高勒煤矿、谢尔塔拉露天煤矿、胜利东二号露天煤矿及甘肃的马福川煤矿。“十四五”期间，合规建设煤矿除难以继续建设的煤矿外，其他煤矿均建成投产，到2025年形成新增产能约6.3亿吨/年。

4. 新疆能源将是未来我国能源安全的重要保障

“十三五”以来，新疆煤炭资源开发进入加速阶段。2018年、2021年和2022年全区原煤产量相继突破2亿吨、3亿吨和4亿吨。作为全国第四大煤炭产区，新疆煤炭产能加速释放，积极缓解了相关省份能源供应偏紧形势。近年来，在全国煤炭供需整体处于紧平衡、煤价高位运行的大背景下，在巩固扩大甘肃、西南等传统外部市场占有率的基础上，积极开拓宁夏、青海、华中、华南等市场，并首次实现将煤炭通过京唐港等港口水运至东南沿海省份，煤炭销售覆盖全国29个省份，为保障国家能源安全做出了积极贡献。2022年，“疆煤外运”量实现翻倍，达到5493万吨。其中甘肃、宁夏、青海、四川、重庆和云南分别占43%、31%、8%、7%、4%

和3%（见图1－12）。

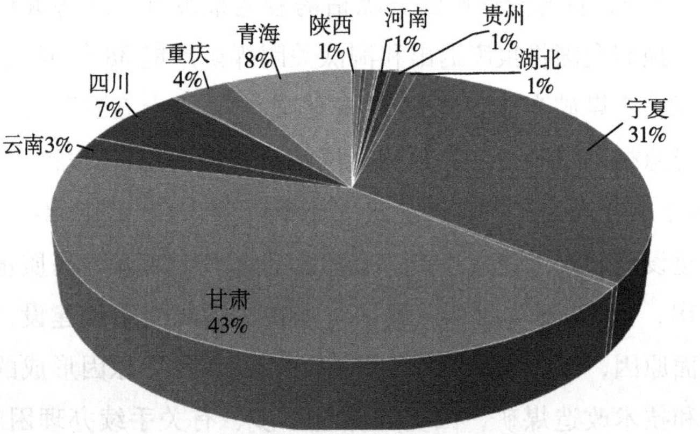

图1－12　2022年新疆煤炭资源调出结构

资料来源：中国煤炭市场网。

新疆煤炭资源丰富，具备建设大型煤炭基地的基础条件。根据全国第三次煤炭资源预测与评价成果，新疆在垂深2000米以浅、面积7.64万平方千米范围内，煤炭预测资源量为2.19万亿吨，占全国预测资源总量的40%，居全国首位。新疆煤田具有煤层厚度大、煤层多、地质构造简单、开采成本低等特点，分布于天山南北两侧，适合建设大型、特大型现代化安全高效煤矿。已探明多个百亿吨级的煤田，主要分布在准东、沙尔湖、托里—和什托洛盖、大南湖—梧桐窝子、伊宁、三塘湖—淖毛湖等煤田。侏罗纪是新疆主要的成煤年代，具有低灰（部分为特低灰，为3%～5%）、特低硫、特低磷、发热量高等特征，属于优质动力煤和化工原料用煤（见表1－7）。在“双碳”目标背景下，国家在疆内“沙戈荒”兴建风电、太阳能项目，大力开发新能源，并加速推动“疆电外送”第三条通道和规划设计第四条通道，这需要更大力度地开发新疆煤炭资源，全力支撑新疆国家能源资源战略基地建设。

表1－7　新疆煤炭资源主要富集区分布情况　　单位：亿吨

含煤区	独立煤田	预测资源量	探明储量
准噶尔地区	准东煤田	3900	2531.00
	准南煤田	2110	279.06

续表

含煤区	独立煤田	预测资源量	探明储量
准噶尔地区	和什托洛盖煤田	1082	63.05
	准西北煤田	777	—
吐哈—巴里坤地区	吐哈煤田	5748	442.67
	三塘湖煤田	1359	—
西天山地区（伊犁凹陷）	伊犁盆地	4798	25.74
	尤鲁都斯煤田	967	0.13
	焉耆煤田	138	8.46
	库米什煤田	264	0.06
塔里木北缘地区	库拜煤田	335	20.09
	孔雀河煤田	1037	—

资料来源：《新疆准东经济技术开发区“十三五”规划》，略有修正。

依托丰富的煤炭资源和现代化大规模开发，新疆煤炭生产成本普遍低于内地，据调研，五彩湾等露天煤矿开采成本仅 80 元/吨。随着新疆加快建设国家能源资源战略基地，升级扩能疆内煤运网络体系，“疆煤外运”将有效补充接续晋陕蒙等地煤炭产能，保障全国能源安全。据调研了解，计划到 2025 年，新疆区内原煤生产将突破 5 亿吨、“疆煤外运”突破 1 亿吨；到 2035 年，新疆区内原煤生产将突破 10 亿吨、“疆煤外运”突破 5 亿吨，原煤生产量或占全国煤炭需求量的 1/3，煤炭调出量支撑全国 1/5 的煤炭需求。与此同时，随着跨国能源基础设施互联互通、中欧班列经新疆驶出，新疆辐射中亚能源经济的桥头堡地位更加明显，俄蒙哈等地能源资源进口将有力补充北疆、南疆能源需求，也将进一步支持“疆煤外运”。

（三）进口煤炭情况分析

1. 进口总量或缓慢降至 2 亿吨

为满足我国经济社会的发展要求，特别是保障沿海地区用能用电安全，我国近年加大进口煤炭调节力度，“十三五”时期煤炭年进口量达 2.5 亿吨以上，且呈逐年递增趋势。近年来，受煤炭供给侧结构性改革及煤炭供需矛盾突出影响，进口煤在我国煤炭市场的重要性日益凸显。从来源结构看，当前印度尼西亚、俄罗斯和蒙古国是我国煤炭进口三大来源，而过去澳大利亚煤炭长期占我国煤炭进口的1/4左右；从煤种结构来看，2022年我国进口褐煤1.30亿吨、炼焦煤0.64亿吨和无烟煤及其他煤种1.0亿吨，同比分别增长10%、17%和-34%。近年来，我国进口澳大利亚优质动力煤数量大幅减少，而热值较低的褐煤占比显著提升，其中自印度尼西亚和俄罗斯进口褐煤量同比分别提升13.1%和80.0%。综合国际煤炭市场供需、主要煤炭产需国进出口趋势、国内煤炭产需格局，国家能源集团等预测2025年、2030年我国煤炭净进口量将分别缓慢下降到2.5亿吨、2亿吨左右。

2. 动力煤进口呈稳中有降态势

全球动力煤市场呈现出以消费为主导的区域性显著特征，总体上形成了传统的欧美市场、亚太市场两大主要部分，其中亚太市场可细分为东北亚市场、东南亚市场及南亚次大陆市场3个重点区域。

近年来，全球动力煤贸易量维持在10亿吨左右，约占全球煤炭贸易量的77%，其中海运贸易约占90%。从区域市场来看，目前亚太市场和欧美大西洋市场占总贸易量的比重基本稳定在77%和23%。印度尼西亚和澳大利亚是动力煤出口大国，两国出口占比合计约60%，其中印度尼西亚近10年来出口量快速增长，超过澳大利亚成为世界最大的动力煤出口国。在亚太市场中，我国国内市场约占45%，东北亚市场约占25%，东南亚及南亚次大陆市场约占30%。

从发展趋势来看，全球动力煤贸易总量将稳中有升，欧美市场加速向天然气和可再生能源转换，动力煤进口需求明显减弱，全球动力煤消费重心会进一步向亚太地区集中，特别是南亚和东南亚部分国家煤炭消费快速增长，动力煤进口需求强劲。预测2025年、2030年我国进口量分别为2亿吨和1.7亿吨。

3. 炼焦煤进口是刚性需求有力补充

受炼焦煤资源储量及品种分布不均衡、主要炼焦煤出口国生产集中度较高、钢铁工业产能与炼焦煤产能分布总体错位等因素影响，长期以来形成了相对统一的全球炼焦煤市场。近年来，全球炼焦煤总贸易量保持在3亿吨左右，总体上形成了以澳大利亚、北美为主要出口源，以东亚为主要进口源的贸易格局。炼焦煤出口集中在澳大利亚、美国、加拿大、俄罗斯和蒙古国，其中澳大利亚约占全球出口总量的63%，美国和加拿大占21%。炼焦煤进口主要集中在亚太地区、美洲的巴西和欧洲的传统进口国，其中亚洲国家炼焦煤进口量占全部贸易量的2/3。从发展趋势来看，未来全球炼焦煤贸易总量将保持平稳。具体来看：一方面，澳大利亚因焦煤品质、区位等综合优势，未来出口预计仍维持增长；蒙古国产能具有较大的增长空间，未来有望进一步扩大对中国炼焦煤出口量。另一方面，印度炼焦煤需求仍将保持快速增长，中国对优质炼焦煤需求小幅增加，而东北亚的日韩及欧洲传统进口国则短期基本稳定、长期呈逐步下降态势。

我国优质炼焦煤资源短缺，资源区域分布不合理，华北赋煤区硫分有升高趋势，东北赋煤区面临资源枯竭，晋陕蒙等主产区炼焦煤资源剩余可采年限普遍不足20年。尽管生铁、粗钢等主要产品产量趋于下降，但“十四五”“十五五”时期我国仍需年进口5000万吨以上优质炼焦煤，需要有效拓展俄罗斯、蒙古国等国炼焦煤进口规模，有力补充国内刚需缺口。

专栏一

我国主要煤炭进口来源国煤炭资源及相关情况

1. 印度尼西亚

印度尼西亚煤炭资源探明储量约为280亿吨，煤炭资源现状占世界总探明储量的3.1%，储采比为61。煤炭的变质级别为中低级别，煤种齐全。煤种主要是褐煤/低阶煤（58.63%）、次烟煤（26.63%）、烟煤（14.38%）和无烟煤（0.36%）。煤质具有高水分、低灰分（通常小于10%）、低硫分（通常小于1%）、高挥发的特性。印度尼西亚开采的动力煤发热量GAR（收到基高位发热量）基本位于3000～6000 kcal/kg。该国含煤省主要有6个：南苏门答腊省、东加里曼丹省、南加里曼丹省、占碑省、廖内省、中加里曼丹省，六省的资源量和储量分别占全国的97.7%和99.8%。全国产量的91%产自东加里曼丹省和南加里曼丹省，9%来自南苏门答腊岛南部。煤炭运输以海运和内河的驳船运输为主，煤炭产地距离港口较近，运输成本低廉。由于煤层一般埋藏较浅，99%为露天开采方式。

印度尼西亚是全球最大的动力煤出口国，占全球煤炭贸易量的比重超过13%，出口主要面向亚洲国家，中、印、韩、日占其出口总量的70%以上，尽管印度尼西亚煤炭的发热量较低，但印度尼西亚的地理位置决定了其煤炭在运费上的竞争力。相比澳大利亚，印度尼西亚每吨煤炭运输成本比其低3～6美元，运输的天数可节省4～5天。通过部分中国电厂掺烧印度尼西亚煤的试验可知，印度尼西亚煤具有带负荷能力强、粒度均匀等优势，因此在中国南方沿海城市有较强的竞争优势。

2. 蒙古国

蒙古国含煤面积巨大，根据来源、年代、煤质、构造和层位，可以划分为12个含煤盆地和3个含煤区，探明煤炭总储量为1623亿吨。蒙古国煤炭质量好，多数煤炭为低灰、低硫、低磷；煤层厚，一般露天煤矿的煤层厚度可达30～50米，是世界上最适合露天开采的资源地之一。蒙古国煤炭资源在全国各地均有分布，而焦煤主要集中在南蒙古和西蒙古，褐煤集中在中蒙古，次烟煤集中在东蒙古。蒙古国现在已经发现的煤矿数量大约有300个，分布在15个煤盆地。其中，靠近中国的南戈壁地区是蒙古国重点打造的世界级煤矿区，即将开采的世界最大的焦煤矿塔旺陶勒盖煤矿就位于南戈壁省。蒙古国煤炭生产商平均现金成本为30美元/吨，相当于我国的一半左右。蒙古国已成为我国第一大焦煤进口国。海关总署数据显示，2022年我国累计进口炼焦煤6383.84万吨，其中，进口蒙古国焦煤2561.11万吨，占比达到40.12%，其中策克口岸和甘其毛道口岸进口量约各占50%。在煤质方面，蒙煤的特点是低硫、低灰、易洗选。与其他进口煤种相比，从品质上看，蒙古国5号精煤是最接近当前大商所焦煤交割指标的品种，同时也最具交割经济性；从质量上看，蒙煤、澳煤都是优质煤种，都满足大商所交割要求，但蒙古国5号精煤硫分比澳煤稍高，黏结指数稍低，整体质量比澳煤稍次。蒙古国包括铁路、公路、电力和通信在内的基础设施都严重不足，目前每百平方千米铁路和公路密度分别只有0.12千米和3.13千米，分别不到世界平均水平的1/6，这严重制约着煤炭资源的开发与合作。

3. 俄罗斯

俄罗斯煤炭储量为1570亿吨，其中包括无烟煤和烟煤490.9亿吨，亚烟煤和褐煤1079.2亿吨。近94%的资源集中在西伯利亚和远东地区。俄罗斯是最大的烟煤、焦煤和动力煤出口国之一，出口的优质煤炭中，60%以上由库兹涅茨克矿区公司供应。传统销售地为欧洲国家，优质进口动力煤能够保障欧洲热电站的需求。西欧和南欧国家共需要近6500万吨俄罗斯煤炭。已探明储量的一半以上是优质煤，灰分含量（低于15%）和硫含量（不超过1%）均较低。焦煤储量超过俄罗斯煤炭总储量的20%，其中200亿吨是优质品；将近60%的焦煤集中在库兹巴斯（克麦罗沃地区），约20%在萨哈共和国（雅库特）南雅库特矿区，11%在科米共和国的伯朝拉矿区，还有9.5%位于图瓦共和国。许多矿区都位于开发程度较低的高寒地区，生产及运输成本高。2023年3月《中华人民共和国主席和俄罗斯联邦总统关于2030年前中俄经济合作重点方向发展规划的联合声明》明确中俄将扩大贸易规模，加强能源重点领域长期合作，共同维护两国和全球能源安全，促进全球能源转型。未来，自俄进口煤炭或成为我国煤炭进口增量主要来源，将极大地补充我国东北等地区煤炭安全供应。

4. 美国

美国是全球煤炭储量最丰富的国家之一。根据《BP世界能源统计年鉴》，截至2020年年底，美国煤炭探明储量达2489亿吨，约占全球探明储量的23.2%。资源富集于东部和中西部地区，存有波特河、阿巴拉契亚和伊利诺伊三大煤田，蒙大拿、怀俄明、伊利诺伊、科罗拉多、宾夕法尼亚、俄亥俄、西弗吉尼亚和肯塔基州八州煤炭储量合计约占84%。煤炭品种以炼焦煤资源为主，约占探明储量的35%，广泛分布于阿巴拉契亚山脉及东部地区。美国是全球第四大煤炭出口国，相较持续萎缩的国内煤炭市场，正逐步开拓全球煤炭市场，国际煤炭市场地位仅次于印度尼西亚、澳大利亚、俄罗斯三国。近年来，美国煤炭产量中15%左右用于出口，出口总量保持在6000万吨以上，主要出口至欧洲、中北美洲、东亚、印度及非洲等地。随着全球经济回暖，各国煤炭需求增长，美国煤炭出口市场进一步扩大，IEA最新数据显示，2021年煤炭出口量超8000万吨，同比增长27%左右，其全球贸易煤炭贸易份额继续保持在6%左右。

5. 澳大利亚

澳大利亚已探明无烟煤和烟煤储量为760亿吨，居全球第四位。另有褐煤探明储量490亿吨，约占全球探明储量的19%。澳大利亚拥有21个主要的黑煤盆地和5个褐煤盆地，遍布澳大利亚各州，黑煤集中分布在昆士兰州（60%）和新南威尔士州（37%），褐煤集中分布在维多利亚州和南澳大利亚州。澳大利亚动力煤品质高，发热量高，水分适中，含硫较少。炼焦煤煤种包括硬焦煤、软焦煤、半软焦煤和喷吹煤，含硫量为0.3%~0.8%。有36%的烟煤具有焦炭的质量，属于优质炼焦煤。目前主要开采的博文煤田和悉尼煤田煤系地层赋存浅、以近水平煤层为主。露天矿开采深度一般为60~80米。井工矿开采深度平均为250米，倾角一般不超过10°，中厚煤层居多，瓦斯含量不高，适合房柱和长壁开采。澳大利亚是世界重要煤炭出口国，炼焦煤是其主要出口产品，占全球跨国贸易一半左右；动力煤出口量占全球比重在20%左右。煤炭产地主要分布在东太平洋沿岸200千米范围内，到港口运距短。

（四）我国煤炭运输格局分析

1. 综合运输体系逐步建立

我国煤炭生产和消费的逆向分布推动形成了“北煤南运”“西煤东送”的总体运输格局。经过多年发展，特别是改革开放以来，铁路、公路、水路运输能力均得到有力增强，煤炭运输面貌发生根本改变，已基本形成以铁路运输为主、水路运输为辅、公路运输为补充的综合运输体系。十余年来，我国建立起了较为完善的煤炭供应体系，全国煤炭供需格局总体宽松，煤炭产销分离困境有所缓解。

（1）煤炭铁路运输能力稳步提升

改革开放以来，随着我国煤炭消费量快速增长和生产开发布局的加快西移，跨大区间的煤炭调运需求不断提高。铁路规划始终将煤运通道建设作为重中之重，煤运通道、基础设施、集疏运体系不断得到完善，铁路运输能力大幅提升，运煤量持续增加。2000—2019 年，铁路煤炭运量由 7.32 亿吨增至 24.6 亿吨，年均增长近 1 亿吨，占铁路货运量比重由 41.4% 上升至 57.0%，占煤炭产量比重由 53.1% 提高至 63.9%。2020 年，受新冠疫情前两个季度高速公路免费通行等因素影响，铁路运煤量降至 23.60 亿吨、同比减少 0.95 亿吨，占铁路货运量比重降至 53.2%，占煤炭产量比重降至 60.5%（见表 1－8）。

表 1－8　2000—2020 年全国煤炭铁路运输情况

年份	原煤产量/亿吨	铁路货运总量/亿吨	铁路煤炭运量/亿吨	煤运占比/%	铁路煤炭产运系数	国家铁路煤炭运量/亿吨	产运系数
2000	13.84	16.55	7.32	41.4	0.53	6.85	0.50
2005	23.65	26.83	12.90	48.1	0.55	10.71	0.45
2010	34.28	36.30	20.00	55.1	0.58	15.60	0.46
2015	37.47	33.53	19.94	59.7	0.53	14.32	0.38
2020	39.02	44.36	23.60	53.2	0.60	18.0	0.46

资料来源：历年《中国统计年鉴》。

一方面，全国铁路现已形成以晋陕蒙宁能源基地煤炭外运通道为核心，由东北、西北、中南、华东和西南地区运输通道共同构成的六大区际铁路运输通道，成为承担全国范围内的“北煤南运”“西煤东送”主干运输体系。主要铁路干线煤炭占货运量的比重均在50%以上，“三西”地区主要外运通路煤炭运量比例高达90%以上。我国煤运通道总架构有华北地区的“西煤东送”通道，华北向华南、华东和华中地区的“北煤南运”通道，以及华南地区的“西煤东送”通道。铁路煤炭运量年均超过20亿吨，占全国煤炭生产总量的50% ~60%。2019年，全国铁路煤炭发送量为24.6亿吨，同比增长3.2%。主要运煤通道大秦线铁路完成货物发送量6.8亿吨，占全国铁路货物发送总量的15.6%。完成煤炭发送量5.7亿吨，占全国铁路煤炭发送总量的23.1%。纵贯南北的“北煤南运”能源输送大通道——浩吉铁路，规划年运输能力2亿吨以上。

另一方面，东北、西南、新疆等部分区域仍存在运输瓶颈。为缩短货车周转时间和空车运输距离、提高货车运用效率和效益，铁路企业更倾向于将适合煤运的敞车集中运用于干线路网和大宗物资主要运输通道上，对于偏远地区以及路网末端地区，在车辆调配和空车供给方面存在明显不足。由此造成了车辆空间分布上的不平衡以及与煤运需求分布的不匹配。与此同时，煤炭生产布局持续西移，煤炭运距持续加大。由于部分主要产煤地区煤炭资源开采历史长、开发强度大，一些矿区已陆续进入资源枯竭期，“十四五”时期煤矿衰老报废规模将越来越大，其中主要集中在河北、山东、河南等地。值得注意的是，山西的资源接续问题已经显现，预计未来10 ~15年产能、产量将明显下降，全国煤炭增产的重心将转向陕西、蒙西和新疆，即煤炭调运的重心进一步西移，区域间煤炭调拨规模和运距进一步扩大，区域性、时段性煤炭供应紧张问题可能长期存在。

在能源安全保供形势下，中东部地区煤炭需求快速提升，进一步对煤炭资源跨区流动提出更高要求，煤炭运输体系建设仍然存在严峻挑战。根据中国煤炭市场网统计数据，2022年，内蒙古、山西、陕西、新疆四省（区）煤炭净调出量超过20亿吨，保持近年来高强度水平，特别是新疆东部吐哈地区煤炭产能加快释放，“疆煤外运”步伐加快；沿海粤、浙、苏、鲁、冀是净调入最多的5个省份，2022年煤炭净调入量分别达1.4亿吨、1.7亿吨、2.4亿吨、2.6亿吨和3.2亿吨，且呈扩大之势。

（2）港口煤炭下水需求日渐充沛

一是我国煤炭港口“北出”下水量快速增长。近年来，煤炭北方下水港增加到 49 个，有 34 个港口下水量超过 100 万吨。煤炭下水量前五位的港口均位于渤海西岸，比重合计占 67.3%，沿海港口煤炭下水的“北出”模式未变，且继续向渤海西岸集中，长江三角洲和山东半岛南侧的集聚性也有所增强。二是煤炭接卸形成“全进”模式。2013 年全国有 32 个港口的煤炭接卸量超过 1000 万吨，其中上海港仍居首位，近年来，环渤海港口的接卸量呈迅速扩大趋势，北方煤运港口不但成为煤炭下水港，而且成为接卸港。至此，我国沿海港口煤炭接卸的“全进”模式已完全形成。

未来，“北煤南运”“沿海进江”将极大满足沿海沿江地区的煤炭需求。我国煤炭跨区输运依托铁水联运主要有两条路线：一是运往上海、江苏、浙江、福建、广东、广西、海南等南方沿海地区；二是通过海进江运往长江中游的安徽、湖北、湖南、江西 4 省。从南方沿海地区供需趋势来看，2025 年、2030 年产需缺口比 2019 年分别下降 0.37 亿吨、0.76 亿吨，京杭运河煤炭运量将增加 0.15 亿吨，即便在煤炭进口量分别下降 0.35 亿吨、0.55 亿吨的情况下，对北方港口下水煤需求仍将分别减少 0.17 亿吨、0.36 亿吨。从长江中游 4 省煤炭供需来看，2025 年、2030 年产需缺口比 2019 年分别增加 0.37 亿吨、0.43 亿吨，其中湘鄂赣分别增加 0.21 亿吨、0.22 亿吨，安徽分别增加 0.16 亿吨、0.21 亿吨，浩吉铁路的开通运行将对湘鄂赣海进江煤炭需求形成直接替代，若运量分别增加到 0.5 亿吨、0.75 亿吨，即便安徽新增产需缺口全部通过海进江供给，海进江煤炭需求量仍将分别减少 0.34 亿吨、0.54 亿吨。

（3）煤炭应急储备体系逐步完善

从 2003 年开始，煤炭工业协会就建议国家尽快建立煤炭资源战略储备制度。2011 年国家煤炭应急储备工作会议确定神华、中煤、平煤、淮南矿业、徐矿、武汉阳逻电厂等 10 家大型煤炭、电力企业，以及秦皇岛、黄骅、舟山、武汉、芜湖、徐州、珠海和广州 8 个港口，分别作为承担第一批国家煤炭应急储备任务的承储企业和储备点，并安排了第一批应急储备计划 500 万吨。2014 年，《煤炭物流发展规划》明确指出，到 2020 年，重点建设11个大型煤炭储配基地和30个年流通规模2000万吨级物流园区；培育一批大型现代煤炭物流企业，其中年综合物流营业收入达到500亿元的企业10家；建设若干个煤炭交易市场。根据《煤炭工业发展“十三五”规划》，一系列举措将有力促进煤炭服务产业发展，推进环渤海、长三角等大型煤炭储配基地和煤炭物流园区建设，实现煤炭精细化加工配送。

2020年以来，四川高兴、湖北鄂西、河南豫西、蒙东等煤炭储备基地加快建成落地，截至2022年年底，我国政府可调度煤炭储备5000万吨，全国统调电厂存煤保持1.75亿吨高位，沿海八省电厂库存可用天数为15天，东北地区电厂库存可用天数维持在20天以上（见表1-9）。“十四五”“十五五”时期，我国将继续加强地方煤炭储备和国家可调控煤炭储备建设工作，中长期我国将建立6亿吨以上煤炭储备能力，其中8000万吨为中央战略储备；引导建设1亿吨政府可调度煤炭储备。特别是在沙漠、戈壁、荒漠等大型风光基地的配套煤矿和电厂周边，以及煤炭消费地区、主产区、主要铁路运输枢纽和港口，加快建设煤炭储备基地。

表1-9　我国主要煤炭储备基地

煤炭储备基地	煤炭储备规模（万吨/年）	辐射地区
四川高兴国家级煤炭储备基地	60	四川省、重庆市
湖北鄂西煤炭储运基地	61	湖北及其周边省份
河南豫西国家级煤炭储备基地	300	中原地区
蒙东国家级煤炭储备基地	78	东北和蒙东
武汉国家级煤炭储备基地	500	湖北、湖南、江西等地
江西新余市煤炭储备基地	60	江西地区

资料来源：根据网络公开信息整理而得。

2. 煤炭流量流向趋势研判

（1）煤炭运输总体呈“一主两翼一补充”态势

我国煤炭资源地域分布上的北多南少、西多东少的特点，决定了我国的“西煤东送”“北煤南运”的基本生产格局，并形成了以晋陕蒙辐射全国、疆煤入甘宁青、蒙东保东北、海外作补充的“一主两翼一补充”的市场格局。经过不懈努力，我国煤炭转运能力不断提高，特别是煤炭铁路运输能力大幅提高，供应保障能力持续增强。

（2）煤运通道扩能改造有力支撑煤炭跨区输运

“十四五”时期我国将重点建设包西、包兰、京九、太绥、西十和京沪第二高铁等项目，释放既有线货运和煤运能力，发挥运输主干线客货分线后综合运输能力优势；加快完成在建冯红、陶上线及宁东联络线、天陇、和邢线的通车运营，同时推进西平、宝中、大准、集通、神朔、西康、京原、侯月等既有铁路的扩能改造，进一步增强核心区及陇东基地外运能力；着力完善浩吉、瓦日、唐包、靖神等运煤专用干线集疏运体系建设，充分发挥能源运输大通道跨区长途调运的能力优势；合理布局煤炭储备基地和物流节点建设。2025—2035 年，适时启动庆阳—黄陵、满洲里—伊尔施、柴达尔—镜铁山、蒲县至河津线建设，继续完善各煤运通道集疏运系统，扩大煤炭储备基地和物流节点的覆盖面，形成干支点协调、集疏运配套、铁公水合理的煤炭运输布局。

（3）中长期我国煤炭资源跨区流动将更加畅通

根据国家和各地区铁路发展规划，研究区域内铁路煤炭运输通道能力均可适应各规划期内煤炭调运的要求。从煤炭净调入区域来看，京津冀、苏鲁皖、东南沿海地区煤炭产需缺口逐步收缩，西南地区产需缺口保持基本稳定，东北、华中地区煤炭产需缺口继续扩大。从煤炭净调出区来看，晋陕蒙地区由于山西煤炭产量较快下降，煤炭净调出量呈逐步下降趋势；新甘青地区随着新疆煤炭产量较快增长，煤炭净调出量有所增加。从煤炭外运能力来看，2025 年、2030 年“三西”地区煤炭外运量分别为 16.5 亿吨和 16.4 亿吨（含蒙古国进口煤），铁路外运能力可达 22.5 亿吨；蒙东煤炭外运量为 2 亿吨左右，铁路外运能力可达 3.3 亿吨以上，华中和西南地区生产原煤基本留作自用。此外，随着新疆能源基地建设整体步入加速期，特别是北通道（哈密—宁夏）、中通道（兰新线）和南通道（格库线）“三线”大幅扩能改造，推动新疆煤炭外运能力 2035 年扩展至 5 亿吨/年，进一步推动吐哈、准噶尔等地资源流入内地市场。

（五）我国煤炭供需及流量、流向形势研判

1. 近年来我国煤炭供需呈紧平衡态势

2014年是我国煤炭供需平衡分位点。依托国内煤炭资源优势和产业规模优势，2003—2013年我国煤炭工业经历发展“黄金十年”，全国煤炭产量稳中有增，海外煤炭进口保持稳定，尽管煤炭消费量不断攀升，但国内煤炭市场相对宽松，动态库存不断增加，初步估计全社会煤炭库存在2015年前后规模已达2亿~3亿吨水平。自煤炭产业供给侧结构性改革以来，“三去一降一补”工作加快推动，全国老旧小煤矿产能加速退出，全国煤矿数量由1万处左右降至4500处左右，累计淘汰落后产能10亿吨，局部地区产能下降较多，四川、贵州、重庆产量合计下降1亿吨，山东下降3500万吨。随着全社会煤炭库存趋于减少，国内煤炭供需开始出现区域性、时段性不足现象（见表1-10）。

表1-10　2010—2022年我国煤炭供需情况　　单位：亿吨

年份	原煤生产量	商品煤进口量	煤炭消费量	出口量	库存变动
2010	34.28	1.63	34.90	0.19	0.82
2011	37.64	2.22	38.90	0.15	0.82
2012	39.45	2.88	41.17	0.09	1.07
2013	39.74	3.27	42.44	0.08	0.49
2014	38.74	2.91	41.36	0.06	0.23
2015	37.47	2.04	39.98	0.05	-0.53
2016	34.11	2.56	38.88	0.09	-2.3
2017	35.24	2.71	39.14	0.08	-1.27
2018	36.83	2.81	39.75	0.05	-0.15
2019	38.46	3.00	40.19	0.06	1.20
2020	39.00	3.04	40.49	0.03	1.52
2021	41.30	3.23	42.35	0.03	2.16
2022	45.60	2.93	44.17	0.04	4.32

注：库存变动=生产+进口-消费-出口。

资料来源：国家统计局、海关总署、中国煤炭市场网。

2021—2022年煤炭市场供需呈紧张态势。2021年上半年受优质产能释

放较为不畅、大秦线检修以及进口减少等影响，我国煤炭市场供需开始趋紧。1— 6 月全国煤炭供需累计缺口近 3000 万吨，其中 4 月供需缺口最大至 4900 万吨，这些缺口主要由全社会煤炭库存动态调剂。7—9 月“迎峰度夏”，电力需求大增拉动煤炭消费快速增长，全国煤炭供需缺口超过 6500 万吨，这些缺口主要由全社会煤炭库存动态调剂补充。2022 年，我国立足能源资源禀赋，先立后破，稳步推进煤炭增产保供工作。国家发展和改革委员会于 2022 年年初发布《关于成立工作专班推动煤炭增产增供有关工作的通知》，要求主要产煤省（区）和中央企业全力挖潜扩能增供，年内再释放产能 3 亿吨以上。2022 年上半年全国核准煤矿项目先进产能 3770 万吨/年，调整产能 900 万吨/年，推动试生产产能 6000 万吨/年；全年核准煤矿项目 22 处、建设规模 8000 万吨/年，新增产能超 3 亿吨/年，圆满完成年初既定目标。持续推动煤炭增产保供形势下，我国煤炭产量实现较大幅度增长，煤炭供需偏紧态势得到一定程度的缓解。国家统计局公布的数据显示，2022 年原煤产量同比增长 10.5%，日均煤炭产量达历年最高水平。

2. 中长期市场偏紧将逐步转向宽松

（1）供给方面。通过前文关于我国产能现状和趋势分析及全球煤炭市场判断，可知我国当前煤矿产能约 55 亿吨/年，其中生产矿井合规产能约 40.9 亿吨。结合国家能源安全保供政策，“十四五”后 3 年全国仍将维持煤炭增产稳供能源工作方针，预计 2025 年全国煤炭产量为 40.3 亿吨。“十五五”时期，我国稳步推进煤矿弹性产能建设，预计到 2030 年和 2035 年全国煤炭产量分别约为 35 亿吨和 30 亿吨。

（2）进口方面。考虑我国充分利用国内市场优势，推动煤炭进口多元化进程，“十四五”时期年净进口煤炭保持 2.5 亿吨左右，“十五五”时期动态调整煤炭进口量有所下降但维持 2.2 亿吨以上水平。从中长期看，未来我国煤炭进口总量稳中有降，但进口煤炭占煤炭消费总量的比重将持续提升。

（3）需求方面。在“双碳”背景下，我国煤炭消费减量替代乃大势所趋，未来煤炭需求主要来自电力行业，在加快构建新型能源体系、加速发展可再生能源的前提下，2025年、2030年、2035年我国煤炭消费将分别降至42.2亿吨、36.0亿吨、30亿吨左右。在全社会煤炭库存维持相对稳定的前提下，未来我国煤炭供需总体趋于宽松。

三、煤炭资源型城市转型发展步入新阶段

（一）煤炭资源型城市转型发展迫在眉睫

1. 资源型城市对我国经济社会发展历史贡献巨大

资源型城市是以当地资源禀赋为依托、在自然资源的开发经营的基础上逐步发展起来的一类城市。我国资源型城市数量多、分布广，历史贡献巨大、现实地位突出。据不完全统计，新中国成立以来至2012年，资源型城市累计生产原煤529亿吨、原油55亿吨、铁矿石58亿吨、木材20亿立方米。仅“一五”时期156个国家重点建设项目中就有53个布局在资源型城市，约占总投资额的50%，为建立我国独立完整的工业体系、促进国民经济发展做出了历史性的贡献。根据2013年国务院发布的《全国资源型城市可持续发展规划（2013—2020年）》，我国资源型城市有262个，其中煤炭资源型城市是重要组成部分，特别是近年来我国煤炭生产区域和行业集中度进一步提升。2020年，山西、内蒙古、陕西和新疆四省（区）的原煤总产量超过30亿吨，占全国原煤总产量的78.3%。在这些地区，煤炭及相关产业不仅为经济社会发展提供了有力保障，还提供了大量的社会就业机会，煤炭行业成为这些地区经济社会发展、人员就业、民生安置、财政税收等的“产业轴”和“顶梁柱”。

2. 煤炭资源型城市发展问题突出

随着大规模、粗放式的煤炭开采，我国一大批煤炭资源型城市相继进入成熟期和衰退期，可开采的资源日趋枯竭、开采成本不断上升，煤炭资源型城市逐渐失去了原有的优势地位。此外，再加上资源型产品市场供求关系的变化和竞争环境的恶化，大量城市出现“矿竭城衰”的窘境，煤炭资源型城市在经济、社会和生态环境以及可持续发展等方面的矛盾开始集中显现，严重影响了资源型城市的可持续发展，进而影响了区域经济和国

民经济的发展，煤炭资源型城市转型问题变得越来越突出。长期以来煤炭资源型城市发展问题严峻，主要表现在以下几个方面：

一是“矿竭城衰”困局明显。大多数煤炭资源型城市因煤而建、因煤而兴，产业结构呈现出“一煤独大”“一股独大”特征，随着资源总量减少，产业效益呈下降趋势。资源一旦枯竭，则会陷入“矿竭城衰”的资源诅咒。

二是生态环境问题严重。煤炭资源开采过程中所产生的“三废”（废水、废气、废渣）对土地、水体和大气等生态环境破坏力强，环境污染和生态破坏问题严重，且多处资源型城市发展时间较长，由于早期对环境保护认识不足，环境污染问题不断积累，治理成本变得越来越高。

三是社会就业问题突出。由于产业结构失衡，第三产业发展滞后，大部分煤炭资源型城市对劳动力的吸纳能力有限，当地居民就业渠道也较为单一。随着资源枯竭以及经济形势变化，青年人才流失、中老年人员安置等问题越发突出。

四是综合竞争力弱。煤炭资源型城市在发展过程中往往伴随着明显的路径锁定效应，包括技术锁定、结构锁定、功能锁定和认知锁定等，转型发展内生动力严重不足。这些因素也导致了资源型城市后备资源不足、整体技术落后、基础设施欠账多、经营管理粗放等问题，使得综合竞争力相对较弱。

3. 新时代推动煤炭资源型城市转型是实现高质量发展的必然要求

新时代是生态文明建设理念贯穿发展全过程的时代，煤炭资源型城市转型发展要特别符合生态文明建设要求。

一是新时代对生态环境发展提出更高要求，煤炭资源型城市要转变原有粗放式发展模式。解决煤炭资源型城市面临的诸多难题、促进其可持续发展是我国在新时代下落实新发展理念的必然要求。党的十八大以来，我国经济进入新时代，经济社会发展对能源革命提出了新要求，能源清洁低碳发展成为潮流。2014 年，习近平总书记在中央财经领导小组会议上提出推进我国能源生产和消费革命，2016 年 12 月国家发展改革委、国家能源局出台了《能源生产和消费革命战略（2016—2030）》，明确提出以保障安全为出发点，以节约优先为方针，以绿色低碳为方向，以主动创新为动力，要“紧紧把握时代脉搏，坚持安全为本、节约优先、绿色低碳、主动创新的战略取向，全面实现我国能源战略性转型”。党的十九大报告进一步提出，要在2020年全面建成小康社会的基础上，分“两步走”在21世纪中叶建成富强民主文明和谐美丽的社会主义现代化强国。为此，打赢污染防治攻坚战、推进国家区域发展战略、加快建设现代经济体系、推进生态文明建设、实现高质量发展、更好地满足人民日益增长的美好生活需要，成为党和国家的重要施政方向。这都将对我国能源发展提出一系列新要求，煤炭产业高质量发展、煤炭资源型城市转型发展势在必行。

二是新时代是绿色低碳发展时代，煤炭资源型城市可能加速衰退，要尽快创新经济发展模式，摆脱高碳路径依赖。当前应对全球气候变化已经成为国际共识，推动绿色低碳发展成为全球能源发展潮流。我国也将生态文明纳入“五位一体”总体战略布局，积极成为应对全球气候变化和推动全球能源治理的参与者、贡献者和引领者。2020年9月22日，习近平主席在第七十五届联合国大会上发表重要讲话，明确提出“中国将提高国家自主贡献力度，采取更加有力的政策和措施，二氧化碳排放力争于2030年前达到峰值，努力争取2060年前实现碳中和”。这既是我国为构建人类命运共同体、加强应对气候变化国际合作的重大国际承诺，也是我国自身朝着社会主义现代化强国目标迈进、建设美丽中国所作出的重大路径选择。随后，在12月12日的气候雄心峰会上，习近平主席进一步宣布了我国新的国家自主贡献目标，到2030年，中国单位国内生产总值二氧化碳排放将比2005年下降65%以上，非化石能源占一次能源消费比重将达到25%左右，森林蓄积量将比2005年增加60亿立方米，风电、太阳能发电总装机容量将达到12亿千瓦以上。这一具体目标丰富了中国自主贡献的内容，是对碳中和目标的阶段性重点目标细化，也是实现碳中和目标的支撑和抓手。

在此背景下，大幅降低煤炭占一次能源的消费比重、大幅减少煤炭消费量，将成为必然选择。同时，随着可再生能源成本的进一步下降，煤炭极有可能在纳入外部性成本后，逐渐丧失其在能源体系中的竞争力，煤炭、煤电的减量化发展不可避免。这也就意味着煤炭的产量和消费量都将大幅减少，有的煤炭资源型城市煤炭趋于枯竭，会顺应自然规律逐步退出市场；但有的煤炭资源型城市煤炭资源仍较为丰富，在市场驱动下“有煤而不采”，可能面临“未老先衰”的不利局面。

（二）新时代煤炭资源型城市转型发展形势严峻

1. “十四五”及中长期构建新发展格局下要求能源领域发挥更大作用

党的十九届五中全会深入分析国际国内形势，对“十四五”经济社会发展作出了重要战略部署，对未来经济社会发展给出了全面、系统的描绘，明确了“十四五”规划纲要和2035年远景目标建议，提出要坚持系统观念，办好发展、安全两件大事，坚持全国“一盘棋”。习近平总书记也提出：要深刻认识新发展阶段，全面贯彻新发展理念，着力构建新发展格局的三个“新”要求。

聚焦到能源领域，在构建新发展格局下能源领域也需要发挥更大作用。党的十九届五中全会审议通过的《中共中央关于制定国民经济和社会发展第十四个五年规划和二〇三五年远景目标的建议》（以下简称《建议》），不仅对党的十九大确定的发展现代产业体系、推动乡村振兴、加快绿色低碳发展、推进区域协调发展等重大任务提出了新的要求，还结合当前发展所面临的新形势，更加突出了创新驱动作用、构建“双循环”发展格局以及统筹发展和安全等新的重要任务，对“十四五”及更远期发展目标提出了明确要求。《建议》还将能源清洁、低碳安全、高效利用作为加快推动绿色低碳发展的重要内容，强调深入实施可持续发展战略，促进经济社会发展全面绿色转型，建设人与自然和谐共生的现代化。这为我们推进生态文明建设注入了强大动力、提供了行动指南。之后的中央财经委员会第九次会议明确提出：我国力争2030年前实现碳达峰，2060年前实现碳中和，是党中央经过深思熟虑作出的重大战略决策，事关中华民族永续发展和构建人类命运共同体。要坚定不移贯彻新发展理念，坚持系统观念，处理好发展和减排、整体和局部、短期和中长期的关系，以经济社会发展全面绿色转型为引领，以能源绿色低碳发展为关键，加快形成节约资源和保护环境的产业结构、生产方式、生活方式、空间格局，坚定不移走生态优先、绿色低碳的高质量发展道路。

“十四五”是碳达峰的关键期、窗口期，要构建清洁低碳、安全高效的能源体系，控制化石能源总量，着力提高利用效能，实施可再生能源替代行动，深化电力体制改革，构建以新能源为主体的新型电力系统。要实施重点行业领域减污降碳行动，工业领域要推进绿色制造，建筑领域要提升节能标准，交通领域要加快形成绿色低碳运输方式。“十四五”及中长期我国能源领域要紧紧抓住碳达峰的关键期和窗口期，紧密围绕2030年前实现碳达峰开展工作，我们的能源生产和消费体系、经济社会发展布局，生产生活节奏都将发生重大调整甚至重构，能源高质量发展的要求也越来越高。

2. 新时代煤炭资源型城市转型发展面临较大碳约束

一是碳达峰、碳中和要求我国煤炭经济及煤炭资源型城市加快转型。21世纪以来，应对全球气候变化已经成为国际共识，推动绿色低碳发展成为全球能源发展潮流。党的十八大将生态文明纳入“五位一体”总体战略布局，并逐渐成为应对全球气候变化和推动全球能源治理的参与者、贡献者和引领者。

当前，中央把做好碳达峰、碳中和工作作为当前经济工作重点任务之一，明确要求加快调整优化产业结构、能源结构，推动煤炭消费尽早达峰，大力发展新能源，加快建设全国用能权、碳排放权交易市场，完善能源消费“双控”制度。在此背景下，以煤炭为主的高碳能源结构将成为实现发展目标的最大障碍，大幅降低煤炭占一次能源的消费比重、大幅减少煤炭消费量，将成为必然选择。根据笔者的研究结果，从电力、钢铁、建材、化工等主要耗煤行业发展预期出发，到2035年，我国煤炭消费量将由当前的40亿吨左右降至18亿~20亿吨，到2050年进一步降至5亿吨左右。作为长期兜底保障我国能源安全的主体能源，煤炭未来需求量如此大幅度地削减，将对煤炭行业及煤炭资源型城市产生深远影响。若以2030年和2060年前作为时间约束倒逼，我国能源绿色低碳转型将是跃迁式、变革式的发展，煤炭及相关产业的发展空间和时间将严重受限，煤炭资源型城市也会加速进入深度蜕变阶段。

二是碳空间约束加剧到来将进一步遏制煤炭发展竞争空间。在全球绿色低碳转型浪潮下，已有超过120个国家、2/3的经济体提出碳中和目标愿景。2021年3月10日，欧洲议会通过关于欧盟碳边境调节机制（CBAM）的决议，明确所有纳入欧盟碳交易系统的产品都将被包括进欧盟碳边境调节机制，从2023年开始并经过评估，欧盟碳边境调节机制将覆盖电力行业以及水泥、钢铁、铝、炼油、造纸、玻璃、化工和肥料等高能耗产业。几乎同时，美国气候事务特使与欧盟官员就讨论跨大西洋气候行动、美国总统拜登重返《巴黎协定》、2050年前共同实现“净零排放”和碳边境调节税等议题进行决策磋商并达成一定共识，这种新的政治经济博弈将会重塑全球产业链。

我国能源结构以煤为主，现有工业体系建立在高强度的碳排放上，一旦这种“碳空间约束”势头兴起，我国经济贸易格局将面临巨大“碳壁垒”，将会对我国产业发展、能源发展产生深远影响。届时，煤炭需求将进一步下降，市场空间不断被挤压，再考虑可再生能源技术进步、成本下降，煤炭资源的竞争优势将颠覆不再。“十四五”规划纲要提出了“实施以碳强度控制为主、碳排放总量控制为辅”的制度，这在某种程度上意味着碳排放总量和强度这一新“双控”指标将成为我国构建新发展格局的新导向，碳空间也会成为我国产业结构调整、区域经济布局重新洗牌的核心要素，将带动行业发展发生巨大变革，对煤炭资源地区经济社会产生深远影响，需要提前布局，抓住关键窗口，在产业调整、基础设施、人员安置等方面因城施策。

3. 落实能源革命要求、建设现代能源体系要求煤炭经济加快转型发展

早在2014年，习近平总书记就指出，中国要推动能源生产和消费革命，走煤炭、油气、非化石能源多轮驱动的能源供给模式。2017年，中国政府公布了《能源生产和消费革命战略（2016—2030）》，在“推动能源供给革命，构建清洁低碳新体系”中明确要求“实施能源供给侧结构性改革，推进煤炭转型发展”。主要是推动煤炭清洁高效开发利用，包括促进

煤炭绿色生产和集中清洁高效利用。中国能源革命战略取向之一，必然是绿色化、低碳化或无碳化，而目前煤炭经济与绿色化、低碳化相去甚远，无法满足能源生产和消费革命的要求。为此，加速推动中国煤炭经济转型发展，成为推进能源生产和消费革命的重要方面。

党的十九大报告明确提出要发展现代经济体系，推动高质量发展。能源作为经济社会发展的关键要素投入，必须按照现代经济体系要求去发展，也必须体现高质量发展要求，但中国高煤炭比重的传统能源经济无法满足高质量发展要求，主要体现在以下几个方面：

一是高煤经济体系的资源惯性依赖不可持续。这种高煤炭比重的能源经济体系对能源资源的依赖性极高，煤炭仍是一些中西部地区发展经济的根本。近年来，部分中西部地区以煤炭为依托，积极延伸产业链，这种延伸不仅没有换来这些地区的产业升级，反而使它们对煤炭资源的依赖度更高，形成高煤炭的能源经济体系，未来发展不可持续。

二是高煤能源经济体系挤占其他要素资源。这种高煤炭的能源经济体系对资本、土地、劳动力的依赖性极高。以煤为主的能源经济模式，投资粗放，对产业转型的前瞻性、引导性不足，致使资金投入收益比不断降低，使部分资源型城市陷入转型发展的困境。

三是高煤能源经济体系对环境资源要素透支过大。传统煤炭生产地区长期以来以破坏生态环境为代价来谋求经济发展，并未全部将生态环境作为生产要素纳入经济发展中，这种发展模式已经严重背离了现代经济体系关于提供绿色生态产品的基本要求。

四是高煤能源经济体系面临巨大的碳排放代价的经济性风险。未来全球推动碳中和，将逐步建立全球碳市场，经济体系的高二氧化碳排放极有可能面临高昂的碳交易成本，最终可能使得这类经济体系本身不具备全球的竞争力。因此，中国煤炭经济转型将更加迫切。

4. 我国煤炭集中度进一步提升，煤炭资源型城市转型发展内生动力逐渐衰弱

我国煤炭资源分布广，但剩余基础储量和优质产能主要集中在中部与西部地区少数几个省份。近年来，在化解过剩产能政策驱动和安全生产压

力加大共同作用下，全国煤炭生产开发中心进一步加速向煤炭资源丰富、开采条件较好的西北地区转移。2018 年和 2019 年山西、陕西、内蒙古、新疆4省（区）原煤产量合计分别占全国的74.3%、76.8%，2020 年山西、内蒙古、陕西和新疆4省（区）的原煤总产量超过30亿吨，占比进一步提升至78.3%。然而，随着煤炭开发布局进一步向西部资源型地区集中，这些地区对煤炭的依赖度会越来越大，煤炭经济转型的难度也将变大。

一是目前新的西部煤炭工业城市仍在重复煤炭资源经济的旧发展模式。21 世纪以来，随着我国进入工业化发展时期，经济社会发展对能源煤炭的需求不断增加，一些煤炭资源丰富的西部地区城市开始依煤成长，如鄂尔多斯、榆林、庆阳等地，其主要是继续谋求依托煤炭开采的发展道路，虽然经济增长速度处于全国前列，但仍属于重复煤炭资源经济的旧发展模式，面对新时代新要求，思想观念转变严重落后，推进煤炭经济转型发展十分困难。

二是21 世纪以来的煤炭经济大幅波动发展，导致西部煤炭工业城市加重了对煤炭经济路径的依赖。2003—2012 年，我国煤炭工业经历了“黄金十年”发展期，西部地区依托丰富的煤炭资源，获得了长足的发展。2013 年以后，我国经济社会发展步入新常态，煤炭需求下降，煤炭能源价格大幅度下滑，导致全国煤炭产能严重过剩，企业经营面临困境。2016 年以后，我国大力推进煤炭行业供给侧结构性改革，煤炭企业恢复盈利，行业发展好转。2017 年，煤炭消费开始有所反弹，许多地区重新开始布局更多的新型煤炭加工转换项目，形成了更为严重的依附煤炭的经济发展模式。这种反复波动的发展态势，使得西部煤炭资源型城市更加以煤炭为风向标，来发展和布局本地产业，经济发展进一步陷入“资源诅咒”的陷阱。

三是这些地区有可能面临“未老先衰”的风险。未来煤炭消费必将大幅下降，会给煤炭行业带来巨大冲击，将严重影响现在的中西部煤炭工业地区。从时间窗口来看，已经难以容许西部煤炭工业城区的从容有序转型发展。且在全国煤炭消费下降、煤炭减量发展的大趋势下，煤炭生产开发布局进一步集中后，其产量占全国的比重可能会变大，但是绝对产量会呈下降趋势，这有可能带来煤炭产业的停滞发展，在其他非煤产业尚未培育成熟之前，这些地区会面临“未老先衰”的经济衰退风险。

较长时间以来，不同区域、不同发展阶段的煤炭资源型城市都在积极寻求经济转型，从转型视角来审视，中国一些煤炭老工业基地和相关产业已经在转型的路上，有时转型发展时间比较长，但总体来看，转型失败者居多。个别转型成功的城市，不能完全归因于该城市的煤炭经济自身动力，而还在于该城市所处的区域经济背景和其他产业发展等综合发展优势。如江苏省徐州市，拥有徐州矿务局，煤炭采掘业历经数十年，改革开放之初的煤炭经济在全市的比重也比较大，一度高达30%。21世纪以来，随着资源的逐步枯竭，类似徐州、大同等城市迈出了煤炭经济转型发展步伐，取得了比较积极的成效。但其他传统煤炭工业城市，如阜新、抚顺、双鸭山、鹤岗等一批老工业城市转型道路异常艰辛，大批煤矿工人下岗，城市财政收入大幅下降，城市生态环境遭受巨大破坏，转型总体上并不成功。这些地方需反思煤炭经济的发展模式，探讨如何破除煤炭“资源诅咒”。

另外，西部地区未来煤炭经济转型的难度将越来越大。从发展视角来审视，中国东中部地区的煤炭资源地区和煤炭城市，其煤炭经济转型发展还具备中国工业化加速发展的历史时间窗口，但随着煤炭开发走向西部，加之中国后工业化到来，西部地区未来煤炭经济转型的难度将越来越大。

Ⅱ 区域篇

一、黄河流域积极推动能源高质量发展

（一）作为我国“能源流域”，长期以来黄河流域是我国煤炭主要供给保障基地

1. 煤炭预测资源量占全国的一半，查明资源量占全国的六成

《全国煤炭资源潜力评价2018》数据显示，我国1000米以浅煤炭预测资源量4.5万亿吨，黄河流域八省（区）2.3万亿吨，占比51.1%。其中，内蒙古、山西和陕西煤炭预测资源量分别达到12250.4亿吨、3899.2亿吨和2031.1亿吨，位居全国前三。自然资源部《全国矿产资源储量通报》显示，2008—2016年，查明资源储量逐渐上升，从8609亿吨上升至9883亿吨，占全国比重多年维持在60%以上，其中2016年占比61.8%（见表2-1）。

表2-1　黄河流域煤炭资源预测资源量和查明资源储量　　单位：亿吨

地区	2018年预测资源量	2016年查明资源储量
内蒙古	12250.4	4174
山西	3899.2	2708
陕西	2031.1	1639
宁夏	1721.1	54
甘肃	1656.0	300
河南	919.7	375
山东	405.1	283
青海	380.4	329
黄河流域合计	23035.9	9883

续表

地区	2018年预测资源量	2016年查明资源储量
占全国比重	51.1%	61.8%

资料来源：中国煤炭地质总局勘查研究总院等《全国煤炭资源潜力评价2018》；自然资源部《全国矿产资源储量通报2016》。

流域内煤炭资源基础储量稳占全国的3/4，储量占全国八成左右。21世纪初期，黄河流域域内煤炭资源基础储量保持在2400亿~2500亿吨。煤炭发展“黄金十年”期间，黄河流域对煤炭资源采掘迎来高峰，流域内煤炭资源基础储量呈一定程度下滑，近年来流域煤炭资源基础储量较为稳定。具体来看，从“十五”初期开始，流域内煤炭资源基础储量出现下滑趋势，2006年黄河流域煤炭资源基础资源储量为2510.5亿吨，2011年流域内煤炭资源基础储量为1553.5亿吨，“十一五”时期大规模采掘导致煤炭资源萎缩近38%，2016年流域煤炭资源基础储量为2467.9亿吨，占全国的73.3%。另外，从具备可采条件且已明确标定的煤炭资源基础储量指标数据来看，黄河流域煤炭资源储量指标长期占全国八成左右，2016年八省（区）煤炭资源储量为1077.9亿吨，占全国的79.0%。

2. 煤种全、煤质好，分布高度集中

黄河流域煤种齐全，煤质较好，地质赋存条件优越。晋陕蒙地区占全国焦煤、无烟煤资源储量的80%左右。流域内煤炭资源多是低硫、低磷、低灰、中高发热量的“三低一高”优质动力煤和化工用煤，褐煤、焦煤和无烟煤分别达到1799.6亿吨、1203.9亿吨和3054.1亿吨，分别占全国的94.6%、61.5%和64.4%。其中，流域内内蒙古褐煤、焦煤最多，约2/3的无烟煤蕴藏于山西（见表2-2）。

表2-2 黄河流域煤炭资源细分品种统计 单位：亿吨

地区	褐煤	焦煤	无烟煤
内蒙古	1753.4	364.2	8.2
山西	12.7	508.0	2018.6
陕西	—	111.5	320.8
宁夏	—	17.8	185.2

续表

	褐煤	焦煤	无烟煤
甘肃	—	—	1.2
河南	8.8	163.8	440.8
山东	24.7	5.6	46.8
青海	—	33.0	32.6
黄河流域合计	1799.6	1203.9	3054.1
占全国比重	94.6%	61.5%	64.4%

资料来源：中国煤炭地质总局勘查研究总院等《全国煤炭资源潜力评价2018》。

流域内煤炭资源主要集中于黄河中段“几字湾”省（区），富煤矿区横跨内蒙古、山西和陕西等地。“几字湾”省（区）中山西、陕西、内蒙古三省（区）煤炭查明资源储量合计占全国一半以上，其中内蒙古、山西和陕西分别约占全国的1/4、1/5和1/10。流域内煤炭资源基础储量合计占全国比重超六成，其中山西、内蒙古和陕西分别约占全国的1/3、1/5和1/20(见图2-1)。

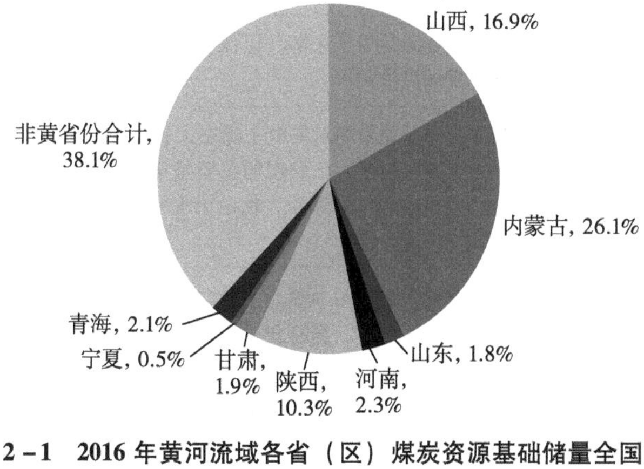

图2-1　2016年黄河流域各省（区）煤炭资源基础储量全国占比

资料来源：自然资源部《全国矿产资源储量通报2017》。

从各省（区）煤炭资源基础储量变动情况来看，内蒙古、山西煤炭资源基础储量有所波动，其余各省（区）相对较为稳定。“黄金十年”时期，山西煤炭资源基础储量锐减超200亿吨，内蒙古缩减400亿吨。根据自然资源部《全国矿产资源储量通报2017》，2016年山西和内蒙古煤炭资源基础储量分别占全国的36.8%和20.5%。黄河流域各省（区）煤炭资源概述如表2－3所示。

表2－3　黄河流域各省（区）煤炭资源概述

	全国排名		煤炭资源概述
	预测储量	查明资源储量	
山西	2	1	山西煤炭资源约占全国的1/3，作为黄河流域石炭二叠纪聚煤区的中心，除晋北有少量侏罗纪煤外，其他皆为石炭二叠纪煤。山西煤种齐全，以炼焦煤和无烟煤优势突出，炼焦煤查明储量约占全国的50%，无烟煤查明储量约占全国的40%
内蒙古	1	2	内蒙古的煤炭资源主要分为两大块：鄂尔多斯市的低变质烟煤、东部地区的褐煤。鄂尔多斯市拥有神府东胜煤田的北半部和准格尔煤田，神府东胜煤田的煤种为不黏煤，准格尔煤田的煤种是长焰煤。在内蒙古的煤炭查明储量中，低变质烟煤占53%，褐煤占45%，炼焦煤占2%
陕西	4	3	陕西拥有神府东胜煤田的南半部和黄陇煤田两大侏罗纪煤基地，两者占陕西煤炭查明储量的91%。煤种也主要是低变质烟煤，低硫、低灰，属优质的动力煤。陕西的炼焦煤资源主要来自陕北石炭二叠纪煤田和渭北石炭二叠纪煤田
宁夏	5	5	宁夏的煤炭资源集中于东部，以侏罗纪煤为主，宁夏的煤炭查明储量中，低变质烟煤占81%
甘肃	7	13	甘肃的煤炭查明储量相对集中于陇东，省内煤炭资源的95%为侏罗纪煤，集中于陇东地区，已发现的主要是华亭煤田，在尚未查明的预测储量中，庆阳占全省的94%，但由于埋藏较深，目前仍停留在预测阶段，未来找煤潜力较大
河南	8	9	河南煤炭资源主要分布于豫北、豫西和豫东地区。河南基地作为全国十四大煤炭基地之一，拥有鹤壁、焦作、义马、郑州、平顶山和永夏六大矿区。河南煤种较全，以焦煤、无烟煤为主，分别占资源总量的70.53%与28.98%。按煤炭用途看，河南涵盖炼焦煤、无烟煤和动力煤，炼焦煤主要分布在平顶山、安阳、鹤壁等地区，具有中低挥发分、较高黏结指数的特点，煤质较好；无烟煤主要产自焦作、郑州和永城地区；动力煤多集中于郑州及义马地区
山东	10	10	山东煤炭资源比较丰富。截至2015年年底，全省查明煤炭可采储量超280亿吨，约可以满足静态开采50年，主要集中于鲁西南，其次是鲁中、胶济铁路沿线及济南以西的黄河两岸

续表

	全国排名		煤炭资源概述
	预测储量	查明资源储量	
青海	16	16	青海煤炭资源查明资源储量329亿吨，其中基础储量约40亿吨，全省分布较为普遍，但具有开采价值的含煤地层，集中在祁连煤田和“柴北”的旺尕秀、欧龙布鲁克山南北坡一带。煤种齐全，并以焦煤居于首位，约占总查明储量的一半，其次为长焰煤、不黏煤、瘦煤、气煤、无烟煤

专栏二

黄河流域资源情况概述

1. 神东煤炭基地

神东煤炭基地从陕北的神木、府谷、榆林、横山、靖边一带向北延伸到内蒙古鄂尔多斯东胜，是我国最大的煤田，以神府、东胜两大矿区为主。神府煤田位于陕西榆林，查明储量达1349亿吨；东胜煤田位于内蒙古鄂尔多斯市境内，查明储量2236亿吨。以上述两大矿区为主的神东煤田是我国已查明储量最大的整装煤田，约占全国已查明储量的1/4，属世界八大煤田之一。神东煤田的煤为世界少见的优质动力煤，尤以南部煤炭资源为最佳。

2. 黄陇煤炭基地

黄陇煤炭基地包括彬长（含永陇）、黄陵、华亭等矿区。查明储量近150亿吨，具备建设大型煤炭基地条件。黄陵矿区储量丰富，查明地质储量20亿吨，剩余可采储量15亿吨，地质构造简单、埋藏较浅、开采方便，煤种为长焰煤和弱黏煤。华亭煤矿区查明地质储量36亿吨，剩余可采21.56亿吨。

3. 宁东煤炭基地

宁东煤炭基地位于银川东部的灵武，该区域查明储量达273亿吨，主要包括鸳鸯湖、灵武、横城3个矿区。宁东煤田查明储量270多亿吨，居全国第六位，占全区已查明储量的87%，煤田地质条件好，开采条件佳，采掘成本低，且煤质优，是优良的动力和气化用煤。

4. 晋北煤炭基地

晋北煤炭基地是我国特大型动力煤基地，位于山西省太原市以北地区，主要包括平朔、大同、朔南、轩岗、河保偏、岚县矿区。平朔矿区查明储量167.3亿吨。大同矿区含煤面积约1827平方千米，保有查明储量386.43亿吨，为全国八大煤炭生产基地之一。宁武煤田查明地质储量412亿吨，其中气煤395亿吨，主要作为动力煤使用。

5. 晋中煤炭基地

晋中煤炭基地地处山西省中部及中西部，跨太原、吕梁、晋中、临汾、长治、运城6个市的31个县（市），包括太原西山、东山、汾西等矿区，煤炭可采储量192亿吨。其中，太原西侧西山煤田查明地质储量193亿吨，其中古交矿区是我国目前产量最大的焦煤矿区；中南部霍西煤田查明地质储量309亿吨，是我国肥煤储量最多的煤田；晋中沁水煤田查明地质储量843亿吨，是山西最大的煤田，也是我国最大无烟煤基地。

6. 晋东煤炭基地

晋东煤炭基地是我国最大和最重要的优质无烟煤生产基地，位于山西阳泉、长治、晋城和晋中等市县境内，由晋城、潞安、阳泉等矿区组成。晋城矿区面积约280平方千米，除北部赵庄详查区有部分贫煤外，其余皆为低灰、低硫、高发热量优质无烟煤和中灰、中—富硫、高发热量无烟煤。阳泉矿区具有丰富的煤炭资源，已查明地质储量104亿吨，其中20%属高质无烟煤且埋藏浅、易于开发。

7. 陕北煤炭基地

陕北煤炭基地位于黄土高原的陕北地区，是我国重要的煤炭基地。主要包括榆神、榆横等大型矿区。榆神矿区位于神府矿区南部，面积为5500平方千米，查明储量301亿吨，榆神矿区是国内外罕见的可建设特大型现代化矿区的、条件优越的地区之一。分煤田来看，陕北石炭二叠纪煤田，查明地质储量54亿吨；陕北三叠纪煤田查明地质储量20亿吨，是我国最大的三叠纪煤田，煤种为气煤。

8. 河南煤炭基地

河南煤炭基地资源查明储量为200亿吨，其中鹤壁矿区煤炭资源累计查明储量约13.41亿吨，保有储量10.88亿吨，查明剩余储量4.74亿吨。焦作矿区含煤面积971平方千米，预测煤炭储量80亿吨。平顶山矿区位于河南省中部，初步查明储量超过100亿吨。

9. 鲁西煤炭基地

鲁西煤炭基地范围覆盖兖州、济宁、新汶等多个矿区，查明煤炭储量约160亿吨。兖州矿区拥有兖州和济宁东部两块煤田，矿区总面积435.44平方千米，资源储量约36.6亿吨，可采储量17.7亿吨。巨野矿区包括巨野煤田和梁宝寺煤田，总地质储量55.7亿吨，其中巨野煤田地质储量48.7亿吨。

3. 九大煤炭基地占全国产能总量的2/3以上

黄河流域已形成超大规模煤炭产能。依托区域内煤炭资源丰富的绝对先天优势，黄河流域各省（区）在过去相当一段时间内不断加大煤炭生产建设力度，以晋陕蒙区域为代表的流域内超大规模产能已然形成。

黄河流域煤炭产能已经高度聚集。山西、陕西、内蒙古三省（区）生产煤矿和建设煤矿占全国的六成和七成以上。截至2019年年底，山西、陕西、内蒙古三省（区）生产煤矿和建设煤矿年产能总计29.1亿吨，占全国煤炭总产能的64.8%。其中，山西、陕西、内蒙古三省（区）生产产能和进入联合试运转的年产能合计为24.7亿吨，占全国煤炭总产能的64.6%；在建产能总量为7.3亿吨，占全国煤炭总产能的72.53%。具体来看，山西年产能总量为12.3亿吨，占全国煤炭总产能的27.41%；内蒙古生产煤矿和建设煤矿总年产能11.0亿吨，占全国煤炭总产能的24.42%。从千万吨以上煤矿产能情况来看，全国千万吨生产煤矿42处（神木大柳塔煤矿一矿两井），集中分布于内蒙古、陕西、山西、宁夏等六省（区），超过90%的千万吨级生产煤矿位于黄河流域，合计产能6.94亿吨/年，占全国生产煤矿总产能的19.2%。从区域内部来看，内蒙古千万吨煤矿产能占比为39.87%，陕西千万吨煤矿产能占比为36.1%，山西千万吨煤矿产能占全区煤矿总产能的10.1%。

流域内原煤产量总体呈上升趋势。过去25年，黄河流域煤炭产量经历了缓慢下降、迅猛徒增、稳步提升几个阶段，其占全国煤炭产量比重则呈现出短期波动但总体占比不断上升的变化趋势。20世纪90年代至2001年，黄河流域煤炭产量相对稳定，总量维持在5.5亿~7.1亿吨，流域煤炭产量占全国比重呈缓慢下滑趋势，到2000年降至39.6%。2002—2012年，煤炭生产迎来“黄金十年”时期，流域内煤炭生产开采量屡创新高，2004年煤炭生产量突破10亿吨，2010年突破20亿吨，2012年达到28亿吨，其间煤炭生产年均增长率达到13.2%，产量占全国比重提升至70.9%。2013年至今，随着我国煤炭优化产能工作不断落实，落后产能逐渐淘汰关闭，优质产能进一步扩大改建，其间黄河流域煤炭产量有所波动，但总量占比呈上升趋势。2019年全流域煤炭产量突破30亿吨，占全国比重提升至79.2%（见图2-2）。

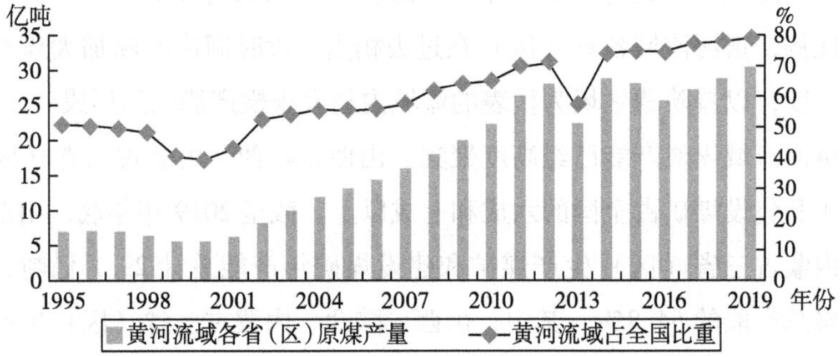

图2-2 1995—2019年黄河流域原煤产量及全国占比

资料来源：国家统计局、Wind数据库。

煤炭产量进一步向晋陕蒙集中。分省份来看，随着煤炭产能建设步伐加速推进，黄河流域煤炭生产区位逐步向晋陕蒙等资源富集地区集中。1995年，山西、陕西、内蒙古三省（区）煤炭产量占流域总产量的66.4%，到2005年提升至69.9%，2019年三省（区）煤炭产量合计占流域总产量的88.5%。其中，内蒙古、陕西两省（区）煤炭生产量增幅最为突出，2019年相较1995年分别提升15.5倍和14.9倍（见图2-3）。

以陕西榆林、内蒙古鄂尔多斯、山西朔州为界的三角区域被誉为中国

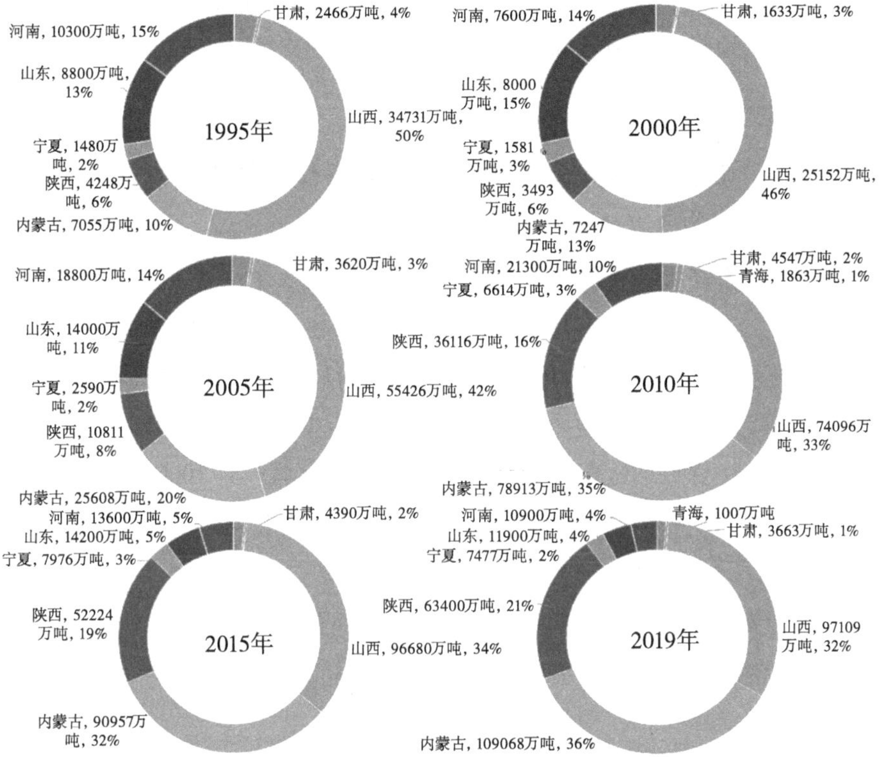

图 2－3 黄河流域各省（区）不同时期原煤产量及流域内占比

资料来源：国家统计局、Wind 数据库。

煤炭“金三角”。煤炭“金三角”及腹地煤炭产量占据全国煤炭总产量近 1/3，以 2013 年产量为例，鄂尔多斯、榆林、朔州三市的煤炭产量分别达到 5.76 亿吨、3.39 亿吨、2.20 亿吨，居中国产煤市前三位。

黄河流域成为煤炭优化产能重点区域。从 2012 年开始，“优化产能、上大压小、改革重组”成为煤炭生产主要基调。作为全国煤炭主要资源富集和开发利用地带，黄河流域成为本轮煤炭去产能重点区域。调研发现，2018 年，黄河流域化解过剩产能占全国化解过剩产能总量的 60%，其中有山西（2745 万吨，占比 25%）、河南（1002 万吨，占比 9%）、山东（800 万吨，占比 7%）、内蒙古（340 万吨，占比 3%）、陕西（278 万吨，占比 3%）。2019 年，黄河流域已完成化解产能 3383 万吨，占全国化解过剩产能总量的 41.2%，其中山西实际退出产能 1895 万吨，占全国退出总产能的23.1%。当前，随着“优化产能、上大压小、改革重组”等持续推进，未来九大基地将为全国能源安全提供更加有力的支撑。

专栏三

黄河流域九大煤炭基地发展历程及基本情况

1. 神东煤炭基地

神东煤炭基地位于陕西省北部、晋陕蒙三省（区）交界地带，以神府、东胜两大矿区为主。神华神东集团主要负责神府—东胜矿区的煤炭开发与建设，自1985年开发建设以来，神东现拥有生产矿井15个，其中内蒙古境内9个、陕西境内5个、山西境内1个。在矿井规模上，有2个达到2000万吨/年以上，8个达到1000万吨/年，形成了千万吨矿井群生产格局，整体产能超过2亿吨。

2. 黄陇煤炭基地

黄陇煤炭基地包括彬长（含永陇）、黄陵、华亭等矿区。华亭矿区作为黄陇基地的重要组成部分，已形成了2000万吨/年的煤炭生产能力。

3. 宁东煤炭基地

宁东煤炭基地位于银川东部的灵武，该区域优质无烟煤储量达273亿吨，主要包括鸳鸯湖、灵武、横城3个矿区。宁东煤田地质条件好，开采条件佳，采掘成本低，且煤质优，是优良的动力和气化用煤。截至2018年年底，宁东煤炭基地形成煤炭产能9155万吨。

4. 晋北煤炭基地

晋北煤炭基地是我国特大型动力煤基地，位于山西省太原市以北地区，包括大同市、朔州市、忻州市、太原市、娄烦县、吕梁市和岚县，主要包括大同、平朔、朔南、轩岗、河保偏、岚县矿区。平朔矿区：地处山西省宁武煤田的北端，是晋北煤炭基地的主要矿区，探明地质储量167.3亿吨，矿区原煤核准生产能力5450万吨（不含收购的地方煤矿），原煤入洗能力6600万吨/年，外运能力7000万吨/年。大同矿区：位于大同市西南部，矿区含煤面积约1827平方千米，保有探明储量386.43亿吨，为全国八大煤炭生产基地之一，矿区现有生产煤矿55处，设计总规模4500万吨/年，是我国重要的优质动力煤生产基地。

5. 晋中煤炭基地

晋中煤炭基地地处山西省中部及中西部，跨太原、吕梁、晋中、临汾、长治、运城6个市的31个县（市）。包括太原西山、东山、汾西、霍州、离柳、乡宁、霍东等矿区。晋中重点培育焦煤集团亿吨级煤炭企业。

6. 晋东煤炭基地

晋东煤炭基地是我国最大和最重要的优质无烟煤生产基地，位于山西阳泉、长治、晋城和晋中等市县境内，由晋城、潞安、阳泉等矿区组成。在晋东煤炭基地，重点培育阳煤集团、潞安集团和晋煤集团三大煤炭企业向亿吨级企业迈进，推进阳煤集团、潞安集团、晋煤集团实现煤电一体化。重点发展煤基合成油、甲醇制汽油、煤制烯烃、煤制化肥生产等产业。

7. 陕北煤炭基地

陕北煤炭基地包括榆神、榆横等大型矿区。1996年，陕西煤田地质局一八五队就已开始对榆神矿区进行详查。榆神矿区一期规划区是榆神矿区的一部分，南北宽约29.38千米，东西长约32.40千米，含煤面积925平方千米，地质储量160.8亿吨。矿区规划总投资104亿元，计划总共建设23个井田，其中开发16个，7个备用。榆横矿区以中部的无定河为界，分为南北两个矿区，规划的榆横矿区（北区）面积约3200平方千米，其中含煤面积2700平方千米，可采储量约188.89亿吨。

8. 河南煤炭基地

河南煤炭基地由鹤壁、焦作、义马、郑州、平顶山、永夏6个矿区组成。平顶山矿区位于河南省中部、京广和焦枝铁路干线之间。初步勘探表明，在东西长达120千米、南北宽达20千米的范围内，煤炭储量超过100亿吨。1955年开始建设新井，到1960年，建成投产矿井7处，设计能力501万吨。1975年超过1000万吨。1991年有生产矿井14处，产原煤1689万吨。

9. 鲁西煤炭基地

鲁西煤炭基地范围覆盖兖州、济宁、新汶、肥城、巨野、黄河北等9个矿区。新汶矿业集团的前身为新汶矿务局，建企于1956年，1998年3月改制为国有独资公司，2000年7月成立新汶矿业集团。现有煤炭生产矿井10个、在建矿井4个，设计能力810万吨/年，核定生产能力935万吨/年，实际年产原煤1400万吨。

4. 建成了“北煤南运”“西煤东送”的煤运体系

当前，我国煤炭产能产量逐步向晋陕蒙转移，而全国煤炭主要消费地集中于东部及南部地区，由于东部煤炭产能退出、中部煤炭适度发展，煤炭供给需求地域逆向分布加快，供需逆向分布矛盾可能加剧。我国煤炭“北煤南运、西煤东送”的运输规模不断加大，国内煤炭调运对铁路运输的需求进一步提升。

随着铁路加速提运成为铁路发展主要基调，煤炭铁路运输基础网络不断完善，极大地支撑了我国跨区煤炭运输需求。铁路输运系统在“八纵八横”骨架网络基础上形成了大秦线（山西大同—河北秦皇岛港）和朔黄线（山西神池—河北黄骅港）煤运专线，并以此升级为“三西”外运通道，极大地缓解了我国煤炭生产地与消费地相剥离的矛盾，根据近年来全国煤炭跨区铁路运输数据，晋陕蒙调出量约占全国跨大区间调出总量的80%。未来，随着我国煤炭产能进一步向中游环“几字湾”省（区）聚拢，区域内煤运体系预计将承担国家70%以上的煤炭运输。

“三西”北通路。以运输动力煤为主，重点担负晋北、蒙西和陕北煤炭基地至京津冀、东北华东，以及秦皇岛、唐山、天津、黄骅等港口下水煤炭的运输，是“三西”煤炭外运的主要通路。2019年，北通路完成煤运量8.51亿吨，同比增加1600万吨，占“三西”煤炭外运总量的68.6%，煤运北通路总的输送能力利用率为90%。

“三西”中通路。以运输焦煤和无烟煤为主，主要运输晋东、晋中的煤炭至华东、中南地区以及至青岛港的煤炭。2019年，中通路完成煤运量1.13亿吨，增加300万吨，占“三西”煤炭外运总量的91%，能力利用率为92%。中通路通路运距最短，运费节省效果明显，使得瓦日线运营运力紧张大幅缓解。

“三西”南通路。以运输肥煤和无烟煤为主，主要承担晋中煤炭至中南、华东及至日照、连云港等港口的煤炭运输任务。2019年，南通路完成2.75亿吨，增加3700万吨，能力利用率为75%。南通路主要增量为瓦日铁路，其余各线增幅较小。

浩吉铁路专线。浩吉铁路专线北起乌审旗浩勒报吉，南至江西吉安。作为中国“北煤南运”战略运输通道，2019年9月28日，浩吉铁路全线通车运营。途经蒙西鄂尔多斯（塔然高勒、高头窑、纳林希里、上海庙、呼吉尔特、纳林河）矿区、陕北榆林（榆神矿区三期、榆横矿区北区、榆横矿区南区、韩城）矿区、宁夏东部矿区、山西省南部（中煤王家岭、乡宁）矿区，绝大部分为新开发矿区。浩吉铁路专线计划2020年运输量6000万吨，之后迅速达到1亿吨以上规模并实现稳定增长。这将有助于全力实现“到2020年，全国煤炭铁路运输能力达到30亿吨”煤炭运输发展目标。

（二）黄河流域是保障我国煤炭供应的中坚力量，绿色减量和优化开发不断加快

从煤炭开发格局变化来看，我国煤炭开发自东、经中、向西转移的趋势明显。新中国成立初期，我国煤炭开发以东北地区为主，改革开放以后，我国提出“稳住东部、战略西进”，“十一五”时期提出“稳定东部、加快中部、适度加快西部”，到“十二五”时期的“控制东部、稳定中部、发展西部”，再到“十三五”时期的“压缩东部、限制中部和东北、优化西部”。随着我国南方地区和东部地区煤炭开发加快退出，黄河流域的晋陕蒙作为我国煤炭资源最具经济价值和开发潜力的地区，在我国煤炭开发中的地位不断提升。

近年来，随着我国煤炭产量增长放缓，黄河流域煤炭开发格局不断调整。目前，下游的山东、河南煤炭资源趋于枯竭，开采条件复杂，生产成

本较高，地下煤炭资源开发与城乡建设矛盾突出，生产规模不断缩小。上游的甘肃、青海煤炭资源有限，生态环境脆弱，水资源紧缺，煤炭产量快速下降。在中游地区，山西的水资源和环境承载力有限，煤炭接续资源多在中深部，煤质下降；宁夏的煤炭开发强度过高，水资源约束严峻。从煤炭开发趋势来看，山西、内蒙古分别制定了10亿吨和11.5亿吨的煤炭产量控制目标，黄河流域新增煤炭开发主要来自陕北、神东、黄陇区域，其他地区煤炭开发均呈不断下降态势。

未来一段时期，在黄河流域生态保护和高质量发展背景下，晋陕蒙地区保障煤炭供应的核心地位不会改变，但煤炭绿色减量和优化开发进程将进一步加快。在煤炭需求方面，我国煤炭消费已进入峰值饱和阶段，清洁能源发展对煤炭的替代不断加快，加之打赢蓝天保卫战对各地区减少煤炭消费提出的硬约束，我国中长期煤炭需求将显著下降。研究表明，2035年我国煤炭需求相较目前下降15%以上，2050年下降50%以上。在煤炭供应方面，我国绿色煤炭资源主要集中在陕西中北部、内蒙古中西部、新疆以及宁夏部分地区，其他地区煤炭生产将持续减量，加之进口优质煤炭的竞争，黄河流域煤炭开发将进一步向具有资源和环境的优势地区集中。

（三）黄河流域煤炭开发利用是区域性生态环境损害的主因

黄河流域上、中、下游不同区域的生态环境承载力不一，能源的开发利用对全流域生态环境造成了重大影响。下游的山东、河南地区煤炭开采造成土地沉降、化石燃料燃烧导致空气污染等现象比较普遍，是该区域生态环境损害的重要原因；中游的晋陕蒙宁地区大规模煤炭资源开发利用，直接导致水土流失、地面沉陷、煤矸石堆存和大气环境恶化等生态环境问题；上游的青海、甘肃地区生态环境总体脆弱，煤炭等化石能源开发已经造成祁连山区严重生态环境问题，未来新能源开发利用也可能造成一定的环境影响。

黄河上游：粗放式的煤炭开采已经造成较为严重的生态环境破坏。近年来，煤炭粗放式开采模式带来诸多环境隐患，2020年《祁连山非法采煤获利百亿至今未停》的报道出现，揭开了祁连山南麓腹地的青海省木里煤田非法开采并未根绝的面纱，海北州的祁连县、门源县等地小煤矿的粗放开采，对周边地质环境破坏严重，煤矸石及废渣常沿沟谷随意堆放，经雨水淋滤有害物质渗入地下水，对当地的水环境造成了巨大的污染。

黄河中游：“几字湾”省（区）能源开发利用造成严重环境污染和生态损害。黄河中游是我国煤炭开采最为集中的地区，长期以来，煤炭开采给当地生态环境带来了诸多负面影响。土地流失与荒漠化。“几字湾”省区本属黄土高原，土壤流失与荒漠化自然存在，井工开采引起的地表塌陷，降低了土地利用率，加大了水土流失和沙漠化。2019 年，晋陕蒙宁地区煤炭产量 26.4 亿吨，占全国总产量的 70.5%。煤矸石压占与污染。据不完全估算，到 2019 年年底，晋陕蒙宁地区煤矸石堆存量 60 亿 ~ 67 亿吨。煤矸石的大量堆放，不仅压占土地，让周围土壤变得贫瘠，影响生态环境，还会释放大量扬尘并在一定条件下自燃，造成非常严重的大气污染、固体废物污染、水污染，严重影响当地居民的身体健康和经济发展。地下水位下降。国家发展改革委能源所研究显示，2017 年鄂尔多斯市煤炭开发导致的煤矿涌水量约 9.3 亿立方米。2005—2017 年，鄂尔多斯市原煤累计产量 58.7 亿吨，产生的煤矿涌水量达到 88 亿立方米。矿井水污染渗透。生产过程中，产生的大量矿井水和废水中往往含有大量的重金属、硫化物和生化需氧量（BOD），部分废水会沿着地下裂缝进入地下水径流中造成地下水的矿物污染。由于地下水的隐蔽性，如果遭受污染或打破原有平衡，修复周期长、难度大，将会严重影响区域内居民的用水安全。

黄河下游：采煤塌陷地面积广，生态修复难度大、成本高。黄河下游地区煤炭矿区造成的最主要生态环境问题是地面塌陷。据山东省发展改革部门统计，山东共有采煤塌陷地 184 处，损毁土地面积达 724 平方千米，其中，历史遗留矿山塌陷地 50 处，损毁土地面积占比 16.5%；生产矿山采煤塌陷地 134 处，损毁土地面积占比 83.5%，主要分布在枣庄、济宁、泰安、菏泽等地。由于黄河下游处于平原地区，地下潜水位高，采煤塌陷极易导致地下水渗出，形成积水，恢复植被与设施重建的难度大，同时因潜水位高易形成土壤次生盐渍化。除进一步破坏所覆盖的土壤植被、生产生活设施外，还可能引发山体、斜坡的开裂、崩塌和滑坡等地质灾害，生态安全隐患风险极大。另外，煤矸石等固体废物不断累积，长期积存压占土地。黄河下游煤炭矿区另一个典型生态环境问题是矿区中的煤矸石、粉煤灰、排土、尾矿等的积存堆放，造成大面积压占矿区土地。对土壤、植被等生态要素造成严重破坏，生态修复难度大。煤炭矿区在建矿、采煤的过程中进行矿坑疏干排水导致地下水枯竭或转移、地下水位下降，形成采空区及周边地区大范围疏干漏斗。已经关闭的煤矿对地下水污染过程仍在持续，在地下水回补后，将井口改造成水源井，作为周边地区农业灌溉水源，而关闭煤矿的地下水污染过程仍在持续，对抚顺历史遗留矿区的监测结果显示，地下水中硫酸盐、硝酸盐、磷酸盐、氨氮等指标严重超标，且随着时间的推移有污染加重的趋势，致使采空区较大范围为受污染地下水。例如，山东滕州市煤矿区的矿山废水对地下水影响区域面积达到1500余平方千米，而其中最核心、影响最严重的区域面积占5%。

二、新疆加快推进煤炭基地建设

（一）新疆煤炭资源是未来我国能源安全的重要保障

1. 新疆煤炭资源丰富，具备建设大型煤炭基地的基础条件

新疆煤炭资源十分丰富，煤田煤层赋存较浅，开采条件优良，是中央明确规划建设的大型煤炭煤电煤化工基地、大型煤炭供应保障基地，具有煤层厚度大、煤层多、地质构造简单、开采成本低等特点，适合建设大型、特大型现代化安全高效智能化煤矿。新疆大型煤炭供应保障基地由吐哈、准噶尔、伊犁、库拜四大区组成，现已探明准东、沙尔湖、托里—和什托洛盖、大南湖—梧桐窝子、伊宁、三塘湖—淖毛湖等百亿吨级煤田，截至2020年年底，全区预测埋深2000米以浅煤炭资源量2.19万亿吨，占全国预测资源总量的39.3%，居全国首位；累计查明煤炭资源储量4500亿吨，占全国查明煤炭资源量的25%，居全国第二位。

“双碳”目标背景下，国家在疆内“沙戈荒”兴建风电、太阳能项目，大力开发新能源，并加速推动“疆电外送”第三条通道和规划设计第四条通道，这需要更大力度地开发新疆煤炭资源，全力支撑新疆国家能源资源战略基地建设。

2. “十三五”以来，新疆煤炭资源开发进入加速阶段

近年来，新疆煤炭资源开发加速。未来全区4个煤炭产区将加快发展。

准噶尔区：包括昌吉州、塔城地区等地，累计查明资源储量约2748亿吨，占全区查明资源储量的61%。根据现代煤化工、煤电产业布局，结合特高压通道及“疆煤外运”煤炭需求，加快大型现代化煤矿建设。

吐哈区：包括吐鲁番市、哈密市，累计查明资源储量约1407亿吨，占全区查明资源储量的31%。统筹“疆电外送”、“疆煤外运”、现代煤化工示范项目，加快建设配套煤矿，打造哈密综合能源示范基地，推进区域煤炭集运中心建设。

伊犁区：主要为伊犁州，累计查明资源储量约273亿吨，占全区查明资源储量的6%。坚持生态优先，煤炭生产以满足区内煤电煤化工项目和民生需求为主，同时保障博州等周边其他州市煤炭供应。

库拜区：主要包括阿克苏地区、巴州及南疆三地州，累计查明资源储量约72亿吨，占全区查明资源储量的1.6%。要根据资源条件，适度新增产能，提升煤炭就地供应保障能力，重点满足南疆民生用煤需求。

3. 初步形成铁路货运为主、“一主两翼”煤炭外运格局，外运潜力大

铁路作为国民经济的基础性设施，主要发挥“疆煤外运”引擎作用。新疆煤炭外运铁路通道呈“一主两翼”格局，已经形成以兰新铁路为主通道、临河至哈密铁路为北通道、格尔木至库尔勒铁路为南通道的“一主两翼”三大铁路通道①。其中：

（1）兰新铁路。作为“疆煤外运”主通道，甘肃发布的数据显示，兰新铁路设计运输能力在7000万~8000万吨/年，2022年实际煤炭运力约

---

① 北通道：由乌鲁木齐—将军庙铁路、淖毛湖—将军庙铁路（计划2023年建成）、临河—哈密铁路等构成，主要调往内蒙古阿拉善地区和乌海地区。中通道：由兰新铁路、陇海铁路、兰渝铁路等构成，现有运输能力7500万吨/年；承担绝大部分新疆煤炭外运，主要调往甘肃河西走廊地区、兰州周边地区、宁夏地区和西南地区。南通道：由南疆铁路、格尔木—库尔勒铁路、青藏线西宁—格尔木段、兰青铁路西宁—兰州段、兰渝铁路等构成，2019年年底开通运营，现有运输能力1300万吨/年；主要调往青海、甘肃兰州附近地区。

5000万吨/年，若对兰新线进行重载扩能改造或修建一条专用重载货运铁路（新疆—甘肃—青海—川渝），则能够形成产量、运力、需求三者的匹配，煤炭输送能力有望进一步提升。

（2）临哈铁路。连接临河火车站—额济纳旗达来呼布镇—哈密。主要由东段的临额铁路（临策铁路）和西段的哈额铁路构成。临哈铁路是疆煤外运的“北翼”通道，年运力约2000万吨。根据内蒙古自治区“十四五”铁路发展规划，临河及哈密内蒙古段将进行扩能改造，项目建成后，临哈铁路运输能力将提升45%左右。

（3）红淖铁路。主要经哈密市北部伊吾县及哈密市东部地区，全线长435.6千米，北起淖毛湖矿区，自伊吾县淖毛湖站引出，至终点甘新交界处的红柳河站。待红淖铁路与将淖铁路连通后，将贯通准东和哈密两大煤炭基地。准东地区煤炭可从将军庙绕道乌将线、兰新线至红柳河，出疆运距从1080千米缩短到780千米，缩短了近28%的运输距离，运费从202元/吨下降到150元/吨，节约了26%的运输成本，有力地缩短了运输距离和降低了运输成本。同时，可连通兰新铁路、额哈铁路，形成出疆北部新通道，成为大秦线煤炭集运系统的后备通道。

（4）格库铁路。“疆煤外运”的“南翼”通道。格库铁路起自青海省格尔木市，终到库尔勒市，线路全长1206千米，是出入新疆的第三条铁路通道，是疆煤外运南翼通道，主要供青海、西藏、四川地区，年度货运量达2600万吨/年。2021年，青海省发展和改革委员会、青海省交通运输厅、青藏集团公司联合印发《青海省中长期铁路网规划（2021—2050年)》，其中提到格库铁路增建复线工程将作为青海2036—2050年规划铁路项目。

据相关研究预测，“十四五”时期和“十五五”时期“疆煤外送”规模将大幅提升。其中：

“十四五”时期，通过优化运输组织，实施乌鲁木齐至将军庙铁路增二线，将军庙至淖毛湖铁路、罗布泊至哈密铁路、临河至哈密铁路、库尔勒至格尔木铁路扩能等项目，到2025年，“疆煤外运”能力可由目前的6000万吨/年提升至1亿吨/年（北通道提升至2200万吨/年，中通道提升至5200万吨/年，南通道提升至2600万吨/年）。

“十五五”时期，通过建成鄯善至敦煌铁路，实施淖毛湖至将军庙铁路增二线、红柳河至淖毛湖铁路增二线、哈密至临河铁路增建二线及电气化改造、库尔勒至格尔木铁路增建二线、柳沟至红沙梁铁路，到2030年，“疆煤外运”能力可提升至3亿吨/年（北通道提升至1亿吨/年，中通道提升至1.5亿吨/年，南通道提升至5000万吨/年）。此外，国家能源投资集团、保利集团提出加快建设哈密淖毛湖至包头、准东将军庙至银川重载铁路等对外运输通道联络线项目，预计中长期“疆煤外运”能力可提升至5亿吨/年，显著增强煤炭跨区域供应能力，推动新疆更深程度、更广范围参与国内煤炭市场平衡，为保障国家能源供应安全做出更大贡献。

（二）煤炭及相关产业强力支撑新疆经济社会发展

1. 煤炭作为优势产业支撑全疆八大产业集群发展

新疆是丝绸之路经济带核心区，2022年7月习近平总书记视察新疆时提出“立足资源禀赋和区位优势，充分发挥新疆油气、煤炭等资源和产业在全国经济大局中的重要作用，培育壮大特色优势产业”。自治区党委十届七次全会提出培育壮大以八大产业集群为支撑的现代化产业体系，以煤炭为基础全面加快新时代国家“三基地一通道”建设，打造全国能源资源战略保障基地。改革开放以来，煤炭占全疆能源供需比重一直维持相对高位，特别是“十三五”以来，煤炭占全疆能源生产比重达五成以上、占能源消费比重维持七成左右水平，2020年分别达到61%和69%，有力保障了新疆经济社会高质量发展（见图2-4）。

2. 煤炭成为推动经济增长、社会就业和区域发展的重要力量

当前，新疆煤炭资源开发正进入加速阶段，2022年全区煤炭产量4.13亿吨，初步核算推动实现增加值超过1000亿元，占地区生产总值的6%；原煤产量以28.4%的速度快速增长，推动实现煤炭产量带动煤炭（石油）及其他燃料加工业增加值增长6.8%，分别高于全区工业增加值和地区生产总值增速0.6个和3.6个百分点。根据新疆维吾尔自治区发展改

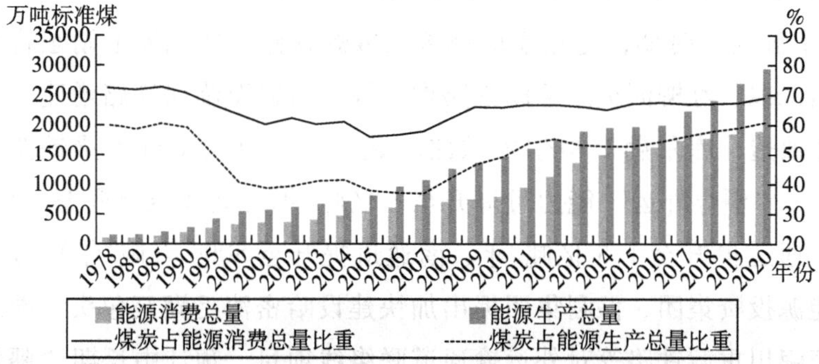

图2-4 改革开放以来新疆能源供需及煤炭占比情况

资料来源：历年《新疆统计年鉴》。

革委发布的信息，预计到2025年和2030年，新疆煤炭生产总量将相继达到7亿吨和10亿吨，较2022年分别提升69.5%和142.1%，这将是新疆工业经济发展史无前例的关键机遇期。与此同时，煤炭产业快速发展对就业拉动作用明显，参考神华、山能等煤炭企业开采全员工效标准，预计当前新疆煤炭产业就业人数分别占全区第二产业就业人口的三成左右。此外，在煤炭产业蓬勃发展带动下，准噶尔、吐哈等地处边远但煤炭富集地区经济发展也步入“快车道”，其中伊吾、巴里坤等依托资源优势转化，成功走出了具有当地特色的高质量发展之路。

3. 煤电产业将为新疆新能源未来发展提供有力支撑

“双碳”目标特别是能源安全保供以来，新疆在全国能源开发的战略定位日益提升。当前及未来一段时期，国家将大力推进“沙戈荒”风电、光伏等可再生能源建设，新疆凭借其资源优势，新能源产业必将高速发展。囿于太阳能、风能等可再生能源存在间歇性、波动性、调峰能力弱等天然属性，能源系统稳定、可靠运行难度增大，仍需煤炭、煤电为可再生能源发展“扶上马，送一程”。基于此，新疆需大力推进煤电及特高压输电网络建设。

4. 煤化工产业拉开煤炭清洁高效利用新序幕

习近平总书记指出“煤化工产业潜力巨大、大有前途，要提高煤炭作为化工原料的综合利用效能，促进煤化工产业高端化、多元化、低碳化发展”。公开资料显示，目前全区已经初步建成以准东、吐哈、伊犁等为主的煤化工产业发展集聚区，以煤制气、煤制烯烃、煤炭分级分质利用等为主的现代煤化工产业格局。

（三）价格因素对新疆煤炭和产业发展影响分析

1. 疆内产业对煤炭价格敏感性分析

煤炭的生产成本受资源储量、埋藏深度、煤层厚度、煤质水平、集中度、开采条件等多种因素影响。在市场经济条件下，煤炭价格直接反映煤炭供求关系的变化，并调节供求双方的资源配置和生产经营活动。

（1）新疆煤炭资源条件好、开采成本低

新疆煤炭资源埋藏浅、采深小，当前最大采深仅约 400 米。煤层厚，大多为中厚及厚煤层，最厚达 161 米。赋存稳定，地质构造简单，低瓦斯，无突出危害，地表多为荒山、戈壁。建井费用及生产成本相对较低，开采难度与危险系数也相对较低。新建矿区和开采条件较好的扩建矿区吨煤投资 200 元左右，生产成本相对内地煤矿优势十分明显。

（2）新疆煤炭外运面临多重运输条件影响

国家煤炭发展方式的变化。目前我国煤炭产能累计超过 50 亿吨，总体能满足全国需求，但部分品种、区域和时段性的供需紧张矛盾依然存在，特别是电煤供需紧张的状况尚未得到根本改变。如果扣除煤炭产区小煤窑的产量，供需矛盾的范围和程度将进一步扩大。包括川渝、湖南等省（市）煤矿点多面广，产业集中度低，资源配置不尽合理，资源浪费现象仍较为严重，这些地区目前开采利用的煤炭资源中，小型煤矿比例较高，资源逐渐开始减少甚至枯竭，已由自给区或调出区转变成调入区，调入区的范围正在逐步扩大，仅依靠以“三西”为主的既有能源基地难以解决。

铁路货物运输改革。随着铁路体制改革的加快进行，铁路货运运输也已进入快速变革时期，包括运输组织方式、运价体系、运输服务领域的拓展等。从现行的组织管理方式来看，由于铁路运输能力总体仍偏紧，要实现疆煤大量长途外运至南网覆盖区域，在运输组织及空重车调配等方面难度较大。2020年以后，随着铁路网规模的迅速扩大，以及铁路全网运输能力的全面显著增强，实行全新的货运组织方式已成为大势所趋，同时也为疆外地区将新疆地区作为新的煤炭资源供应地创造了极为有利的条件。

铁路运价的调整。目前铁路货物运价的调整由国家发展改革委和国家铁路局联合制定并发布。近年来，为给铁路体制改革创造条件，铁路运价的调整幅度和频率不断加快，2012年、2013年和2014年连续三次调整，货运价格分别提高了0.01元/吨千米、0.015元/吨千米和0.015元/吨千米，据调研，当前煤炭铁路运输单价为0.167元/吨千米。铁路运价是最为敏感的因素，总体上判断，铁路运价如上网电价，作为国民经济运行中的核心因素之一，由国家宏观部门长期管理、监督和决策，其调整将是一个长期的过程。铁路市场化改革过程中，运价的调整也将成为新常态，从而影响未来疆外地区利用疆煤资源的时机和规模。

（3）新疆煤炭开发受市场价格影响较为严重

新疆煤炭资源丰富，开采成本低，“物美价廉”，但距离需求端市场较远，商品煤外运存在经济性较差、外运通道能力紧张、铁路空车不足等问题，且自身市场空间有限，市场承受能力较弱。过去一段时间，全球煤炭市场价格波动剧烈，国际煤价受乌克兰危机及能源危机的影响，一度上升至400美元/吨以上（见图2－5）；国内加大煤炭安全保供力度以

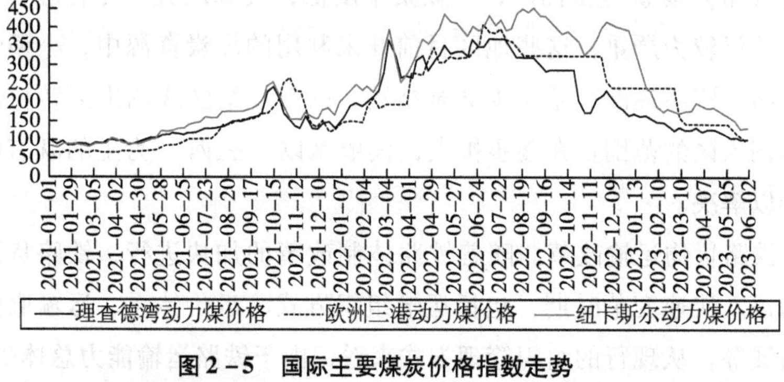

图2－5 国际主要煤炭价格指数走势

资料来源：中国煤炭市场网。

来，煤炭价格也从高位2000元/吨震荡下行至当前1000元/吨以下。在成本可承受的市场价格下，煤价水平提高给当地GDP、税收、行业就业、节能降碳等均带来正向激励，但给煤电行业、高耗电行业（如电解铝等）将直接带来负面冲击。尤其是当价格水平持续下降，若未能完全覆盖生产成本和运费，新疆煤炭外运将面临“多产多亏”局面。

2.“疆煤外运”价格经济性分析

（1）疆煤外运兼受空间运输距离和市场供求关系影响

新疆距离煤炭消费地较远，同时受运输通道制约，铁路运输成本成为新疆煤炭外运价格中重要的组成部分。煤炭的运输成本受新疆煤炭外运的流向、距离及流量影响，包括由煤炭生产企业到达用户所产生的各项运输费用，即铁路运费、海运费、港口运杂费、装卸费等各项费用。这些费用占到最终煤价的50%～70%。我国煤炭产量的70%需要通过铁路运输，煤炭货运量占国内铁路货运总量的45%左右。

销售地煤炭价格最终受市场供求关系影响。随着煤炭市场化程度的不断深化，煤炭价格不仅受国内煤炭生产基地及冶金、化工等工业产品的需求影响，也日益受到国际市场的影响。近年来，煤炭的进出口量及价格开始影响煤炭市场的供求关系，进而影响煤炭价格。当用煤需求高涨及运力紧张造成的国内煤炭价格高于国际煤炭市场价格时，煤炭进口量增加，煤炭供给量加大，缓解了煤炭供应紧张状况，导致煤炭价格下跌。同样，出口煤炭会减少国内煤炭的供给，也会影响煤炭的供求关系，进而影响煤炭价格。此外，煤炭库存是煤炭市场的“蓄水池”，可以缓冲煤炭市场供求关系，平抑煤炭价格波动。一般而言，煤炭存量与国内经济规模呈正相关，同时受当时煤炭价格的影响。

“疆煤外运”目的地仍以西北为主，长途外运经济性较差。近两年，在全国煤炭供需整体处于紧平衡、煤价高位运行的大背景下，新疆在巩固扩大甘肃、西南等传统外部市场占有率的基础上，积极开拓宁夏、青海、华中、华南等市场，并首次实现将煤炭通过京唐港等港口水运至东南沿海省份，煤炭销售覆盖29个省（区、市），为保障国家能源安全做出了积极贡献。2022年，疆煤铁路外运量达到5493万吨。其中，甘肃、宁夏、青海、四川、重庆和云南分别占43%、31%、8%、7%、4%和3%。从运输价格来看，疆煤长途外运经济性较差。以外运至兰州地区为例，吐哈矿区运距约为1600千米，比从鄂尔多斯地区调出运距长约500千米，吨煤运费多100元/吨左右，比从陕西神木地区调出运距长约400千米，比从山西大同地区调出运距长约200千米。而准东矿区所产煤炭的运距更长、运费更高，相较吐哈矿区仍远600千米，运费还多约130元/吨。仅从运输经济性上看，疆煤处于竞争劣势。

(2) 疆煤铁路外运里程、运费、价格等综合比较分析

综合分析疆煤市场竞争力，通过铁路外运里程、运费和价格等经济性指标，比较可知疆煤刚性需求市场主要为甘肃河西地区以及青海、西藏，疆煤优势市场主要为宁夏、川渝等地区。“疆煤外运”经济性指标对比分析如表2-4所示。

表2-4 “疆煤外运”经济性指标对比分析

	煤源	起止点	途经	里程/千米	运费/元/吨千米	运价/元	平均坑口价/元	合计/元
川渝地区	山西	朔州—重庆	神朔—神延—西康—襄渝	1700	0.167	284		
	陕西	榆林—重庆	包西—西康—襄渝	1362	0.167	227		
	内蒙古	鄂尔多斯—重庆	包西—西康—襄渝	1535	0.167	256		
	新疆	哈密—重庆	兰新—兰渝	2250	0.167	376	449	825
宁夏地区	山西	朔州—银川	北同蒲—太中银	936	0.167	156		
	陕西	榆林—银川	包西—太中银	542	0.167	91		
	内蒙古	鄂尔多斯—银川	包西—东乌—包兰	490	0.167	82		
	新疆	哈密—银川	将淖—红淖—林哈—包兰	1504	0.167	251	449	700
华中地区	陕西	榆林—襄阳	包西—宁西—焦柳	1204	0.167	201		
	内蒙古	鄂尔多斯—襄阳	包西—宁西—焦柳	1377	0.167	230		
	新疆	哈密—襄阳（北线）	临哈—包兰—锡乌—浩吉	2644	0.167	442	449	891
	新疆	哈密—襄阳（中线）	兰新—包兰—宝中—西平—陇海—宁西—焦柳	2563	0.167	428	449	877

续表

	煤源	起止点	途经	里程/千米	运费/元/吨千米	运价/元	平均坑口价/元	合计/元
沿海地区	山西	朔州—秦皇岛	北同蒲—大秦	749.6	0.167	125		
	陕西	榆林—秦皇岛	包西—神朔—北同蒲—大秦	1112	0.167	186		
	内蒙古	鄂尔多斯—秦皇岛	包西—神朔—北同蒲—大秦	1093	0.167	182		
	新疆	哈密—秦皇岛	临哈—京包兰—大秦	2694	0.167	450	449	900

资料来源：根据公开统计数据测算。

具体来看：

甘青藏地区。区域未来煤炭调入规模约 5000 万吨，其中铁路调入 4000 万吨左右。甘肃：根据《甘肃省“十四五”能源发展规划》，预测未来煤炭缺口达 3500 万～4000 万吨，其中疆煤调入 2500 万～3000 万吨。西藏：煤炭消费主要为工业需求，年调入煤炭 80 万吨左右，预测未来西藏煤炭消费量在 100 万吨以内，主要来源为青海、新疆。青海：预测未来年度区域产量仅 1000 万吨，煤炭将存在大量缺口，需要 1000 万～1400 万吨煤炭调入，主要来源为新疆。在这一区域，疆煤通过兰新、格库等现有铁路运量完全能够满足当期煤炭需求。相较于晋陕蒙等地，疆煤运输距离为 1000 千米以内，到场成本价格能控制在 600 元/吨以内，在可预见的成本波动范围内均具备绝对优势。

川渝地区。从需求端来看，四川煤炭产量远小于消费量，历年需求缺口不断扩大，2020 年外省调入量达 6423 万吨，主要由西北和云贵地区调入。另据《四川省电源电网规划》，“十四五”时期，能源结构将进一步优化，增加 800 万千瓦火电装机，兜底能源安全。预计研究年度缺口将维持在 6000 万～7000 万吨。重庆煤炭资源枯竭，需求缺口总体呈扩大趋势。煤炭需求缺口常年保持在 4000 万吨左右，主要由西北和云贵地区调入。综上，川渝地区远期煤炭调入量约为 1 亿吨，其中疆煤供应量级为5000 万吨左右。从调运来看，疆煤自运至该区域（以重庆为例）主要途经兰新—兰渝，距离在2250千米左右，相较于晋陕蒙等地1300~1700千米距离，“疆煤外运”至此运费较高。但考虑到疆煤开采成本较低，当川渝地区终端价格大致低于825元/吨时，疆煤到场价仍具备一定市场竞争优势。进一步地，在秦港价格（5500大卡）大致大于650元/吨的区间中（不亏本区间），吐哈矿区外运至重庆地区（坑口价+运费）相较于晋陕蒙均具备相对竞争力。

宁夏地区。2021年，宁夏煤炭产量为8686万吨，消费量为1.5亿吨，调入量为7000万吨，煤炭调入地主要是内蒙古鄂尔多斯，其中公路调入5200万吨，通过包兰、太中银、三新铁路调入1800万吨。研究发现，宁夏腾格里沙漠基地共计建设新能源3400万千瓦，需配套建设煤电1000万千瓦，煤炭消费增长约2500万吨/年，预计研究年度煤炭缺口1亿吨以上，其中疆煤调入5000万吨。从调运来看，疆煤自运至该区域（以银川为例）主要途经将淖—红淖—林哈—包兰线，距离在1500千米左右，到场成本价格约700元/吨；自准东距离在2000千米以上，到场成本价格约780元/吨。在这一区域，相较于晋陕蒙等地区到宁夏的500~900千米距离而言，疆煤运费成本大。特别是相对于低热值煤种，当终端市场价格降至800元/吨以内时，疆煤需面临较为严峻的市场竞争；当终端市场价格在800元/吨以上时，则疆煤仍有相对竞争优势。

华中地区。当前，华中地区煤炭需年净流入4亿吨左右，特别是煤电发电量略有增长，未来新增能源需求主要通过大幅增加电力调入来满足，“十四五”以后将逐步转变为电力净调入地区；钢铁和建材产品产量降幅低于全国平均水平；煤化工产品产量缓慢下降，但仍维持高位，预测2025年、2030年华中地区商品煤需求量分别为4.66亿吨、4.61亿吨。与此同时，煤炭产能和产量较快下降，未来煤炭生产或不足1亿吨，未来缺口3亿~4亿吨。从调运来看，疆煤自运至该区域主要途经临哈—包兰—锡乌—浩吉、兰新—包兰—宝中—西平—陇海—宁西—焦柳等线，到场成本价格近900元/吨。在这一区域，疆煤运输成本压力较大，当终端市场价格低于900元/吨时，几乎无利润可言。

其他（沿海）地区。上述区域基本上为疆煤外运主要市场，其他诸如沿海八省（区），疆煤至此仅存在成本开发优势，在运输距离上存在绝对劣势。准哈地区煤炭途经临哈—京包兰—大秦等线入海，到港成本约 900 元/吨以上，相较于晋陕蒙等地煤炭价格毫无优势。

此外，我们注意到对于煤炭等矿产资源，现货价格虽受供需直接影响，但仍符合“成本 + 利润”基本模式，其增加值包括固定资产投资折旧、劳动力报酬、税费和生产者盈余（利润），新疆煤炭到场价格中尚有税费调整空间。税费调整较强支撑商品流通，如自 2022 年 5 月 1 日起，我国实行进口煤炭零关税政策，进口煤炭对沿海电厂的调剂补充作用明显增强。当前，新疆煤炭资源税率在 6% 左右，参考当前市场价格，若实行零税率政策，疆煤到场成本将下降 30 ~ 50 元/吨，“疆煤外运”经济性将明显提升，外运经济半径向东南方向将进一步延展 200 ~ 300 千米。

（3）疆煤将扛起宁川渝云贵等地区煤炭供给保障重任

综合保障全国能源安全和市场经济性要求，未来，宁夏和川渝地区将是疆煤最主要覆盖区域，其中疆煤赴宁将承担宁夏地区一半以上需求压力，对晋陕蒙“东煤反送”形成接续替代；疆煤入川渝，将有力缓解川渝甚至云贵地区煤炭供给总量不足和产能结构性矛盾。具体来看：

疆煤入宁或增至 5000 万吨以上。宁夏位处黄河“几字湾”煤炭资源富集之地，近年来产业发展快速拉升煤炭需求，逐步由煤炭净调出地区转变为净调入地区，当前超四成需要区外调入。2022 年，宁夏煤炭消费 1.67 亿吨，净调入 0.72 亿吨，煤炭调入占比 43%。区外调入疆煤约 2000 万吨，晋陕蒙等周边地区调入煤炭 5000 万吨。当前“三西”地区，特别是陕蒙煤炭凭借经济性和竞争力优势，局域范围内“西煤东送”支撑了宁夏用煤需求。但从全域来看，“三西”地区作为我国煤炭保供中枢，其定位应更加坚定面向全国、更大程度辐射的中东部地区，在安全保供背景下还需进一步充分释放域内优质产能，同步发挥瓦日、大秦、浩吉等铁路干线作用，持续推动“西煤东送”“北煤南运”。基于此，积极推动“疆煤外运”，特别是有力推进“疆煤入宁”，不仅能够满足宁夏新增煤炭需求，还将推动“三西”地区煤炭梯次转移，增强全国能源安全保障韧性。

疆煤入川渝将提升至 5000 万吨水平。根据对地区下游耗煤行业发展分析判断，“十四五”“十五五”时期川渝地区煤炭需求总体稳定；本地供给略显不足，供需缺口5000万吨左右。从需求来看，川渝地区电力消费量年均增速较高，人均用电量低于全国平均水平，用电需求有望持续增长。从供给来看，“十四五”“十五五”时期，现有合规生产煤矿将分别衰老报废和淘汰退出产能。地区水电资源丰富但近来丰枯期不甚确定，还需煤电全力保障。在打通“兰渝通道”背景下，疆煤入川渝将有力保障地区煤炭需求。

疆煤入云贵的市场空间在4000万吨以上。云贵两省处于我国煤炭供需版图最末端，区域内有一定煤炭资源但空间分布不均、动力煤种不足，当前及未来一段时期产业经济发展带动电力需求攀升，电煤需求仍有一定缺口。其中：①2022年云南煤炭生产6700余万吨，电煤约2200万吨；煤炭消费总量8500余万吨，其中电煤2700万吨；省外煤炭调入1800万吨，其中电煤约500万吨。预计“十四五”后3年，新增煤矿产能约1000万吨/年，并后续保持稳定，到2025年和2030年产量保持9000万吨水平，电煤本地供给约3000万吨。同时，钢铁、建材、化工等行业用煤需求稳中有降，电煤需求或在2025年和2030年相继突破4500万吨和5500万吨（已考虑枯水期水电出力极限情形，下同），分别还需省外调入1500万吨和2500万吨。②贵州煤炭供需矛盾主要是结构性问题，自产电煤约占省内原煤产量的59%，动力煤种供需缺口长期存在。当前煤炭生产、消费均约1.3亿吨，但电煤缺口约1000万吨。“十四五”“十五五”时期，随着规划产能逐步达产，预计到2025年和2030年还能够分别调出外省2000万吨和3000万吨。但充分考虑冬季保供压力和产能释放受阻，预计到2025年和2030年分别还需省外调入电煤1500万吨和2000万吨。

三、重点区域煤炭供需及流量、流向测度

（一）八大区域供需研判

1. 晋陕蒙宁地区：净流出保持20亿吨水平

（1）煤炭需求保持10.5亿吨水平

煤电发电量持续增长。近年来，晋陕蒙宁地区用电量快速增长，2015—

2019 年电力消费量由 0.64 万亿千瓦·时增加到 0.89 万亿千瓦·时，年均增长 8.6%，高于同期全国平均增速 2.4 个百分点。初步判断，未来晋陕蒙宁四省（区）用电量均将保持增长态势，其中，内蒙古用电量增长潜力较大，用电量增速高于晋陕蒙宁地区平均水平，预计 2030 年用电量将占晋陕蒙宁地区全部用电量的 50%左右；山西、陕西、宁夏用电量均将有所增长，但增幅相对较小。晋陕蒙宁地区煤炭资源优势明显，风力和太阳能资源丰富，为缓解中东部地区电力供给压力，在煤电和可再生能源打捆输出的同时，需要适度增加燃煤发电量。钢铁和建材产品产量逐步下降。近年来，晋陕蒙宁地区生铁产量增长较快，而水泥熟料产量保持基本稳定，2016—2019 年生铁产量由 0.61 亿吨增长到 0.92 亿吨，水泥熟料产量由 1.11 亿吨增加到 1.18 亿吨。“十四五”“十五五”时期，随着全国钢铁、水泥需求逐步下降，晋陕蒙宁地区相应产品产量也将进入下降通道，但降幅低于全国平均水平。煤化工产品产量较快增长。近年来，晋陕蒙宁地区新型煤化工产业快速发展，甲醇产量占全国总产量的 50%左右，煤制烯烃产能居全国首位，煤制油示范项目陆续投产，煤制天然气示范工程稳步推进，得益于煤炭资源优势和煤炭转化率提高，现代煤化工已成为晋陕蒙宁地区的支柱产业之一。未来，随着部分新型煤化工建设项目陆续投产，化工用煤将持续较快增长。综上，“十四五”后 3 年，晋陕蒙宁地区煤电发电量持续增长，钢铁和建材产品产量逐步下降，煤化工产品产量较快增长，煤炭需求量总体上将保持增长态势，商品煤需求量保持在 10.5 亿吨以上。

（2）煤炭生产维持 30 亿吨以上

黄河流域“几字湾”省（区）中晋陕蒙三省（区）煤炭查明资源储量合计占全国一半以上，其中内蒙古、山西和陕西分别约占全国的 1/4、1/5 和 1/10。流域内煤炭资源基础储量合计占全国比重超六成，其中山西、内蒙古和陕西分别约占全国的 1/3、1/5 和 1/20。从能源基地角度来看，全国九大煤炭基地有 7 座位于该区域。以陕西榆林、内蒙古鄂尔多斯、山西朔州为界的三角区域被誉为中国煤炭“金三角”。煤炭“金三角”及腹地煤炭产量占全国煤炭总产量近 1/3，以 2013 年产量为例，鄂尔多斯、榆林和朔州三市的煤炭产量分别达到5.76亿吨、3.39亿吨和2.20亿吨，居中国产煤市前三位。

煤炭产能和产量总体上将继续增长。晋陕蒙宁是我国煤炭主产区，产量由2015年的24.82亿吨增加到2019年的27.90亿吨，占全国原煤生产总量的比重由66.2%上升到72.5%。截至2019年年底，晋陕蒙宁合规生产煤矿产能28.60亿吨/年，合规建设煤矿规模6.50亿吨。在生产煤矿方面，“十四五”“十五五”时期，晋陕蒙宁地区现有生产煤矿因衰老报废和60万吨/年以下煤矿关闭退出分别减少产能2.22亿吨/年、2.79亿吨/年，其中山西分别为1.45亿吨/年、1.71亿吨/年，资源枯竭型煤矿逐步增多，衰老报废规模不断扩大。在建设煤矿方面，山西在建煤矿中含资源整合煤矿1.96亿吨/年，其中至少1.41亿吨/年难以建成投产，未来关闭退出可能性较大；内蒙古技术改造煤矿规模1.08亿吨/年，其中因资源储量不足、手续办理困难等因素难以建成投产的煤矿规模约0.55亿吨/年，另外，塔然高勒、谢尔塔拉、胜利东二等新建和改（扩）建煤矿因环境敏感、征地困难等多种因素，建成投产时间难以确定。预计“十四五”时期，晋陕蒙宁地区现有在建煤矿投产新增产能4.12亿吨/年。在新开工煤矿方面，晋陕蒙现有生产和建设煤矿规模基本能满足“十四五”时期自身煤炭消费和调出需求，但随着“十五五”时期煤矿衰老报废规模的进一步扩大，需提前新开工煤矿以补给供应能力。

从保障全国煤炭供需基本平衡考虑，“十四五”时期新开工煤矿规模1.5亿吨/年，建成投产0.4亿吨/年，结转“十五五”投产1.1亿吨/年；“十五五”时期新开工煤矿规模24亿吨/年，建成投产1.9亿吨/年，结转“十六五”投产0.5亿吨/年。综合晋陕蒙宁地区生产和在建煤矿产能趋势、新开工煤矿投产规模，2025年、2030年生产煤矿产能将分别达到30.9亿吨/年、31.1亿吨/年左右。内蒙古和陕西煤炭开采条件好、安全保障能力强，产能利用率能够达到95%左右；山西煤矿开采深度逐步增加，条件日趋复杂，加之资源枯竭型煤矿增多，产能利用率将下降到90%以下，未来煤炭产量将逐步下降；宁夏煤矿总体产能利用率基本维持在70%左右。综合晋陕蒙宁煤矿产能、自身煤炭消费和调出需求，预测2025年、

2030 年原煤产量将分别为 30.11 亿吨、29.77 亿吨，其中包含内蒙古、陕西煤田灭火等灾害治理工程煤 1 亿吨。

（3）煤炭调运保持稳步增长

晋陕蒙宁是我国当前及未来很长一段时间内的煤炭主产区和调出区，2022 年自产原煤近 30 亿吨，其中 20 亿吨通过浩吉铁路、大秦线等交通网络运输至全国各地。2022 年，晋陕蒙宁煤炭调出至东北、京津冀、鲁苏皖、东南沿海、华中、西南、新甘青等地分别为 2.1 亿吨、3.8 亿吨、5.6 亿吨、4.1 亿吨、3.1 亿吨、0.7 亿吨和 0.2 亿吨。

“十四五”后 3 年至“十五五”时期，由于山西煤矿进入加速衰老报废期，煤炭产量逐步下滑，加之京津冀、鲁苏皖、南方沿海地区煤炭调入量减少，晋陕蒙宁地区煤炭调出量总体上呈下降态势，预计 2025 年、2030 年将较 2019 年分别减少 0.33 亿吨、0.56 亿吨左右，其中山西将由 6.27 亿吨分别下降到 5.90 亿吨、5.31 亿吨，内蒙古、陕西调出量继续小幅增加，宁夏净调入量需保持在 0.5 亿吨左右。

2. 新甘青地区：从净流入向净流出转变

（1）煤炭需求维持 3.5 亿吨以上

煤电发电量持续较快增长。近年来，新甘青地区用电量保持较快增长态势，2015—2019 年电力消费量由 0.39 万亿千瓦·时增加到 0.49 万亿千瓦·时，年均增长 5.9%。随着西部大开发战略的实施，新甘青地区用煤电将保持较快增长。新甘青地区煤炭、风能、太阳能资源丰富，新能源开发潜力较大，电厂建设和运营条件优越，具备电力外送的能源基础，随着可再生能源和煤电打捆外送规模扩大，煤电发电量还将持续增长。钢铁和建材产品产量保持基本稳定。新甘青地区钢铁和建材产业规模较小，2016—2019 年生铁产量由 0.14 亿吨增长到 0.20 亿吨，水泥熟料产量由 0.72 亿吨增加到 0.73 亿吨。由于新甘青总体上属欠发达地区，经济发展潜力较大，未来还将保持较大建设规模，钢铁和建材产品产量维持在高位波动。煤化工产品产量保持较快增长。近年来，新甘青地区新型煤化工产业迅猛发展，煤制油、煤制天然气、煤制烯烃示范项目稳步推进，煤炭就地转化率提高，新型煤化工产业成为新甘青地区经济的重要增长点。预测“十四五”“十五五”时期，新甘青地区甲醇产量将分别增长15.5%和7.0%，到2025年形成煤制天然气产能80亿立方米/年、煤制油产能100万吨/年、煤制烯烃产能380万吨/年。综上，“十四五”至“十五五”时期新甘青地区煤炭需求量总体上增长空间相对较大，预测2025年、2030年新甘青地区煤炭商品煤需求量分别为3.50亿吨、3.78亿吨。

（2）煤炭生产增至8亿吨

煤炭产能和产量较快增长。截至2019年年底，新甘青地区合规生产煤矿产能3.31亿吨/年，合规建设煤矿规模1.04亿吨/年，全年煤炭产量2.91亿吨。“十四五”“十五五”时期，现有合规生产煤矿将分别衰老报废和淘汰退出产能0.21亿吨/年、0.09亿吨/年。目前建设煤矿中，除甘肃、青海为部分整合技改煤矿外，大部分为大型煤矿，且已基本建成，预计“十四五”时期投产新增产能0.94亿吨/年。随着新疆煤电外送规模扩大和现代煤化工项目建成投产，煤炭需求量将较快增长，但由于煤炭市场相对独立，现有生产和建设煤矿不能满足市场需求，未来需新建部分煤矿以提高供应能力。预计“十四五”时期新甘青地区新开工煤矿规模0.6亿吨/年，建成投产0.3亿吨/年，结转“十五五”投产0.3亿吨/年；“十五五”时期新开工煤矿规模0.50亿吨/年，建成投产0.3亿吨/年，结转“十六五”投产0.20亿吨/年。预测2025年、2030年新甘青地区原煤产量分别为6亿吨、8亿吨左右。

（3）煤炭调运由煤炭净调入转变为净调出

过去一段时期，甘肃、青海煤炭开发稳中趋降，新疆煤炭开发处于起步阶段，新甘青地区煤炭供给需陕甘蒙宁等地支撑。“十三五”至“十四五”初期，随着新疆煤炭产量的快速增长，地区煤炭生产基本能够保障当地需求。“十四五”后3年至“十五五”时期，新甘青地区总体上将彻底转变为净调出区，预计2025年、2030年分别净调出2.5亿吨、4.2亿吨左右。甘肃、青海将保持净调入态势，新疆调出量持续增加，主要流向甘肃、青海和西南地区的川渝等地。

3. 京津冀地区：需净流入2亿吨左右

（1）煤炭需求在2.2亿吨以上

电力行业煤炭需求量保持基本稳定。2015—2019年，京津冀电力消费量由0.49万亿千瓦·时增加到0.59万亿千瓦·时，年均增长4.8%。随着京津冀一体化发展，电力需求将平稳增长，但增速逐步放缓。预测“十四五”“十五五”时期京津冀全社会用电量分别年均增长23%、1.8%，京津冀未来新增电力需求以调入为主，区内发电量保持缓慢增长。钢铁和建材行业用煤逐步下降。2016—2019年，京津冀生铁产量由2.04亿吨增长到2.41亿吨，水泥熟料产量由0.58亿吨增加到0.66亿吨。目前，我国钢铁、建材行业产能过剩问题依然突出，京津冀作为大气污染防治重点地区，将进一步加大钢铁落后产能淘汰力度，继续推动水泥、平板玻璃、焦化等重污染企业搬迁，未来行业产品产量呈下降态势。化工行业用煤持续下降。京津冀化工用煤占比较小，由于煤炭消费以调入为主，在京津冀协同发展背景下，将进一步加快重化工产业转型升级步伐，未来煤化工产品产量和煤炭需求量将继续减少。预测2025年、2030年京津冀化工用煤将分别下降0.10亿吨、0.08亿吨。综上，京津冀地区未来煤炭需求呈逐步下降趋势，2025年、2030年将分别下降到2.40亿吨、2.21亿吨。

（2）煤炭产能和产量持续下降

截至2019年年底，京津冀合规生产煤矿产能0.62亿吨/年，其中北京0.01亿吨/年，河北0.61万吨/年；合规建设煤矿0.06亿吨/年。北京仅剩1处煤矿，将于2020年关闭。河北煤炭资源开发历史长，多数矿区已进入资源枯竭期，已无可供新建大中型煤矿的资源条件，“十四五”“十五五”时期现有合规生产煤矿将分别衰老报废退出产能0.19亿吨、0.22亿吨，合规在建煤矿建成投产0.06亿吨/年，到2025年、2030年合规生产煤矿产能分别为0.49亿吨/年、0.27亿吨/年。由于煤矿开采深度大、致灾因素多，且部分煤矿处于衰老报废期，多数煤矿产量低于证载产能，总体产能利用率较低。根据调研，结合河北近年来合规煤矿产能、全省煤炭产量测算，合规煤矿产能利用率保持在80%左右，预测2025年、2030年京津冀地区原煤产量分别为0.40亿吨、0.21亿吨。

（3）煤炭调运主要依靠晋陕蒙和进口

京津冀地区具有良好的区位优势，大秦、朔黄、唐包等骨干煤运通道运力充足，秦皇岛、唐山、黄骅、天津等沿海港口密集，国内外煤运输入较为便利，供需缺口完全可以得到填补。调查数据显示，作为煤炭净流入地区，京津冀地区煤炭流入主要来自晋陕蒙等地，2022 年自内蒙古、山西和陕西等调入煤炭分别为 1.2 亿吨、2.0 亿吨和 0.56 亿吨，此外，通过环渤海港口进口约 3700 万吨。从地区自身来看，2022 年京津冀地区自产煤炭 4300 余万吨，其中地区内部自用 2850 万吨，自河北东南部向山东、河南等地调出 1450 余万吨。“十四五”后 3 年至“十五五”时期，京津冀地区将呈煤炭产需双降态势，由于煤炭需求量下降数量高于产量降幅，煤炭净调入量逐步下降。预计 2025 年、2030 年将较 2019 年分别减少 0.35 亿吨和 0.53 亿吨。未来需进一步强化环京津冀地区煤运通道建设，提升电厂、钢厂及化工园区煤炭储备能力，加强该区环渤海重点煤运港口输运能力建设。

4. 东北地区：需净流入 2.5 亿吨以上

（1）煤炭需求 3.6 亿吨左右

煤电发电量保持小幅增长。2015—2019 年，东北地区电力消费量由 0.35 万亿千瓦·时增加到 0.42 万亿千瓦·时，年均增长 4.7%。随着新一轮振兴东北老工业基地战略的全面实施，全社会用电量还将保持刚性增长。未来在国家政策支持下，东北清洁能源资源优势将得到充分释放，核电、风电、光伏和生物质发电等快速发展，成为东北电力生产增量的主体，煤电增速明显放缓。随着集中供热、背压式热电联产、高效一体化供热工程有序推进，未来供热用煤将持续增长。钢铁和建材行业产品产量缓慢下降。2016—2019 年，东北地区生铁产量由 0.72 亿吨增长到 0.89 亿吨，水泥熟料产量由 0.65 亿吨减少到 0.52 亿吨。随着经济结构调整及需求回落，中长期内东北地区钢铁、建材产品产量将逐步下降，但由于短期内基础建设投资在东北地区经济增长中仍将发挥重要作用，生铁、水泥熟料产量呈缓慢下降态势。化工行业煤炭需求有所增长。东北地区煤化工规模较小，且多为传统煤化工，2019 年耗煤量 0.05 亿吨。未来，东北地区传统煤化工产品产量将呈逐步下降趋势，考虑双鸭山煤制烯烃和煤炭多联产项目、大唐阜新40亿立方米/年煤制气项目潜在的新增煤炭续期，预计“十四五”时期化工行业用煤将有所增加。综上，“十四五”时期东北地区煤炭需求小幅增长，“十五五”时期保持基本稳定。预测2025年、2030年东北地区煤炭需求分别为3.6亿吨、3.6亿吨。

（2）煤炭产量仅能保持1亿吨水平

煤炭产能和产量持续下降。截至2019年年底，东北地区合规生产煤矿产能151亿吨/年，合规建设煤矿规模0.06亿吨/年，全年煤炭产量0.99亿吨。“十四五”“十五五”时期，现有合规生产煤矿将分别衰老报废和淘汰退出产能0.15亿吨/年、0.09亿吨/年，合规在建煤矿全部建成投产，无新建设大中型煤炭的资源条件，到2025年、2030年合规生产煤矿产能分别为1.51亿吨/年、1.42亿吨/年。东北地区中小型煤矿数量多，开采条件复杂、致灾因素多，证载产能普遍虚高，结合近年来合规煤矿产能、煤炭产量测算，产能利用率保持在70%左右。目前黑龙江部分煤矿正处于资源整合和技术改造期，“十四五”时期投产后产量小幅回升，之后继续下降。预测2025年、2030年东北地区煤炭产量分别约为1.06亿吨、0.96亿吨。

（3）煤炭调运主要依靠蒙东和进口

作为煤炭工业开发较早地区，东北煤炭资源日渐枯竭，从而相当一段时间以来已是煤炭净流入地区。2022年东北自产煤炭7500余万吨，基本留作区域内部自用。在煤炭外部调入方面，主要依赖蒙东地区煤炭调入，如赤峰市平庄煤业（集团）有限责任公司元宝山露天煤矿（产能1200万吨/年）、通辽内蒙古霍林河露天煤业股份有限公司南露天煤矿（产能2000万吨/年）、扎鲁特旗扎哈淖尔煤业有限公司扎哈淖尔露天煤矿（产能1800万吨/年）等，2022年自内蒙古流入煤炭约1.9亿吨。此外，进口和自山西调入煤炭分别约为1500万吨和2400万吨。

“十四五”后3年至“十五五”时期，东北地区煤炭产量总体上逐步下降，而需求量稳中有增，净调入量呈上升趋势。预计2025年、2030年将较2019年分别增加0.22亿吨、0.29亿吨。蒙东是东北地区煤炭调入的主要来源，随着草原生态环境保护力度加大，未来不再建设新煤矿，加之自身煤炭需求逐步上升，调出量增长潜力小，东北地区保供压力进一步加大。未来，东北地区可考虑加强环渤海港口建设，增加秦皇岛等煤运港口直线输煤。与此同时，加强蒙古国、俄罗斯等远东地区煤炭进口通道建设，充分发挥俄蒙煤炭进口对地区煤炭供需缺口的补充作用。

5. 鲁苏皖地区：需净流入5亿吨以上

（1）煤炭需求7亿吨左右

煤电发电量稳中略降。2015—2019年，鲁苏皖地区电力消费量由1.19亿千瓦·时增加到148万亿千瓦·时，年均增长5.6%。鲁苏皖均是人口大省，随着电气化的不断推进以及人民生活水平的提高，用电需求将持续增长，但该区域面临经济结构转型升级，重工业用电需求增长空间不大，电力需求增速总体上低于全国平均水平。与此同时，鲁苏皖是大气污染防治和煤炭消费总量控制的重点地区，未来新增电力需求主要依靠特高压区外调入和自身可再生能源发展补充。钢铁和建材产品产量降幅高于全国平均水平。2016—2019年，鲁苏皖生铁产量由1.63亿吨下降到1.56亿吨，其中安徽和江苏略有增加，山东大幅下降；水泥熟料产量由2.74亿吨下降到2.71亿吨。鲁苏皖钢铁和建材行业发展基础较好，未来发展重点在于结构转型升级，产品呈持续下降趋势。化工行业产品产量保持基本稳定。鲁西南地区发展煤化工有一定资源优势，甲醇产量有望保持稳定增长。2019年，江苏化工行业整治提速，加快产业结构优化调整，将大幅压减化工园区。安徽化工产业规模相对较小，未来产能规模将基本平稳。综上，“十四五”“十五五”时期，鲁苏皖地区煤炭需求量总体上将继续下降。预测2025年、2030年鲁苏皖地区商品煤需求量分别为7.45亿吨、6.84亿吨，其中江苏、山东煤炭需求量持续下降，安徽略有增长。

（2）煤炭生产降至2亿吨以下

截至2019年年底，鲁苏皖地区合规生产煤矿产能2.80亿吨/年，合规建设煤矿规模0.08亿吨/年，全年煤炭产量2.40亿吨。“十四五”“十五五”时期，现有合规生产煤矿将分别报废和淘汰退出产能0.27亿吨/年、0.58亿吨/年，主要集中在山东省；合规在建煤矿建成投产0.07亿吨/年，新建煤矿可能性不大，到 2025 年、2030 年合规生产煤矿产能分别为 2.60 亿吨/年、2.02 亿吨/年。苏皖地区以大型煤矿为主，但开采深度大，煤与瓦斯突出、冲击地压等灾害严重，结合多年来合规煤矿产能、煤炭产量测算，产能利用率保持在 80% 左右，预测 2025 年、2030 年鲁苏皖地区原煤产量分别为 2.02 亿吨、1.54 亿吨。

（3）煤炭调运依赖“三西”和进口

作为我国经济最活跃的地区之一，鲁苏皖地区资源逐步趋于枯竭，仅山东西南部、安徽南部等地留有煤炭生产矿井，近年来电力、钢铁、建材、化工等行业带来的煤炭消费稳中有增，区域内煤炭生产基本留作自用。2022 年鲁苏皖地区生产原煤约 1.7 亿吨，其中 1.5 亿吨于区域内流转自用。晋陕蒙是区外流入主要来源，2022 年自内蒙古、山西和陕西调入煤炭量分别达 2.1 亿吨、2.4 亿吨和 1.2 亿吨，此外，进口煤炭约 0.3 亿吨。

山东、江苏的煤运通道运力较为充裕，且地区濒临沿海，国内外调入潜力有待进一步激发。未来，地区供应风险总体将逐步减弱，特殊时段煤炭保障运行需谨慎。“十四五”后 3 年至“十五五”时期，鲁苏皖地区煤炭产量和需求量均有所下降，由于需求量下降幅度较大，调入量总体上将呈缓慢下降态势，2025 年、2030 年将较 2019 年分别减少 0.10 亿吨、0.29 亿吨。其中，山东、江苏产需缺口有所收缩，安徽随着产量逐步下降，产需缺口继续扩大。山东、江苏的运煤通道运力充裕，且濒临沿海，国内调入和国外进口均有优势，随着调入量减少，未来供应保障压力不大。但需要注意的是，华东地区需在“迎峰度夏”“迎峰度冬”等关键时段，做好区域内统筹协调调度工作，地区电厂及时加强煤炭补库增容建设，适当保留部分煤矿优质产能，加强时段性、间歇性保障工作。

6. 南方沿海地区：需净流入 5 亿吨左右

（1）煤炭需求近 5 亿吨

煤电发电量保持基本稳定。2015—2019 年，南方沿海地区电力消费量由 1.37 万亿千瓦・时增加到 1.76 万亿千瓦・时，年均增长 6.5%。南方沿海地区经济发展水平普遍较高，随着产业结构变革，能源消费强度降低，电力消费增速将逐步下降。随着特高压输电通道快速发展，南方沿海地区电力调入条件不断改善，同时，非化石能源装机较快发展，未来火电发电规模呈现低速增长。钢铁和建材产品产量较快下降。2016—2019年，南方沿海地区生铁产量由0.63亿吨增长到0.69亿吨，水泥熟料产量由2.71亿吨增加到3.08亿吨。南方沿海地区工业化和城市化水平均较高，建设规模进入高稳期，钢铁需求已进入峰值平台区，且随着废钢利用不断增加，生铁产量将较快下降。南方沿海地区一直是建材主要消费地，建材行业产能快速扩张的同时也带来了产能过剩的问题，在供给侧结构性改革及环保严控环境下将呈缓慢收缩局面。煤化工行业耗煤量持续下降。南方沿海地区多为传统煤化工行业，由于地区人口密集，环境容量饱和或已经超标，随着控煤减煤力度的不断加大，除甲醇产量保持基本稳定外，其他传统煤化工产品产量将持续下降。预测2025年、2030年南方沿海地区甲醇产量维持在0.1亿吨左右。综上分析，“十四五”“十五五”时期，南方沿海地区煤炭需求将继续下降。预测2025年、2030年南方沿海地区商品煤需求量分别为4.83亿吨、4.62亿吨。

（2）煤炭生产几乎为零

南方沿海地区仅福建和广西有煤炭生产，截至2019年年底，两省（区）合规生产煤矿产能0.14亿吨/年，合规建设煤矿规模0.03亿吨/年，全年煤炭产量0.13亿吨。“十四五”“十五五”时期，现有合规生产煤矿将分别衰老报废和淘汰退出产能0.04亿吨/年、0.06亿吨/年，合规在建煤矿建成投产0.02亿吨/年，无新建设大中型煤炭的资源条件，到2025年、2030年合规生产煤矿产能分别为0.12亿吨/年、0.07亿吨/年。南方沿海地区基本为中小型煤矿，开采条件复杂，证载产能普遍虚高，未来产能利用率下降到50%左右。预测2025年、2030年南方沿海地区原煤产量分别为0.07亿吨、0.03亿吨。

（3）煤炭调运整体有保障

南方沿海地区未来煤炭供需缺口将主要依靠北方港口下水煤和进口煤，常规条件下地区煤炭需求能够得到外部煤炭调入的基本保障，在“迎峰度夏”“迎峰度冬”以及煤炭进出口政策调整等特殊时段和特殊事件中，极有可能存在煤炭安全保障问题。本地区煤炭需求超过1/3由进口煤炭调剂补充，国内煤炭调入主要来自晋陕蒙地区的跨区调入，2022 年自内蒙古、山西和陕西调入的煤炭分别达 2.0 亿吨、1.1 亿吨和 1.1 亿吨。

“十四五”后 3 年至“十五五”时期，南方沿海地区总体上呈产需双降态势，由于区内仅有福建和广西两省（区）有煤炭生产，产量很小且下降空间低于需求降幅，净调入量将逐步下降，2025 年、2030 年将较 2019 年分别减少 0.28 亿吨、0.45 亿吨。南方沿海地区煤炭调入以北方港口下水煤和进口煤为主，未来供应相对有保障。因此，南方沿海地区需进一步提升煤炭海运进口调节能力，逐步强化国际煤炭市场领导力。

7. 华中地区：需净流入 4 亿吨左右

（1）煤炭需求保持平台峰值超 4.6 亿吨

煤电发电量略有增长。2015—2019 年，华中地区电力消费量由 0.71 万亿千瓦·时增加到 0.90 万亿千瓦·时，年均增长 6.1%。华中地区均是人口大省，而人均用电量低于全国平均水平，如湖南人均用电量只有全国平均水平的 55%。预计随着经济增长、电气化不断推进以及人民生活水平的提高，该区域用电需求将持续增长。同时，基于华中地区资源禀赋，未来新增能源需求主要通过大幅增加电力调入来满足，“十四五”以后将逐步转变为电力净调入地区。钢铁和建材产品产量降幅低于全国平均水平。2016—2019 年，华中地区生铁产量由 0.91 亿吨增长到 0.95 亿吨，水泥熟料产量由 2.43 亿吨增加到 2.61 亿吨。由于建设规模进入高位稳定期，“十四五”“十五五”时期华中地区未来钢铁和建材产品产量将有所下降，但降幅低于全国平均水平。煤化工产品产量缓慢下降。华中地区煤化工产业主要集中在河南，由于华中地区煤炭资源匮乏，生态环境容量有限，且当前煤化工企业严重亏损，市场竞争力很差，未来主要煤化工产品产量将呈逐步下降趋势。综上，“十四五”时期华中地区总体煤炭需求量略有增长，进入“十五五”后将缓慢下降。预测 2025 年、2030 年华中地区商品煤需求量分别为 4.66 亿吨、4.61 亿吨。

（2）煤炭生产不足 1 亿吨

煤炭产能和产量较快下降。截至 2019 年年底，华中地区合规生产煤矿产能 1.66 亿吨/年，合规建设煤矿规模 0.28 亿吨/年，全年煤炭产量 1.30

亿吨。“十四五”“十五五”时期，现有合规生产煤矿将分别衰老报废和淘汰退出产能0.39亿吨/年、0.39亿吨/年，主要集中在河南；由于河南在建煤矿多为资源整合技改煤矿，多数难以建成投产，华中地区合规在建煤矿建成投产规模仅0.07亿吨/年；尚未利用资源禀赋条件较差，建设难度大、生产成本高，新建煤矿可能性不大。到2025年、2030年，合规生产煤矿产能分别为1.33亿吨/年、0.94亿吨/年。华中地区小型煤矿数量多，湖北“十四五”基本退出煤炭生产，江西、湖南小煤矿产能普遍虚高，河南煤矿进入快速衰老报废期，且开采条件复杂、致灾因素多，总体上华中地区产能利用率在70%左右。预测2025年、2030年华中地区原煤产量分别为0.96亿吨、0.65亿吨。

（3）煤炭调入量持续上升

作为传统煤炭净流入区域，华中地区长期需要依靠“北煤南下”“沿海进江”进行补充。调查数据显示，2022年华中地区自产仅1.0亿吨，自用近0.9亿吨；煤炭调入总量超过3亿吨，其中自内蒙古、山西和陕西调入的煤炭分别达0.7亿吨、1.7亿吨和0.8亿吨，进口煤炭约2893万吨。随着“两湖一江”老、小煤矿加速退出，河南资源枯竭型煤矿逐渐增多，区域内煤炭需求持续上升，对已形成的浩吉煤运铁路专线、沿海进江煤运通道等形成较大考验，煤运通道建设亟待进一步加强。

“十四五”后3年至“十五五”时期，湖北、湖南、江西产量继续下降，需求量小幅增长；河南资源枯竭型煤矿逐步增多，特别是“十五五”后衰老报废规模增加，在需求量下降的同时产需缺口扩大。2025年、2030年华中地区煤炭净调入量将较2019年分别增加0.27亿吨、0.48亿吨。华中地区已形成较为完善的调运格局，铁路直达、沿海进江等多种调运方式互补，如果能够充分发挥浩吉铁路运输能力，煤炭调入能力将更为充足。需要注意的是，华中地区应在“迎峰度夏”“迎峰度冬”等关键时段做好区域内统筹协调调度工作的基础上，持续扩大“北煤南运”通道末端影响力，以及煤运沿海进江疏导力，适当保留部分煤矿优质产能，有效加强地方煤炭应急储备能力建设。

8. 西南地区：需净流入5000万吨

(1) 煤炭需求2.5亿吨左右

煤电发电量继续小幅增长。2015—2019年，西南地区电力消费量由0.55万亿千瓦·时增加到0.71万亿千瓦·时，年均增长6.6%，远高于全国平均增速。西南地区经济增长潜力较大，由于目前人均用电量低于全国平均水平，用电需求有望持续增长。需要注意的是，重庆、四川煤炭资源匮乏，水电资源丰富，未来煤电发电量总体上保持稳定。贵州、云南煤炭资源相对丰富，煤电发电量将略有增加。钢铁和建材行业产品产量降幅低于全国平均水平。2016—2019年，西南地区生铁产量由0.37亿吨增长到0.49亿吨，水泥熟料产量由2.81亿吨增加到3.23亿吨。由于西南地区具有后发优势，建设规模收缩幅度较小，钢铁和建材行业产品产量降幅将低于全国平均水平。煤化工用煤有所增长。重庆、四川主要是传统煤化工，未来产品产量保持基本稳定。贵州、云南部分煤炭硫分较高，适宜发展新型煤化工，根据两省相关产业发展规划，将稳步推进煤制油、煤制烯烃等项目建设，促进新型煤炭深加工与发电、油气化工、钢铁、建材等产业间的耦合发展。综上，“十四五”“十五五”时期，西南地区煤炭需求总体上呈缓慢下降态势。预测2025年、2030年西南地区商品煤需求量分别为2.59亿吨、2.50亿吨。

(2) 煤炭生产2亿吨左右

煤矿产能增幅较大，但产量增长潜力较小。截至2019年年底，西南地区合规生产煤矿产能2.76亿吨/年，合规建设煤矿规模2.34亿吨/年，全年煤炭产量2.33亿吨。“十四五”“十五五”时期，现有合规生产煤矿将分别衰老报废和淘汰退出产能0.36亿吨/年、0.25亿吨/年。西南地区目前建设煤矿规模较大，但绝大部分为贵州、云南的资源整合和技术改造煤矿，有相当一部分难以建成投产，未来退出的可能性较大，预计合规在建煤矿建成投产规模0.9亿吨/年；尚未利用资源禀赋条件较差，建设难度大、生产成本高，新建煤矿可能性不大，到2025年、2030年合规生产煤矿产能分别为3.30亿吨/年、3.05亿吨/年。西南地区中小型煤矿数量多，开采条件复杂，特别是随着贵州、云南两省部分资源整合和技术改造煤矿建成投产后，证载产能虚高的现象将更加严重，总体上产能利用率在70%左右。预测2025年、2030年西南地区原煤产量分别为2.16亿吨、1.96亿吨。

（3）煤炭调运净调入量保持基本稳定

西南地区煤炭调入以铁路为主，运输方式单一，且处于输运末端。2022年以贵州和云南为主的自产原煤约2亿吨，基本留作区域内流转自用。自新疆、内蒙古、山西和陕西等地分别调入煤炭726万吨、1147万吨、925万吨和4178万吨，煤炭供给相对有保障。

“十四五”后3年至“十五五”时期，重庆、四川煤炭产量和需求量均有所下降，贵州、云南煤炭产量和需求量保持基本稳定，其中云南维持少量调入，贵州保持少量调出。预测2025年、2030年西南地区煤炭净调入量维持在0.7亿吨左右。需要注意的是，“十四五”时期亟须打通北向煤运通道，加快陇东、榆林、晋南等煤炭直接调入，形成稳定的输配格局，同时也要适当保留部分煤矿优质产能，有效增加地方煤炭应急储备能力建设。

（二）基于DEA的煤炭资源流动效率测度模型

1. 建模原理

数据包络分析（Data Envelopment Analysis，DEA）由A. Charnes和W. W. Cooper等于1978年创建，是以相对效率概念为基础，用以评价相同属性的多投入和多产出决策单元（Decision Making Unit，DMU）的技术效率的综合方法。不同于其他评价模型，DEA有3个优点：最终效率值与投入、产出指标的量纲选取无关，无须考虑投入指标与产出指标量纲不一致的问题，较为易用；无须主观假设任何权重，每一个输入、输出的权重由决策单元的实际数据求得最优权重，较为客观；假定每个输入都关联到一个或多个输出，输入、输出之间存在的某种关系，DEA方法不必确定这种关系的显示表达式，方便计算。由于DEA模型具有方便操作、简单实用的特点，已经被应用到多个学科，尤其在能源、环境与经济效率评估方面得到了广泛的应用。

经典的DEA模型有两种，一种是CCR模型，另一种是BCC模型，其区别在于CCR模型假定规模报酬不变，而BCC模型假定规模报酬可变。

由于某一区域煤炭资源流动的技术效率影响是多方面的，BCC 模型的假设更符合现实。另外，本书利用 BCC 模型对煤炭资源流动效率进行了 3 个维度的测度，包括纯技术效率、规模效率以及综合效率。其中，纯技术效率是指在现有技术和生产水平以及组织管理等条件下，煤炭资源流入结合其他要素投入下获得的产出。纯技术效率的大小表示该区域是否能对现有的生产技术进行有效利用，从而使产出最大化。规模效率用来表示在现有的要素投入和生产规模下，输入或输出的煤炭资源得到有效配置和利用的程度。规模效率的大小表示该区域要素投入和产出的结构比例是否合适。综合效率是纯技术效率与规模效率的乘积，表示在规模有效的情况下，要素投入的产出有效程度。

本书针对煤炭资源流动的情况，分别对煤炭资源的汇地（又称煤炭资源净流入地）和煤炭资源的源地（又称煤炭资源净流出地）制定不同的指标进行效率测度。对于煤炭资源的汇地来说，选取煤炭输入量、与煤炭输入量所对应的相关就业人员和资本存量作为投入指标，而选取煤炭输入量所产生的经济产出作为产出指标。对于煤炭资源的源地来说，选取煤炭输出量及其相关的劳动力数量和煤炭洗选行业的资本存量作为投入指标，而选取输出煤炭工业销售总额为产出指标。值得注意的是，目前已有的统计数据如《中国统计年鉴》《中国能源统计年鉴》以及各个省份的统计年鉴中，尚未发布与煤炭资源流动相关的劳动力及固定资产投资等数据。因此，本书借助剥离系数法，估计上述数据，进而实现对不同地区煤炭资源流动效率的定量测度。具体来说，对于煤炭资源汇地，使用煤炭输入总量除以能源消费总量作为汇地的剥离系数，再用其分别乘以汇地总就业人数、资本存量以及 GDP，得到与输入煤炭资源相关的劳动力数量、相关的资本存量以及相关的经济产出。相似地，对于煤炭资源源地，使用煤炭输出总量除以煤炭总生产量作为源地的剥离系数，再用其分别乘以煤炭采选业的就业人数、资本存量以及煤炭工业销售总额，得到与输出煤炭资源量相关的劳动力数量、相关的资本存量以及输出煤炭工业的销售总额（见表 2－5）。

表2－5　煤炭资源流动效率指标体系

地区	指标类型	指标名称	指标解释
煤炭资源汇地	投入指标	煤炭输入量	煤炭输入总量
		劳动力	剥离系数乘以总就业人数
		资本存量	剥离系数乘以资本存量
	产出指标	相关经济产出	剥离系数乘以 GDP
煤炭资源源地	投入指标	煤炭输出量	煤炭输出总量
		劳动力	剥离系数乘以煤炭采选业就业人数
		资本存量	剥离系数乘以煤炭采选业资本存量
	产出指标	输出煤炭收益	剥离系数乘以煤炭工业销售总额

因此，本书分别把煤炭资源源地和煤炭资源汇地作为决策单元，结合所有投入、产出向量构成的生产技术集，可得到基本的BBC模型，用数学语言来描述即如下所示：

$$\min\left[\theta - \varepsilon\left(\sum_{i=1}^{m} s_i^- + \sum_{r=1}^{s} s_i^+\right)\right]$$

$$\text{s. t.}\begin{cases}\sum_{j=1}^{n} \lambda_j x_{ij} + s_i^- = \theta x_{ij}, i = 1,2,\cdots,m \\ \sum_{j=1}^{n} \lambda_j y_{rj} - s_i^+ = y_{rj}, r = 1,2,\cdots,s \\ \sum_{j=1}^{n} \lambda_j = 1 \\ \lambda_j, s_i^+, s_i^- \geqslant 0, j = 1,2,\cdots,n\end{cases}$$

其中，i 为决策单元，这里是指各区域。θ 为决策单元的有效值，它是决策者所控制的因素，是指系统所评价的煤炭资源流动技术效率；ε 为非阿基米德无穷小量；x 为投入指标；y 为产出指标；s_i^- 为剩余变量；s_i^+ 为松弛变量。BBC模型的目的是通过已知的投入变量与产出变量来选择不同的规划系数 λ_j，并最终确定这些决策变量的最优值。假设模型的最优解为 θ^*、s^{*-}、s^{*+}、λ^*，当 $\theta^* = 1$ 且 $s^{*-} = s^{*+} = 0$，则决策单元为DEA有效，此时纯技术效率和规模效率同时有效；当 $\theta^* = 1$ 且 $s^{*-} \neq s^{*+} \neq 0$，则决策单元为弱DEA有效，表明纯技术效率和规模效率没有同时达到有效，要么纯技术效率有效、规模效率无效，要么规模效率有效、纯技术效率无效；当 $\theta^* < 1$ 时，则决策单元无效。其中 $\theta^* < 1$ 时，可按照比例压缩实际投入从而提高有效性，$s^{*-} \neq 0$ 表示有其他决策单元在相同产出水平下投入更少，可以适当减少投入，$s^{*+} \neq 0$ 表示在相同投入下产出过少，应当根据结果进行适当调整，从而达到 DEA 有效。

2. 区域煤炭资源流动职能类型划分

我国煤炭资源主要分布在西部地区和北部地区，而煤炭资源的消耗主要分布在经济更发达的东部地区和南部地区。这种在地域上分布明显的供需关系导致了我国规模性、区域性的煤炭资源的流动，因而可以根据煤炭资源流动的特征划分区域职能类型。

本书引入流动比率的概念，通过比较某个区域的煤炭资源输入量与输出量，将该区域划分为源地、交流地和汇地 3 种。流动比率的公式为：

$$R_i = \frac{Op_i}{Ip_i} \times 100\%$$

其中，R_i 表示区域 i 煤炭资源的流动比率；Ip 为煤炭总输入量，即国内区域输入量和进口量的总和；Op 为煤炭总输出量，即国内区域输出量和出口量的总和。本书参考郝丽莎的划分标准：当 $R_i > 250\%$ 时，则 i 区域为煤炭资源流动的源地；当 $40\% < R_i < 250\%$ 时，则 i 区域为煤炭资源流动的交流地；当 $R_i < 40\%$ 时，则 i 区域为煤炭资源流动的汇地。各区域划分的职能类型如表 2－6 所示。

表 2－6 区域煤炭资源流动职能类型划分

职能类型	省份
源地	山西、内蒙古、陕西
交流地	安徽、河南、云南、贵州、新疆
汇地	海南、湖北、广西、浙江、江西、上海、吉林、青海、湖南、重庆、辽宁、福建、山东、天津、宁夏、广东、北京、黑龙江、四川、河北、甘肃、江苏

3. 评价指标构建与效率测算模型

（1）评价指标构建

本书根据源地、汇地概念的定义和特点，制定了不同的效率评价指标，从而更清晰地反映不同地区煤炭资源流动效率的具体情况。由于数据统计的限制，目前还没有针对源地或汇地煤炭资源输出或输入相关的就业人数及资本存量等指标数据。因此，本书借助剥离系数方法，分别建立源地和汇地的剥离系数，从《中国统计年鉴》《中国能源统计年鉴》《中国工业统计年鉴》等资料中的相关统计指标中合理剥离效率测度指标。源地、汇地评价指标构建情况如表2－7所示。

表2－7　源地、汇地评价指标构建情况

地区类型	指标类型	测度指标	指标计算
源地	投入指标	煤炭输出量	外省调入＋进口量
		煤炭输出相关就业人数	剥离系数一 × 采矿业城镇非私营单位就业人员
		煤炭业资本存量	剥离系数一 × 煤炭开采和洗选业上年资产总计
	产出指标	煤炭输出工业销售总额	剥离系数一 × $\sum_{1}^{12}$（月度销量×当月价格）
	剥离系数一 ＝ 煤炭输出总量／煤炭总生产量		
汇地	投入指标	煤炭输入量	外省调入＋出口量
		煤炭输入相关就业人数	剥离系数二 × 总就业人数
		煤炭输入相关资本存量	剥离系数二 × 资本存量
	产出指标	煤炭输入的经济产出	剥离系数二 × 实际GDP
	剥离系数二 ＝ 煤炭输入总量／能源消费总量		

（2）效率测算模型

DEA方法包含多种分析模型，其中最基本的是固定规模的CCR模型和可变规模的BCC模型。CCR模型假设DMU处于固定规模的奖励中，投入和产出等比例增加，是一种理想化的投入产出状态；BCC模型考虑了边际效益的增加或减少，是对CCR模型的改进，更符合实际生产情况。本书采用BCC模型，如下：

$$\max \theta_j^*$$

$$\sum_{j=1}^{n} \lambda_j x_j \leqslant x_j \qquad \text{s.t.}\begin{cases} \sum_{j=1}^{n} \lambda_j y_j \geqslant \theta_j y_j \\ \sum_{j=1}^{n} \lambda_j \leqslant 1, \lambda_j \geqslant 0 \end{cases}$$

设有n个决策单元（DMU_j），每个DMU均有m种输入和s种输出，分别

使用 X_j 和 Y_j 表示，其中 $X_j = (x_{1j}, x_{2j}, \cdots, x_{mj})^T > 0$ ，$Y_j = (y_{1j}, y_{2j}, \cdots, y_{sj})^T > 0$ 。X_{ij} 表示第 j 个 DMU 的第 i 种输入量；Y_{rj} 表示第 j 个 *DMU* 的第 r 种输出量。

4. 煤炭资源流动效率的实证分析

利用 DEAP 2.1 数据包络分析软件，导入 2020 年中国 30 个省（区、市）已构建的投入产出指标，分别测度源地和汇地两类区域的煤炭资源流动效率。

（1）源地煤炭资源流动效率分析

有学者认为，*DMU* 个数不宜小于投入指标个数的 2 倍，否则导致 *DMU* 效率值更趋向于或等于 1，从而难以区分、辨别 DMU 效率值。因此，将流动职能为交流地类型中 3 个流动比率较高的区域（云南、贵州、新疆）纳入源地类型，以通过增加 DMU 个数提高结果可信度。调整后的源地所含区域与张新林（2018）的划分结果几乎一致。

表 2-8 源地效率测度结果

地区	综合效率	纯技术效率	规模效率	规模报酬
内蒙古	1	1	1	不变
新疆	1	1	1	不变
山西	0.901	1	0.901	递减
陕西	0.889	1	0.889	递减
云南	0.916	0.953	0.961	递减
贵州	0.780	0.782	0.998	递减
平均值	0.914	0.956	0.958	—

由表 2-8 可知，在 6 个源地中，内蒙古和新疆两地的综合效率、纯技术效率和规模效率均等于 1，且规模报酬不变，说明两地的煤炭资源输出方面的投入使煤炭产出达到生产前沿面，规模和技术上资源投入均得到了充分利用，即处于 DEA 有效状态。在综合效率无效的地区当中，山西和陕西的纯技术效率均为 1，表明两地在煤炭输出方面的管理水平和服务能力等技术层面处于相对最佳状态。两地综合效率无效主要由规模无效引起，且规模报酬递减，地区煤炭经济产出比例的增加小于投入比例的增加，建议在保持现有资源配置比例的同时，合理控制投入，实现规模有效。

此外，贵州和云南的纯技术效率和规模效率均小于1，规模报酬递减，说明两地的煤炭输出产业除了在结构和配置比例上存在不妥，还存在资源浪费现象。因此，两地不仅要优化煤炭资源输出的管理和技术等因素，还要控制投入。

（2）汇地煤炭资源流动效率

由表2－9可知，汇地煤炭资源流动综合效率平均值为0.503，纯技术效率和规模效率的均值接近。73%的地区纯技术效率和规模效率均小于1，同时68%的汇地区域综合效率低于0.5，在22个汇地中，大部分煤炭汇地（如北京、吉林）存在严重的资源投入、配置和利用等方面的问题。仅宁夏的煤炭资源输入综合效率为1，即DEA有效。27%的汇地区域的纯技术效率达到相对最优状态，即具备成熟的煤炭输入层面的管理和技术，但产业规模存在偏小或偏大的问题。具体地，北京和青海的规模报酬递增，产出比例的增加大于投入比例增加，因此在保持纯技术效率的同时，扩大煤炭资源输入相关产业规模，可以显著提高资源流动综合效率。河北、江苏和辽宁三地的规模报酬递减，因此建议按照当前资源配置的比例适当降低煤炭资源输入方面的要素投入。

表2－9　汇地效率测度结果

地区	综合效率	纯技术效率	规模效率	规模报酬
北京	0.262	1	0.262	递增
福建	0.338	0.584	0.579	递减
甘肃	0.833	0.841	0.990	递增
广东	0.414	0.600	0.690	递减
广西	0.427	0.555	0.770	递减
海南	0.390	0.424	0.920	递增
河北	0.689	1	0.689	递减
黑龙江	0.459	0.664	0.692	递减
湖北	0.388	0.530	0.733	递减
湖南	0.471	0.621	0.759	递减
吉林	0.263	0.514	0.513	递减
江苏	0.417	1	0.417	递减

续表

地区	综合效率	纯技术效率	规模效率	规模报酬
江西	0.483	0.607	0.795	递减
辽宁	0.689	1	0.689	递减
宁夏	1	1	1	不变
青海	0.645	1	0.645	递增
山东	0.509	0.936	0.543	递减
上海	0.409	0.492	0.832	递减
四川	0.586	0.676	0.866	递减
天津	0.543	0.599	0.907	递减
浙江	0.486	0.666	0.730	递减
重庆	0.363	0.427	0.850	递减
平均值	0.503	0.715	0.721	—

（三）主要结论和相关建议

1. 主要结论

一是需求侧煤炭需求总量或由峰值平台逐步回落，供给侧煤炭资源接续和有效供给困难问题不容忽视。近两年，受经济增长、行业发展和疫情管控等综合因素的影响，我国煤炭消费量高位波动，短期内我国煤炭消费总量仍将处于峰值平台，中长期煤炭消费占比或以较快速度下降的趋势不会改变。具体来看，“十四五”后期我国煤炭消费需求还将缓慢上升，预计到2025年全国煤炭消费量保持42.0亿~44.4亿吨。从中长期来看，煤炭减量替代步伐加速，预计2030年、2035年全国煤炭需求量或分别缩减到36亿吨和31亿吨。与此同时，从供给来看，我国东中部煤炭资源储量少、开采技术条件差、安全保障能力弱，落后产能陆续退出，未来煤炭产量面临急剧下降。近两年，晋陕蒙区域内资源接续问题较为严峻，优化生产开发布局空间非常有限。新疆煤炭市场相对独立，短期内难以对全国煤炭供给形成有效支撑。

二是我国煤炭市场供需逐步转向宽松，但区域性、时段性煤炭供给保障迫在眉睫。在新一轮产能核增政策带动下，我国煤矿总产能已达55亿吨/年。特别在“双碳”背景下，煤炭减量替代已是大势所趋，我国煤炭供需总体偏紧形势将逐年缓解。分地区来看，晋陕蒙宁地区相当一段时期内仍是我国煤炭主要产区，净流出将保持20亿吨以上水平。新疆作为能源资源战略基地，保障国家能源安全责任重大，但煤炭产能和外运通道建设尚未成熟，短时间内难以承担增强煤炭资源跨区流动来源的重任，疆内煤炭输运网络也亟待扩能升级。东北和川渝地区煤炭保供压力仍然较大。东北地区煤炭产需缺口还将继续扩大，冬季保供形势依然严峻。川渝地区远离北方主产区，煤炭调入困难，相邻的贵州和云南地区虽煤炭资源相对丰富，但禀赋条件差，大部分煤矿正处于技改建设阶段，未来产量增长空间不大，地区“迎峰度冬”“迎峰度夏”等特殊时段煤炭补给只能更多倚重北方地区。

三是新疆将是未来我国能源安全的重要保障，煤炭跨区域输运体系继续扩能增量。在综合国际煤炭市场供需形势、主要煤炭出口国资源开发、主要煤炭进口国能源发展背景下，我国煤炭进口或呈稳中有降态势。相较于进口煤炭不确定性形势较多，当前及未来一段时期在煤炭资源开发“东减中控西增”主要趋势下，亟须释放国内优质先进产能，特别是依托丰富的煤炭资源和现代化大规模开发，正加快建设新疆国家能源资源战略基地。据调研，计划到2025年，新疆区内原煤生产将突破5亿吨、“疆煤外运”突破1亿吨；到2035年，新疆区内原煤生产将突破10亿吨、“疆煤外运”突破5亿吨，原煤生产量或占全国煤炭需求量的1/3，煤炭调出量支撑全国1/5的煤炭需求。这也进一步要求新疆升级其煤运网络体系，扩能改造“一主（兰新线）两翼（临哈线、格库线）”进出疆三大铁路通道，推动“疆煤外运”以有效接续东中部地区产能释放，保障全国能源供应安全。

2. 相关建议

一是提升煤炭安全供应保障能力。统筹各基地资源储量、煤类煤质、发展潜力、区位市场、运输条件等，重新调整各大型煤炭基地范围和功能定位。建议：积极稳妥推进山西、蒙西、蒙东、陕北煤炭基地建设，围绕煤炭资源接续、稳定供应和转型发展，适时调整产能置换政策，合理确定产能置换比例，有序释放优质先进产能。高标准、高质量推动建设新疆煤炭基地，加大新疆准噶尔地区、吐哈—巴里坤地区、西天山地区、塔里木北缘等资源开发力度，以建设大型现代化煤矿为导向，加快释放五彩湾矿区、大井矿区、西黑山矿区、将军庙矿区等千万吨级优质产能，增强区域乃至全国煤炭资源供应保障能力。鼓励企业按照市场化原则参与国际贸易，充分发挥进口煤补充作用。动态调整煤炭科学布局和功能定位。

二是健全完善煤炭跨区域综合运输体系。加强通道布局建设，优化煤炭物流网络，提升铁路、水路等运输比例，创新多式联运方式，高效推动煤炭跨区域运输。建议：加快完成冯红、陶上线及宁东联络线、天陇等通车运营，同时推进西平、宝中、大准、集通、神朔、西康、京原、侯月等既有铁路的扩能改造，进一步增强核心区及陇东基地外运能力；着力完善浩吉、瓦日、唐包、靖神等运煤专用干线集疏运体系建设，充分发挥能源运输大通道跨区长途调运的能力优势；加速推动新疆煤炭内运环线、外运专线建设，积极推进中部兰新线、北部临哈线、南部格库线改造，全力推动“疆煤外送”扩能升级。

三是着力形成煤炭高效应急保障机制。面对我国日益加剧的煤炭产销分离格局，应充分考虑各类不确定性情况，坚持底线思维，督促指导地方制定细化可行的应急预案，确保紧急情况下快速启动预案，有效保障经济发展和民生用煤的可靠供应。建议：依靠体制机制创新引入多元主体，实现多主体、多层次储备，政府按照规划布局、生态环保的要求，在煤炭生产地和消费地、铁路交通枢纽、主要中转港口建设煤炭储备项目。统筹考虑煤炭资源赋存、特高压通道能力、电力受端需求等，科学推进跨区域输电替代输煤。加快煤炭企业兼并重组步伐，有力提升产能产量弹性，防范化解高压状态下煤炭品质下降和安全生产风险。

四是建立煤炭产销运全流程监测平台。当前，我国煤矿数量大幅减少、产业集中度不断提高，煤炭消费越来越向四大主要耗煤行业集中，且目前大数据、云计算、互联网等信息技术已得到广泛应用，特别是针对当前及未来我国跨区域煤炭资源流动监测需求。建议：建立健全煤炭市场运行监测制度，国家和地方政府行业管理部门组建上下统一、信息共享、产运需全覆盖的信息平台，开展煤炭调度和监测预警，动态掌握煤炭产运需及价格走势情况，实时监测煤炭上游生产、下游消费、运输衔接，及时发布预警信息、开展宏观调控，既有利于促进煤炭供需动态平衡，也有助于实现行业治理体系和治理能力现代化。

Ⅲ 城市篇

一、资源型城市的科学分类

资源型城市作为我国重要的能源资源战略保障基地，是国民经济持续健康发展的重要支撑。我国资源型城市数量多、分布广，历史贡献巨大、现实地位突出。新中国成立至2012年，资源型城市累计生产原煤529亿吨，原油55亿吨，铁矿石58亿吨，木材20亿立方米；仅“一五”时期156个国家重点建设项目中有53个布局在资源型城市，约占总投资额的50%，为建立我国独立完整的工业体系、促进国民经济发展做出了历史性的贡献。促进资源型城市可持续发展，是加快转变经济发展方式、实现全面建成小康社会奋斗目标的必然要求，也是促进区域协调发展、统筹推进新型工业化和新型城镇化、维护社会和谐稳定、建设生态文明的重要任务。

随着我国经济结构的调整，资源型城市逐渐失去了原有的优势地位，资源问题、环境问题、经济问题、社会问题也随之而来，如何转型成为这些地区发展的头等大事。因此，加快经济转型发展、寻找接续和替代产业，对于资源型城市，特别是煤炭资源型城市改变过度依赖煤炭经济的状态、实现经济社会的可持续发展具有重要的现实意义。

（一）资源型城市的界定

资源型城市是以当地资源禀赋为依托，在以自然资源的开发经营的基础上逐步发展起来的一类城市。就资源型城市的界定问题，之前已有大量学者开展研究，并从不同的视角对资源型城市进行了划分，对资源型城市的定义也经历了从简单按品类划分到定量统计归类的转变。

第一类是定性描述归类。这一类主要体现在研究初期对资源型城市的直观认识进行归类研究。如王元（2000）认为资源型城市是拥有丰富矿产资源的地区，且当地将近一半的城市劳动力进行着对这一资源及其附属产品的开采、加工和买卖。张秀生（2001）认为资源型城市是指以向社会提供矿产品及其初级加工品等资源型产品为主要功能或重要功能的一类城市。张米尔（2001）认为资源型城市是一种特殊类型的城市，是以围绕资源开发而建立、以采掘业和初级加工业为主导产业，依附资源开发而兴建发展起来的城市。

第二类是定量统计归类。这一类研究集中于对资源型城市具体指标高低进行研判，从而得到归类依据和结论。如中国宏观经济研究院课题组（2002）曾对资源型城市的界定提出四点标准：采掘业产值占工业总产值的比例大于10%；县级市采掘业产值大于1亿元，地级市采掘业产值大于2亿元；采掘业从业人员占全部从业人员的比例超过5%；县级市采掘业从业人员大于1万人，地级市采掘业从业人员大于2万人。吴宗杰（2016）认为资源型城市的兴起与发展伴随着自然资源的开发利用，其支柱产业是自然资源开采和资源初加工业，资源型产业的产值占城市总产值的20%以上，或者资源型产业从业人数占城市总从业人数的20%以上。

此外，我国于2007年之后制定明确了资源型城市归类划分标准。2007年，国务院发布的《关于促进资源型城市可持续发展的若干意见》中对资源型城市概念有明确提及；2013年，《全国资源型城市可持续发展规划（2013—2020年）》的发布明确资源型城市是以本地区矿产、森林等自然资源开采、加工为主导产业的城市类型，并进行了统计分类。

（二）资源型城市的分类

我国众多资源型城市发展壮大，大多是以开发能源、钢铁、有色金属、非金属、化工、森林等资源为主。由于对资源型城市概念认识的不同及界定标准的不同，国内学者对我国资源型城市数量的界定存在较大差距。其中，中国宏观经济研究院课题组（2002）结合定性定量分析方法对我国城市进行评定，并归类总结出5大类118个资源型城市。

2013年，国务院印发《全国资源型城市可持续发展规划（2013—2020年）》（以下简称《规划》），提出的262个资源型城市约占我国城市数量的30%，其矿产资源开发的增加值约占全部工业增加值的25%，高出全国平均水平1倍（见表3－1）。资源型城市在东北地区和华北地区相对较为集中，尤其山西煤炭资源型城市占比较高。《规划》根据资源保障能力和经济社会可持续发展能力，将资源型城市划分为成长型、成熟型、衰退型和再生型4种类型，明确了不同类型城市的发展方向和重点任务，引导各类城市探索各具特色的发展模式。

表3－1 全国资源型城市名单（2013年）

省（区、市）	地级行政区	县级市	县（自治县、林区）	市辖区（开发区、管理区）
河北（14）	张家口市、承德市、唐山市、邢台市、邯郸市	鹿泉区、任丘市	青龙满族自治县、易县、涞源县、曲阳县	井陉矿区、下花园区、鹰手营子矿区
山西（13）	大同市、朔州市、阳泉市、长治市、晋城市、忻州市、晋中市、临汾市、运城市、吕梁市	古交市、霍州市、孝义市		
内蒙古（9）	包头市、乌海市、赤峰市、呼伦贝尔市、鄂尔多斯市	霍林郭勒市、阿尔山市*、锡林浩特市		石拐区
辽宁（15）	阜新市、抚顺市、本溪市、鞍山市、盘锦市、葫芦岛市	北票市、调兵山市、凤城市、大石桥市	宽甸满族自治县、义县	弓长岭区、南票区、杨家杖子开发区
吉林（11）	松原市、吉林市*、辽源市、通化市、白山市*、延边朝鲜族自治州	九台区、舒兰市、敦化市*	汪清县*	二道江区
黑龙江（11）	黑河市*、大庆市、伊春市*、鹤岗市、双鸭山市、七台河市、鸡西市、牡丹江市*、大兴安岭地区*	尚志市*、五大连池市*		
江苏（3）	徐州市、宿迁市			贾汪区

续表

省（区、市）	地级行政区	县级市	县（自治县、林区）	市辖区（开发区、管理区）
浙江（3）	湖州市		武义县、青田县	
安徽（11）	宿州市、淮北市、亳州市、淮南市、滁州市、马鞍山市、铜陵市、池州市、宣城市	巢湖市	颍上县	
福建（6）	南平市、三明市、龙岩市	龙海区	平潭县、东山县	
江西（11）	景德镇市、新余市、萍乡市、赣州市、宜春市	瑞昌市、贵溪市、德兴市	庐山市、大余县、万年县	
山东（14）	东营市、淄博市、临沂市、枣庄市、济宁市、泰安市、莱芜区	龙口市、莱州市、招远市、平度市、新泰市	昌乐县	淄川区
河南（15）	三门峡市、洛阳市、焦作市、鹤壁市、濮阳市、平顶山市、南阳市	登封市、新密市、巩义市、荥阳市、灵宝市、永城市、禹州市	安阳县	
湖北（10）	鄂州市、黄石市	钟祥市、应城市、大冶市、松滋市、宜都市、潜江市	保康县、神农架林区*	
湖南（14）	衡阳市、郴州市、邵阳市、娄底市	浏阳市、临湘市、常宁市、耒阳市、资兴市、冷水江市、涟源市	宁乡市、桃江县、花垣县	
广东（4）	韶关市、云浮市	高要区	连平县	
广西（10）	百色市、河池市、贺州市	岑溪市、合山市	隆安县、龙胜各族自治县、藤县、象州县	平桂管理区

续表

省（区、市）	地级行政区	县级市	县（自治县、林区）	市辖区（开发区、管理区）
海南（5）		东方市	昌江黎族自治县、琼中黎族苗族自治县*、陵水黎族自治县*、乐东黎族自治县*	
重庆（9）			铜梁区、荣昌区、垫江县、城口县、奉节县、云阳县、秀山土家族苗族自治县	南川区、万盛经济开发区
四川（13）	广元市、南充市、广安市、自贡市、泸州市、攀枝花市、达州市、雅安市、阿坝藏族羌族自治州、凉山彝族自治州	绵竹市、华蓥市	兴文县	
贵州（11）	六盘水市、安顺市、毕节市、黔南布依族苗族自治州、黔西南布依族苗族自治州	清镇市	开阳县、修文县、遵义市播州区、松桃苗族自治县	万山区
云南（17）	曲靖市、保山市、昭通市、丽江市*、普洱市、临沧市、楚雄彝族自治州	安宁市、个旧市、开远市	晋宁县、易门县、新平彝族傣族自治县*、兰坪白族普米族自治县、香格里拉市*、马关县	东川区
西藏（1）			曲松县	
陕西（9）	延安市、铜川市、渭南市、咸阳市、宝鸡市、榆林市		潼关县、略阳县、洛南县	
甘肃（10）	金昌市、白银市、武威市、张掖市、庆阳市、平凉市、陇南市	玉门市	玛曲县	红古区

续表

省（区、市）	地级行政区	县级市	县（自治县、林区）	市辖区（开发区、管理区）
青海（2）	海西蒙古族藏族自治州		大通回族土族自治县	
宁夏（3）	石嘴山市	灵武市	中宁县	
新疆（8）	克拉玛依市、巴音郭楞蒙古自治州、阿勒泰地区	和田市、哈密市、阜康市	拜城县、鄯善县	

注：* 为森工城市。

资料来源：《全国资源型城市可持续发展规划（2013—2020年）》。

从分类分型角度来看，2013年，国务院印发《全国资源型城市可持续发展规划（2013—2020年）》，将资源型城市划分为4种类型：

成长型城市。总量：31个；占比：11.8%。城市资源开发处于上升阶段，资源保障潜力大，经济社会发展后劲足，是我国资源的供给和后备基地。

成熟型城市。总量：141个；占比：53.8%。城市资源开发处于稳定阶段，资源保障能力强，经济社会发展水平较高，是现阶段我国能源资源安全保障的核心区。

衰退型城市。总量：67个；占比：25.6%。城市资源趋于枯竭，经济发展滞后，民生问题突出，生态环境压力大，是加快转变经济发展方式的重点、难点地区。

再生型城市。总量：23个；占比：8.8%。城市基本摆脱了资源依赖，经济社会开始步入良性发展轨道，是资源型城市转变经济发展方式的先行区。

（三）我国煤炭资源型城市

关于煤炭资源型城市，顾名思义，就是以煤炭资源开采、加工为主导产业的城市，目前已有研究对其的定义虽然具体表述有所差别，但是均强调资源支撑的概念，煤炭资源型城市的发展必须依托本地煤炭资源。相对来说，煤炭资源型城市是指因当地开采煤炭资源而逐渐发展起来的或因附近开采煤炭资源而使原有城市重新兴起，并且煤炭产业在城市工业结构中占重要地位的城市。国家发展改革委宏观经济研究院课题组（2002）以煤炭产业产值数值为衡量基准，即开采煤炭的产值大于1亿元，煤炭产业产值在工业产值中占比为7%以上的城市就是煤炭资源型城市。若以此为基准，我国煤炭资源型城市约有90个，其中山西煤炭资源型城市有12个，为全国数量最多的省份。资源枯竭型城市是指矿产资源开发进入后期、晚期或末期阶段，其累计采出储量已达到可采储量的70%以上的城市。国务院曾于2008年、2009年和2011年分三批确定了69个资源枯竭型城市（县/区），陈茜（2017）研究判断其中煤炭资源型城市38个，占总数的一半以上。

二、国家对资源型城市转型发展的政策实施

资源型城市转型升级对于中国区域经济可持续发展具有重要意义。20世纪80年代以来，在党中央、国务院坚强领导和各方面的共同努力下，针对资源型城市的转型问题，我国已相继出台了多项重要文件和政策并取得显著成效。从政策颁布制定时序来看，促进资源型城市经济转型发展政策可归纳为初步探索阶段、中期战略阶段和战略调整阶段三个阶段。

（一）初步探索阶段：试点城市开始探索经济转型的路径

20世纪80年代初，国家有关部门开始关注经济转型。此时，东北地区资源型城市产业结构单一，造成这些城市发展后劲不足、前进步伐减缓，尤其是自1990年以来，随着矿石和森林资源的储量以及可供开采量的下降，一些原本的资源型城市以肉眼可见的速度进入衰落期，这就使得资源问题成为越来越多老工业区的资源型城市所遇到的发展困境，而且一些资源型企业也慢慢走向衰落。因此，一些资源型城市开始探讨如何进行经济转型以摆脱对资源的依赖。对此，1988年8月政府实施了天然林保护工程，为城市向可持续的经济发展模式转型提供了间接的政策扶持。

进入21世纪，国家开始重点关注资源型城市转型发展。2001年12月，国务院下发了《听取辽宁省阜新市资源枯竭型城市转型等有关情况的会议纪要》，确定将辽宁省阜新市作为全国首个资源枯竭型城市的经济转型试点城市。阜新市以结构调整为主线，迅速实施经济转型、改变发展路

径的重大决策，同时促进产业的多元化发展，以农业促工业，使产业发展生态化，生态建设产业化，这一举措很好地解决了因资源枯竭所造成的失业问题，促进了城市经济的转型发展。

（二）中期战略阶段：政策开始注重产业结构的优化升级、接续产业的培育以及体制机制的完善

2002年11月，党的十六大报告指出："支持资源开采型城市和地区发展接续产业，支持东北地区等老工业基地加快调整和改造。"这是党中央首次提出支持以资源开采为主的城市发展接续替代产业，从政治层面提出加快经济转型的要求，逐渐重视对资源型城市接续产业的培育。2003年10月，中共中央、国务院发布《关于实施东北地区等老工业基地振兴战略的若干意见》，对资源枯竭型城市经济转型要求做出了以下重要规定：对于资源仍然比较丰富的，要注意发展链条的延伸，加强资源的深加工；对于资源比较枯竭的，要注重接续替代产业。该意见战略性地将产业链延伸和接续替代产业的发展结合考虑，同时首次提出了经济体制机制的创新路径，为解决资源型城市的脱困转型提供了明确的建议。

2007年的《东北老工业基地振兴规划》中，把加快推进资源枯竭型城市转型作为促进东北振兴的重大举措之一，指明了资源型城市可持续发展目标、方向和举措。党的十七大报告明确指出，要加快推动资源枯竭地区实现经济转型。同年12月，《国务院关于促进资源型城市可持续发展的若干意见》中指出，要发展接续替代产业，综合利用各种资源，建立可持续发展的准备金制度等政策措施，完善可持续发展的长效机制，并着力解决就业等问题。此后，2008年确定了国家首批12个资源枯竭型城市，其中包括阜新、伊春、辽源、白山、盘锦、石嘴山、白银、个旧（县级市）、焦作、萍乡、大冶（县级市）、大兴安岭。随后又分别于2009年和2012年确定了第二批32个、第三批25个资源枯竭型城市。

2010年4月，《国务院关于进一步加强淘汰落后产能工作的通知》公布，要求注重经济发展方式的转变和产业结构的优化升级，加快淘汰落后产能。但针对落后产能退出的相应政策措施不够完善，产业结构性矛盾仍旧较为突出，并未引起部分地区对淘汰落后产能工作的重视，近年来中国

许多行业产能落后的问题依然比较严重，严重制约了社会的可持续发展和工业整体水平的提高。

（三）战略调整阶段：生态文明建设融入“五位一体”总体布局

党的十八大以来，国家在注重产业结构优化、接续产业的培育以及体制机制的完善的同时，开始针对日益突出的环境问题提出可持续发展的举措，资源型城市转型将生态环境稳定发展列入了转型议程。

2013 年 12 月，国务院发布了《全国资源型城市可持续发展规划(2013—2020 年)》，首次在全国确定了 262 个资源型城市，其中 69 个为资源枯竭型城市，并将资源型城市分为成长型、成熟型、衰退型和再生型 4 种，明确了不同类型城市的发展方向和重点任务。

2016 年《关于煤炭行业化解过剩产能实现脱困发展的意见》的三大基本原则之一就是“以做好职工安置为重点，挖掘企业内部潜力，做好转岗分流工作，落实好各项就业和社会保障政策，保障职工合法权益，处理好企业资产债务”。

同年 9 月，国家发展改革委等 5 个部门联合发布《关于支持老工业城市和资源型城市产业转型升级的实施意见》，要求建立以创新驱动为内生动力的产业转型升级机制，通过运用市场化的解决方法，着力构建综合技术创新体系，做到以市场为导向、企业为主体，增强产学研相结合发展，逐步优化经营投资环境，强化企业在市场中的主力地位，推动产业转型升级，由依靠要素驱动向依靠创新驱动的发展方式转变，不断提高老工业城市与资源型城市的内生动力、发展活力和整体竞争力。

2017 年，国家发展改革委发布了《关于加强分类引导培育资源型城市转型发展新动能的指导意见》，积极引导各类资源型城市逐步摆脱传统发展模式依赖：促进成长型城市有序发展、推动成熟型城市跨越发展、支持衰退型城市转型发展、引导再生型城市创新发展。这些政策都是基于当时经济社会发展环境提出的，可极大地助力我国资源型城市转型升级。

三、我国煤炭资源型城市的发展演进

新中国成立以后，我国开始了工业化建设进程，工业化过程中的生产资料几乎全部都是自给自足，资源型城市由此产生。工业化初期，我国经济基础差，生产要素的投入主要是劳动、资源、技术，这一时期的低技术、低资本决定了用廉价的劳动力换取自然资源的高产出。在此背景下，劳动密集型产业发展带动了大批资源采掘基地劳动力逐步积聚，重工业企业逐步落脚，这些资源基地也承担了一些社会职能，国家逐步将这些基地设为城市。研究总结出中国资源型城市发展经历了快速发展、缓慢发展、恢复发展、转型与可持续发展、提质增效发展5个时期（见图3－1）。

图3－1　我国煤炭资源型城市主要发展历程

（一）快速发展期（1949—1960年）

新中国成立之前，国内就有一些工矿基地。新中国成立之后，为快速恢复巩固国民经济发展，一大批重工业项目加快建设，能源和原材料需求迅速增加，国家也相继恢复一些新中国成立前的重要工矿基地，其中包括东北部地区的6个基地，分别是鹤岗、辽源、抚顺、阜新、鞍山、本溪；西南部2个，分别是自贡、个旧；中东部地区4个，分别是唐山、徐州、淮南、大同。这些城市经济的恢复与建设有力地支援了当时的国家经济社会发展，促进了国民经济的全面复苏。

此外，1953—1958年，随着中国全面工业化建设的需要，国家还重点在中部设立了7个资源型城市，分别是玉门、双鸭山、鸡西、马鞍山、鹤壁、焦作、平顶山。在“大跃进”时期，国家本着工业快速崛起的方针，加大劳动力和资源生产要素的投入量，从统计数据来看，仅1958—1960年，我国就新增11个资源型城市，其中包括：大庆、克拉玛依与茂名3个石油资源型城市；白山、伊春2个森林资源型城市；枣庄、铜川、石嘴山3个煤炭资源型城市；铜陵、冷水江2个有色冶金资源型城市；平乡也是在这一时期得到恢复的综合性资源型城市。我国资源型城市的发展格局在这一时间基本形成。

（二）缓慢发展期（1961—1978 年）

1961 年中共八届九中全会召开，当时由于“大跃进”造成的严重后果，我国处于经济较困难的时刻，全会正式决定实行“调整、巩固、充实、提高”八字方针，国民经济开始转入调整的轨道，但是在当时的经济背景下和国家发展方针的限制下，资源型城市发展比较缓慢，这一时期，我国仅累计增加了 6 个资源型城市，分别是东北地区的七台河、东部地区的资兴和淮北、西部地区的嘉峪关和乌海、西南地区的六盘水。

（三）恢复发展期（1978—1996 年）

1978 年改革开放以后，我国工业布局逐步从西向东，由内陆城市向沿海城市转移，我国工业建设更加注重效益化和专业化，东部地区成为工业建设中心，中西部地区成为资源开发基地。这一阶段，社会的共识转移到以经济建设为中心上，经济开始快速发展，能源需求迅速增长，从而带动资源型城市快速发展。改革开放后的 10 年间，我国新增资源型城市 24 个，主要布局在中西部，其中 1989 年依托中美合资的平朔煤矿发展而建市的朔州，就是这段时期建立的代表性煤炭资源型城市。

（四）转型与可持续发展期（1997—2012 年）

20 世纪 90 年代末，资源型城市整体布局没有太大变化，但是资源型城市的基础建设升级标准都发生了变化，这一时期在国家的宏观方针下，资源开发发生了变化，国家着重加强资源基地基础建设，提高资源生产效率，加大资源开采力度，如霍林河、伊敏河、元宝山、准格尔等大型煤矿开采，平朔安家岭露天矿开采等。与此同时，随着我国经济结构的调整，资源型城市逐渐失去了原有的优势经济地位，经过数十年甚至上百年大规模开发，许多资源型城市的矿产资源开始枯竭，资源型产业难以为继，而企业和城市发展过程中产生的社会负担问题，以及多年的资源开采活动导致的环境污染问题逐步显现，城市可持续发展理念深入人心。因此，资源型城市进入了转型和可持续发展的新阶段。

（五）提质增效发展期（2013 年至今）

2013 年以来，随着我国经济社会发展步入新常态，经济增速由高速转向中高速发展，能源需求增量减少，全国煤炭供应由相对过剩转变为全面过剩，煤炭价格大幅下跌，到2015年年底降至2005年以来历史低点。煤炭资源型城市也随即进入了提质增效发展新阶段。

四、典型煤炭资源型城市经济转型分类研究

煤炭资源型城市经济转型一般性模式划分涉及多因素、多尺度，不仅要考虑以煤为基的资源环境发展，还要考虑经济社会发展，更需要体现技术、创新、政策以及空间地理优劣势，特别是围绕新时代包括碳约束在内的四大新发展特征，本书将从资源开发潜力、生态环境、产业结构、技术创新、科教人才、地理区位6个方面，利用层次分析法①对典型煤炭资源型城市进行一般性分析，并对相关指标结果进行归一化处理。煤炭资源型城市经济转型层次分析模型如图3－2② 所示。

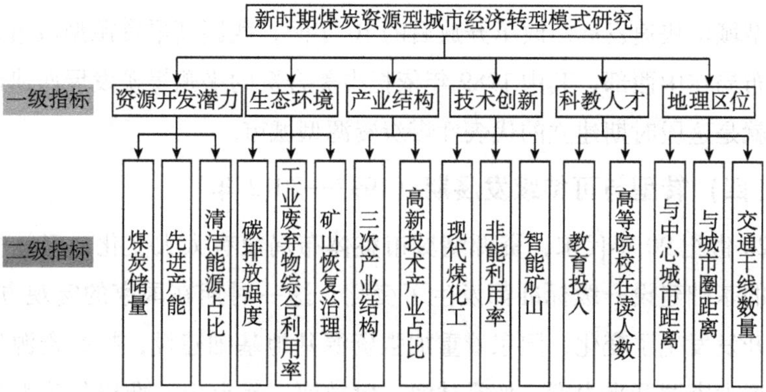

图3－2　煤炭资源型城市经济转型层次分析模型

① 层次分析法（AHP）是一种多目标、多方案优化决策的系统方法，包含的目标指标既可以是定性的，也可以是定量的。它将决策问题按目标、评价准则和指标分成若干层次的树状结构，通过定性、定量指标模糊量化方法算出每一层次各指标对上一层次某元素的权重和排序，采用加权加和和递阶归并的方法计算备选方案对总目标的权重，最大权重者为推荐方案。各层权重由反映两两指标间相对重要性的判断矩阵计算，相对重要性通常依赖于专家判断。层次分析法的关键是根据研究需求搭建包含目标层、准则层和指标层的树状模型。

② 文中经济、产业、就业、能源等数据分别来自各个典型煤炭资源型城市《统计年鉴》《经济社会统计公报》等官方公开数据，数据指标体系权重设定参考杨伟（2018）和国家发展改革委《绿色发展指标体系》《生态文明建设考核目标体系》。

结合数据可获得性和研究对象广泛代表性，本书涉及对象包括陕西榆林、山西大同、河南平顶山、江苏徐州、辽宁阜新等，其中陕西省榆林市作为面临转型的成长型模式代表，河南省平顶山市、山西省大同市作为成熟型代表，辽宁省阜新市作为转型成效相对滞后的衰退型代表，江苏省徐州市作为再生型煤炭资源城市经济转型成功的典型代表（见表3－2）。

表3－2　典型煤炭资源型城市

一般类型	典型城市	区域位置	煤炭资源	属性
成长型城市	陕西榆林	西北	有富存	煤炭开发利用潜力大
成熟型城市	山西大同	华北	有富存	依托煤炭，积极发展新能源
	河南平顶山	华中	无富存	煤炭及相关产业发展稳定
衰退型城市	辽宁阜新	东北	无富存	资源枯竭、经济滞后
再生型城市	江苏徐州	华东	无富存	依托非煤产业再生

同时，课题组在剖析了新时代煤炭资源型城市经济转型发展形势、内涵演变和特征分析后，为进一步梳理我国煤炭资源型城市经济转型发展的路径和方向，设立了基于投入产出技术的综合模型，通过对投入产出表[①]

① 模型中基础表式为将国家统计局提供的地区投入产出表，若无特殊说明，图中数字对应相应部门及简称。其中，1997年部门数为38部门，分别是①农业；②煤炭采选业；③石油和天然气开采业；④金属矿采选业；⑤非金属矿采选业；⑥食品制造及烟草加工业；⑦纺织业；⑧服装皮革羽绒及其他纤维制品制造业；⑨木材加工及家具制造业；⑩造纸印刷及文教用品制造业；⑪石油加工及炼焦业；⑫化学工业；⑬非金属矿物制品业；⑭金属冶炼及压延加工业；⑮金属制品业；⑯机械工业；⑰交通运输设备制造业；⑱电气机械及器材制造业；⑲电子及通信设备制造业；⑳仪器仪表及文化办公用机械制造业；㉑机械设备修理业；㉒其他制造业；㉓电力及蒸汽热水生产和供应业；㉔煤气生产和供应业；㉕自来水的生产和供应业；㉖建筑业；㉗货物运输及仓储业；㉘邮电业；㉙商业；㉚饮食业；㉛旅客运输业；㉜金融保险业；㉝房地产业；㉞社会服务业；㉟卫生体育和社会福利事业；㊱教育文化艺术广播电影电视事业；㊲科研和综合技术服务业；㊳行政机关。2002年、2007年、2012年、2017年部门数为42部门，分别是①农林牧渔业；②煤炭开采和洗选业；③石油和天然气开采业；④金属矿采选业；⑤非金属矿及其他矿采选业；⑥食品制造及烟草加工业；⑦纺织业；⑧纺织服装鞋帽皮革羽绒及其制品业；⑨木材加工及家具制造业；⑩造纸印刷及文教体育用品制造业；⑪石油加工炼焦及核燃料加工业；⑫化学工业；⑬非金属矿物制品业；⑭金属冶炼及压延加工业；⑮金属制品业；⑯通用设备制造业；⑰专用设备制造业；⑱交通运输设备制造业；⑲电气机械及器材制造业；⑳通信设备计算机及其他电子设备制造业；㉑仪器仪表及文化办公用机械制造业；㉒工艺品及其他制造业；㉓废品废料及维修业；㉔电力热力的生产和供应业；㉕燃气生产和供应业；㉖水的生产和供应业；㉗建筑业；㉘批发和零售业；㉙交通运输；仓储和邮政业；㉚住宿和餐饮业；㉛信息传输；软件和信息技术服务业；㉜金融业；㉝房地产业；㉞租赁和商务服务业；㉟研究和试验发展；㊱综合技术服务；㊲水利；环境和公共设施管理；㊳居民服务；修理和其他服务；㊴教育；㊵卫生和社会工作；㊶文化；体育和娱乐；㊷公共管理；社会保障和社会组织。

的中间流量矩阵进行分析，从产业空间维度来观察典型煤炭资源型城市区域经济发展环境；通过影响力系数和感应度系数的测算，从时间维度来刻画典型煤炭资源型城产业关联演进过程；通过绘制产业关联热力图，来判断典型煤炭资源型城市经济发展的更新与接续。最后课题组将基于上述研究，研判新时期不同煤炭资源型城市经济转型模式。

（一）陕西省榆林市

1. 榆林市着力打造陕北能源开发重镇

榆林市地处陕西省最北部，东与山西隔黄河相望，西与甘肃、宁夏、相连，北与内蒙古相邻，南与本省延安市相接，能源矿产资源富集，神府煤田是世界七大煤田之一。20世纪80年代，榆林发现了储量丰富的煤炭、石油、天然气等矿产资源。20年来，在西部大开发战略指引下，榆林紧紧抓住矿产资源大开发的机遇，经济发展迎来了“黄金期”，经济总量不断迈上新台阶，呈现出突破式发展，综合实力显著增强。2020年，榆林市地区生产总值突破4000亿元，“十三五”时期年均增速7.3%，人均GDP突破1.8万美元。

从资源开发来看，自2003年国家级能源化工基地批复建设后，榆林凭借能源矿产资源的大规模开发和利用，经济发展水平迅速提升。到2019年，已发现八大类48种矿产资源，尤其是煤炭、石油、天然气、岩盐等能源矿产资源富集一地。平均每平方千米地下蕴藏着622万吨煤、1.4万吨石油、1亿立方米天然气、1.4亿吨岩盐。但由于资源禀赋并没有与工业化持续结合，尤其是没有与科技革命相结合，科教智力资源与创新成果较为不足。

从经济发展情况来看，煤炭基地建设成效显著。自2000年以来，榆林经济发展在能源经济的大力推动下加速向前，经历了速度换挡、动力转换等重要时期，经济发展呈现出由高速发展向中高速发展转变，再迈向高质量转型发展的平稳健康发展历程。2000—2012年，榆林经济进入了高速发展期，地区生产总值增速均保持在两位数以上，均高于历年全国水平。2013—2019年，榆林经济发展转向中高速发展并向高质量转型发展不断迈进，其间地区生产总值年均增长7.5%。到2020年，全年实现生产总值

4089.7 亿元（见图 3－3）。

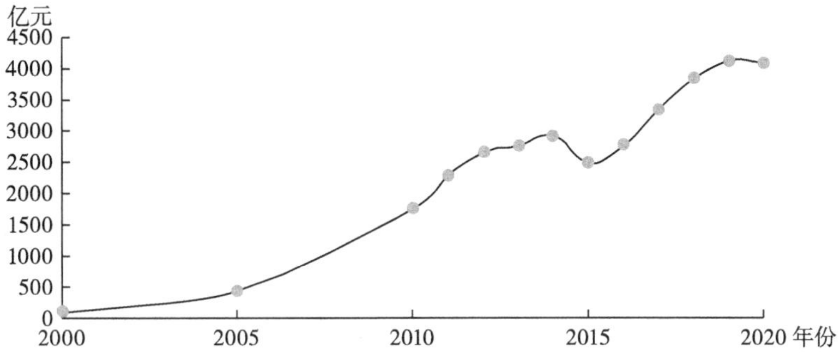

图 3－3 2000—2020 年榆林市地区生产总值变化趋势

从产业发展来看，在能源大开发的背景下，榆林市第二产业快速发展壮大，尤其是工业经济迅速崛起，第二产业增加值占地区生产总值的比重越来越大，逐步形成了以第二产业为主导，第一、第三产业协同发展的格局。2001—2019 年，第二产业发展迅速，占比整体呈逐年上升态势，第二、第三产业占比整体在下降；2019 年榆林三次产业结构占比为 6.1∶65.0∶28.9，第一、第三产业占比较 1999 年分别下降 6.4 个、12.0 个百分点，第二产业占比较 1999 年提高 18.4 个百分点（见图 3－4）。2019 年第一、第二、第三产业增加值分别为 250.7 亿元、2690.3 亿元、1195.2 亿元，分别是 1999 年的 25.2 倍、72.2 倍、36.6 倍。

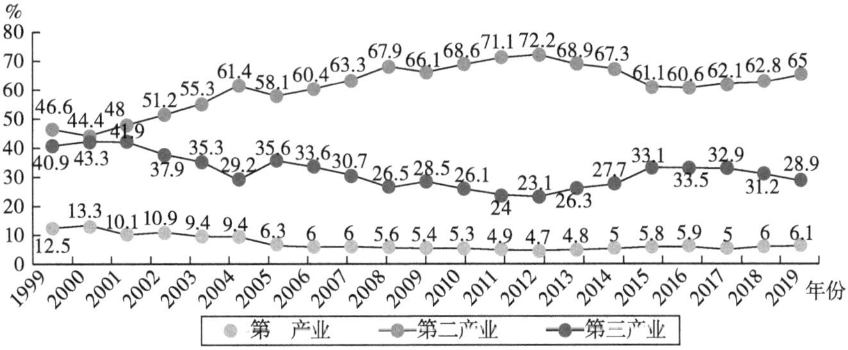

图 3－4 1999—2019 年榆林市三次产业结构占比变化

2. 多重压力下煤炭经济转型势在必行

作为煤炭资源开发利用潜力大的转型成长型城市，长期以来，过度依赖煤炭资源外销，单靠“采煤卖煤”拉动GDP增长，是榆林经济发展的真实写照，导致“煤定兴衰”下的抗风险能力有限。课题组发现榆林市在煤炭资源开发潜力和煤炭开发利用技术创新层面存在明显发展优势，但科教人才方面略显不足，地理区位、产业结构以及生态环境方面也存在一定劣势（见图3－5）。

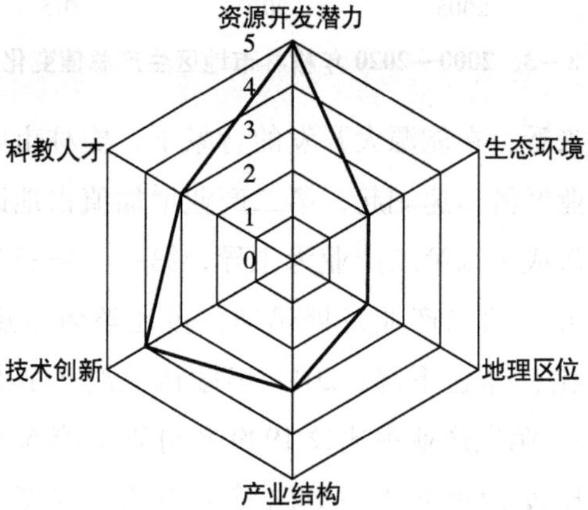

图3－5　榆林市煤炭经济转型雷达示意图

课题组通过调研，发现榆林市煤炭经济转型多重压力主要表现为：

煤炭安全保障外部压力与日俱增。作为我国重要的煤炭后备基地，承担着保障全国煤炭安全重任。以陕西榆林为重要组成的中国煤炭“金三角”及腹地煤炭产量占据全国煤炭总产量近1/3，特别是近年来，随着供给侧结构性改革的推进，煤炭优质产能进一步向黄河“几字湾”省区聚集，地方经济增长动能得以释放，但在无形中给榆林发展套上了枷锁。

经济结构不平衡，第三产业发展滞后。2018年榆林市实现地区生产总值3848.6亿元，三次产业占比分别为6%、62.8%、31.2%。从与全国三次产业分布比较来看，第一产业占比与全国水平接近，第二产业占比远超全国22.8个百分点，第三产业占比低于全国21个百分点。榆林市产业结构不平衡问题较为突出，第三产业发展低于全国平均水平。因此，多年来榆林市虽然经济快速发展，经济总量较高，但经济发展的质量相对较低。

区域内部发展差距较大。榆林市能源主要分布在与内蒙古自治区和山西省交界的北面，北六县拥有资源较为丰富，经济发展较快，包括榆阳、神木、府谷、靖边、定边和横山，生产总值总计3495亿元，占全市生产总值的90.8%。而南五县没有资源优势，地处黄土高坡，经济发展较为落后，包括绥德、米脂、佳县、吴堡、清涧，生产总值总计353.7亿元，占全市生产总值的9.2%，南北发展差距明显。区域经济发展这种不平衡状态，一方面，会致使地区间贫富差距拉大，煤炭产区的快速发展会推高整体区域的消费水平，这就使发展缓慢的非煤产区被迫提高生活成本，严重影响经济进一步健康平稳发展；另一方面，房价、人工成本的快速上涨增加了本地非煤产业的成本，不利于企业发展。此外，企业融资难特别是民营企业资金短缺问题仍然突出，市场主体活力不足。榆林民营经济总量约1000亿元，从业人员超65万人，对经济社会发展贡献极大。但目前各金融机构对信贷投放持谨慎态度，抽贷、惜贷现象普遍。民企利润大幅减少，资金回笼慢造成了现金流短缺，使得生产经营出现困难。在民营经济发达的府谷县，一些民企消极等待煤炭市场好转，对转型“有心无力”。

高新技术产业落后，人才吸引力不足。目前榆林已进入创新转型、跨越发展的关键时期，但高新技术产业发展较为落后和人才引进乏力成为制约全市经济社会发展的重要因素。榆林市高新技术产业规模总体较小，全市高新技术成分仅占全部高新技术产业的19.1%、全部工业的2.6%，且结构水平较低，高技术边缘化趋势明显。此外，由于人才缺乏和受客观条件制约，绝大部分企业还难以胜任重大研发活动，技术创新能力较弱，转化科研成果的力度较小。

3. 转型升级带动已瞄准“多轮驱动”模式

产业关联分析。从地区产业关联来看，一方面，传统煤炭及相关产业与其他非煤产业长期保持紧密关联态势；另一方面，2007年以来全市非煤产业发展迅速，产业关联度不断攀升。榆林市煤炭经济转型在延长产业链、实现精细化工的同时，在加快发展装备制造业和风能、太阳能等新能源产业，并利用陕甘宁蒙晋五省（区）交界的区位优势，发展物流业、生产性服务业和文化旅游产业，逐步形成“多轮驱动”的发展格局(见图3－6)。

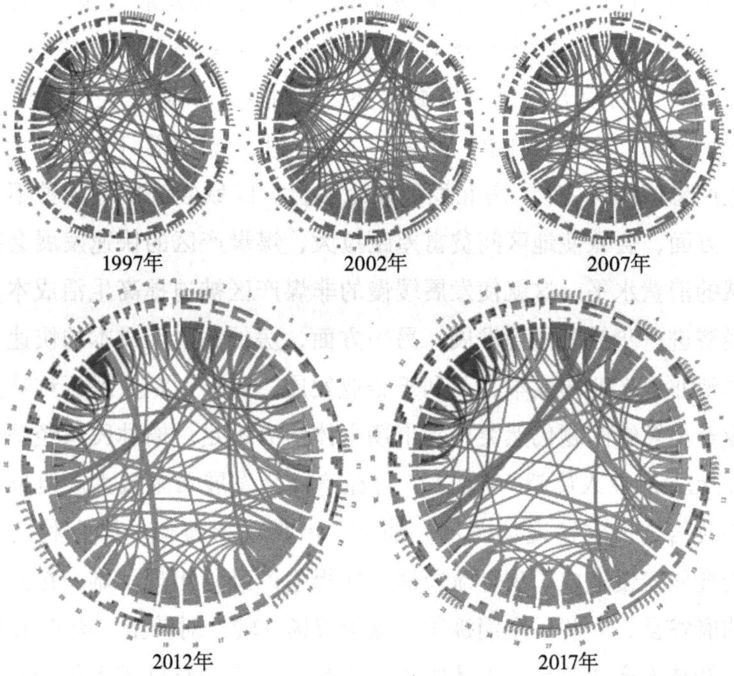

图3－6 榆林市1997年、2002年、2007年、2012年、2017年产业关联示意图

注：①部门2为煤炭开采及洗选业，部门12～14分别为化学工业、非金属矿物制品业和金属冶炼及压延加工业，1997年产业关联图中电力热力生产供应业为部门22，2002年、2007年、2012年、2017年产业关联图中电力热力生产供应业为部门22。②图中线条连接两端代表产业关联关系，线条颜色与投入端相同，线条粗细代表产业关联程度。下同。

主导产业分析。从影响力系数来看，煤炭采选业的产业影响力系数低于全产业平均水平，表示煤炭行业对经济系统中其他产业需求力度不足，化工、建材、钢铁、电力等下游行业对经济系统拉动作用与全产业平均水平相当（见图3－7)。从感应度系数来看，煤炭及相关产业对经济社会推动作用明显高于其他行业，如煤炭采选业、化工、钢铁产业感应度系数分别是平均水平的2.5倍、2.4倍和2.8倍（见图3－8)。煤炭及相关产业依然是榆林市主导产业。从主导产业演变来看，以能化为主的榆林市，煤炭、油气产业及下游炼化产业的产业主导程度逐年加深（见图3－9）。值得关注的是，近年来榆林市城市经济转型瞄向“多轮驱动”发展模式后，新兴制造业也已逐步步入发展“快车道”。

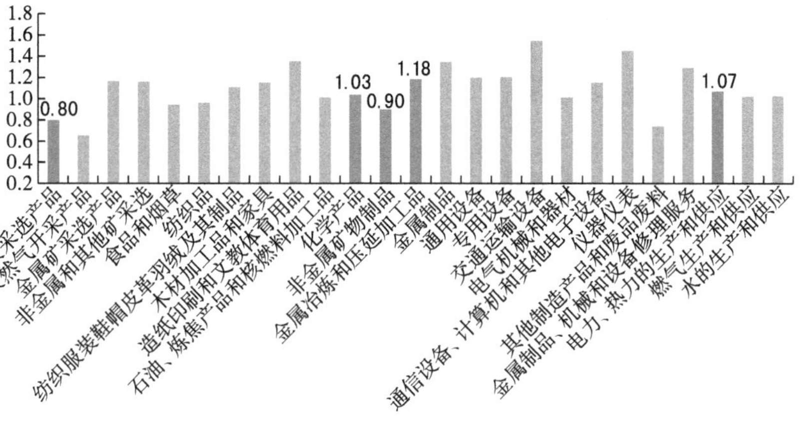

图3－7　2017年榆林市部分产业影响力系数

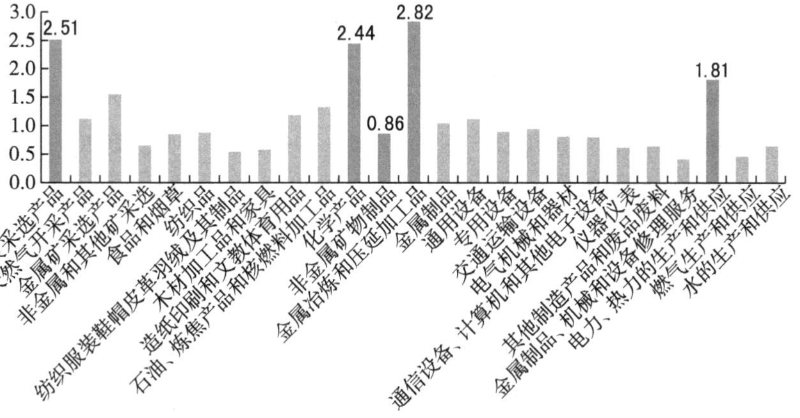

图3－8　2017年榆林市部分产业感应度系数

（二）山西省大同市

1. 大同市“以煤为基”支撑经济社会发展

大同市位于山西省北部，是山西省第二大城市，省域副中心城市，中国最大的煤炭能源基地之一，国家重化工能源基地，素有“中国煤都”之称，全市境内含煤面积632平方千米，累计探明储量718亿吨。长时间的

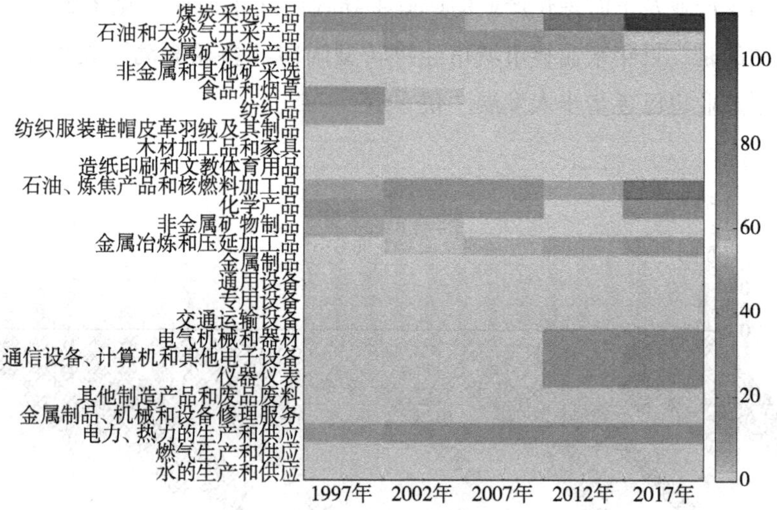

图3－9　榆林市主导产业演变示意图

超常规开采煤炭导致大同市生态环境急剧恶化，大量的社会问题也逐步显现。

从资源潜力来看，作为山西省的能源中心和重要工业城市，大同市在推动区域发展和支持国家经济建设上发挥了举足轻重的作用，贡献了山西煤炭产量的1/4、全国煤炭产量的1/16，并远销欧、亚、美20多个国家和地区。截至2019年年底，全市在册煤矿76座，总产能1.4亿吨，2019年原煤产量1.2亿吨。煤炭及相关行业的大开发、大建设，在一定程度上带动了大同工业经济的长足发展。

从经济发展来看，长期以来，大同市经济发展模式较为粗放，产业结构偏重，生态环境发展也并未得到有效重视。党的十八大以后，绿色发展理念贯彻指导全市经济社会发展，过度依赖煤炭及相关产业的发展局面得以改善。2020年，大同市地区实现生产总值1369.8亿元（见图3－10）。其中，第一产业增加值70.4亿元，占地区生产总值的比重为5.1%；第二产业增加值506.7亿元，占地区生产总值的比重为37.0%；第三产业增加值792.7亿元，占地区生产总值的比重为57.9%。

从产业发展来看，煤炭产业的高度繁荣，无形中造就了过度依赖煤炭的产业布局，直到20世纪90年代中后期，除了煤炭和与煤炭相关的电力、

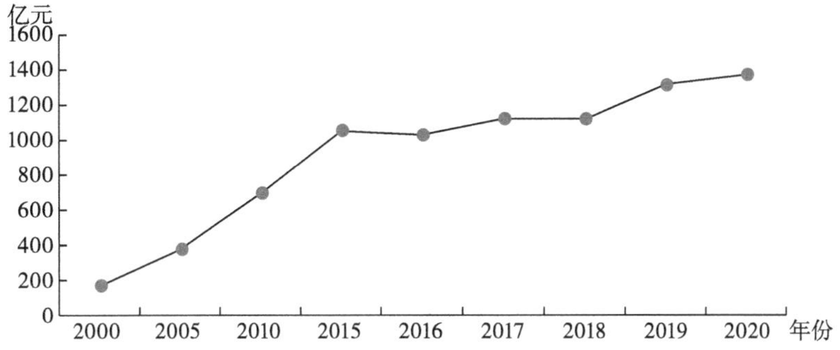

图 3－10　2000—2020 年大同市地区生产总值变化趋势

运输行业，大同其他行业基本都被挤压，逐步退出工业总量全省第二的位置，到 2005 年，大同工业已后移到全省第六位，煤电增加值一直占规模以上工业的 80% 以上，转型发展任务艰巨。2010 年之后，随着国家批准设立山西省国家资源型经济转型综合配套改革试验区，大同市积极发挥自身优势，着力破题，坚定走上转型升级、创新驱动的新征程。截至 2019 年年底，除煤炭以外，大同市逐步培育并发展了装备制造、生物医药、清洁能源和文化旅游四大支柱产业，由“以煤为基”逐步转向“四轮驱动”的高质量转型发展阶段（见图 3－11）。

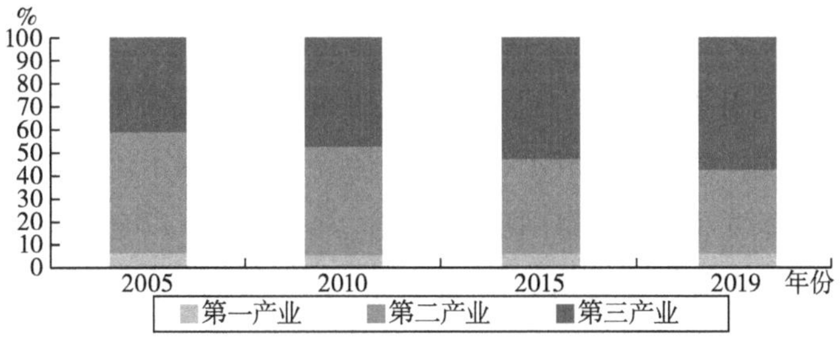

图 3－11　大同市产业结构演变历程

在全社会就业层面，近年来，大同市积极推进产业结构调整，大力发展非煤产业，人员就业结构也逐步优化。2010—2018 年，三次产业从业人员结构中，第一产业占比由 2.3% 增至 7.3%，第二产业占比由 48.1% 降至 39.2%，第三产业占比由 49.6% 增至 53.5%。从社会就业情况来看，大同市对战略性新兴产业和服务业等引进与扶植工作效果十分显著。

2. 争创能源革命“尖兵”，加速推动煤炭经济转型

从经济社会发展和产业结构调整等情况来看，大同市的煤炭经济转型也取得了一定成效。根据层次分析，课题组发现大同市在技术创新等方面存在明显转型优势，同时在科教人才、资源开发潜力等方面具备较为良好的转型基础（见图3－12）。

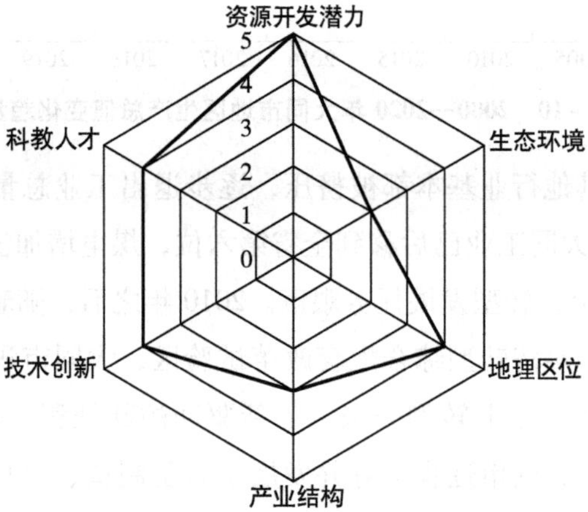

图3－12　大同市煤炭经济转型雷达示意图

通过调研分析，课题组发现大同市在推动能源革命方面先行先试，加速推进煤炭经济转型步伐：

一是在“引智、引技、建平台”上下足力气。大同市加大先进技术引入和投资力度，已落地形成了一批具有全省乃至全国示范效应的产业和项目，推动转型发展的创新氛围已然形成。具体来看，以全科盟新能源产业技术研究院、中关村智造大街等为代表的19个大科技创新平台初步搭建完成；转型汇智创新城已入住各类人才1200余人。引进的煤制烯烃技术、零排放煤化工示范、石墨电极生产线技术升级改造、碳纤维供热技术产品、生物质分级生产新材料及液体燃料、无胶无醛环保型生物质板材等一批科技成果在科创园、氢都新能源产业城实现就地转化。此外，还积极向国家争取建设了一些重点实验室，如山西省煤炭清洁高效燃烧与气化工程研究中心、大同大学石墨烯林业应用团队国家重点实验室等。

二是开启“煤都”变“氢都”示范发展模式。山西省和各地市积极推

动能源革命综合试点和转型发展，试图破解长期存在的诸多结构性和体制性矛盾，重点瞄准在新基建、新技术、新材料、新装备、新产品、新业态等方面做文章。在此过程中，大同市逐步形成了包括装备制造、清洁能源在内的“四轮驱动”发展格局，积极推进“煤都”向“氢都”华丽转变。截至 2020 年 10 月，建成全省首座日产 1000 千克制氢加氢一体站，一次性投入 50 辆氢能公交车，累计运营里程超百万千米；西安隆基光伏组件、新研氢能年产 1000 台套氢燃料电池、氢都驰拓锂离子电池负极材料等 31 个新能源产业项目集中投产，雄韬、新研、中植、中车重塑氢能全产业链初步形成。

三是瞄准长远目标，推动灰氢转变绿氢产业发展。当前大同市的氢是“灰氢”，具备一定的成本优势，未来在“二氧化碳排放力争于 2030 年前达到峰值，努力争取 2060 年前实现碳中和”目标要求下，低碳化和无碳化是能源未来发展趋势，产业发展碳核算未来恐将成为关键考核指标，大同市以煤为基的“灰氢”产业长远将会受限。为此，大同市研究制定了《氢能产业发展规划（2020—2030 年）》，同时积极布局开发晋北风能、太阳能等可再生资源，努力推动“灰氢”转变为“绿氢”。

3. 新兴产业加速煤炭经济转型

产业关联分析。从煤炭及相关产业来看，“以煤为基”的发展模式导致大同市长期以来煤炭及相关产业关联紧密，特别是 2000 年以后，煤炭产业强力支撑了大同市包括纺织业、造纸印刷及文教体育用品制造业等轻工业发展，为经济社会高速发展注入了不竭动力。从非煤产业关联来看，2012 年以来，通用设备制造业、专用设备制造业、交通运输设备制造业、电气机械及器材制造业、通信设备计算机及其他电子设备制造业和仪器仪表及文化办公用机械制造业产业联系程度明显增加，这也为风电、太阳能产业快速发展提供了契机。与此同时，近年来“引智、引技、建平台”初显成效，交通运输和仓储邮政、信息传输和软件技术服务和金融业等行业产业关联活跃程度显著增加，这也为大同市依托可再生能源发展的经济转型提供了优越的软环境（见图 3－13）。

主导产业分析。从主导产业发展效力情况来看，大同市经济社会发展

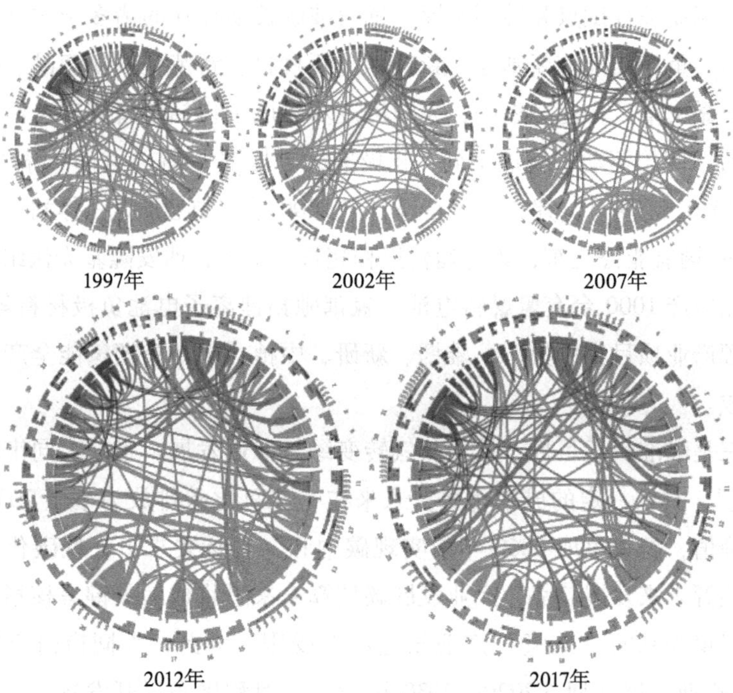

图 3－13　大同市 1997 年、2002 年、2007 年、2012 年、2017 年产业关联示意图

中各产业发展较为均衡。从需求角度来看，煤炭相关产业影响力已同各产业部门效力趋同，如上游煤炭采选业，下游化工、炼钢、建材、电力等行业对经济系统拉动作用维持行业平均水平。从供给角度来看，煤炭相关产业发展对经济系统推动作用强于非煤行业（见图 3－14 和图 3－15）。

2012 年以来，以电气机械及器材制造业、通信设备计算机及其他电子设备制造业为代表的新兴产业感应度正逐步接近或赶超传统煤炭及相关产业。根据大同市政府工作报告可知，到“十三五”末期煤炭先进产能占比达到 90.7%；全省首座光、储、充、检、氢一体化综合能源场站，全省首家超低能耗绿色建筑小区，全省首个风电供暖项目加快建设；“电动大同”正式启动，投入电动公交车 300 台、氢能公交车 100 台。煤改电、煤改气、生物质取暖工程完成 13 万户；中国科学院工程热物理所大同分所 7 个试验平台全部建成，4 个投入运行。全市 2020 年新兴产业增加值占规模以上工业比重达到 16.9%。当前大同市煤炭经济转型持续发力，新兴制造业已全

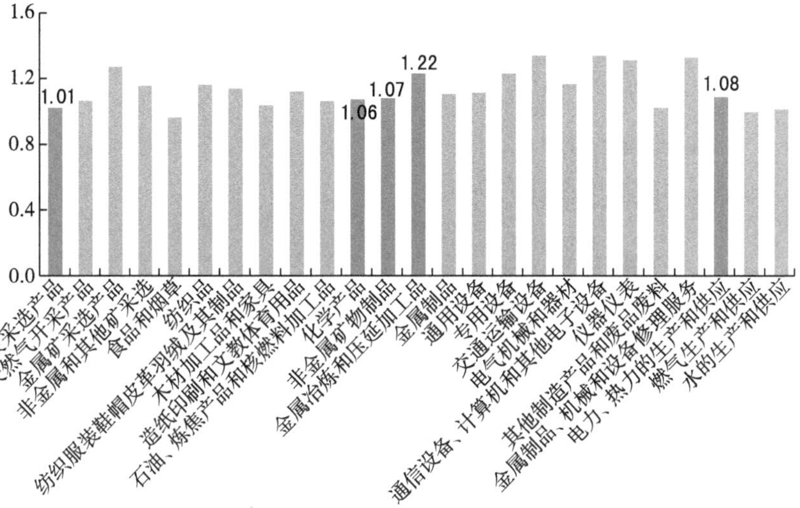

图3－14　2017年大同市部分产业影响力系数

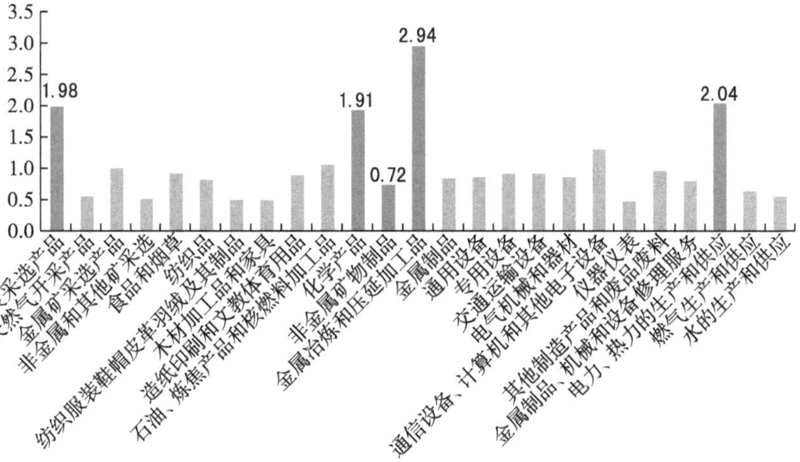

图3－15　2017年大同市部分产业感应度系数

面入驻主导产业行业，未来以发展非煤新兴产业为导向的转型模式将树立先行榜样（见图3－16）。

（三）河南省平顶山市

1. 平顶山市“黑色煤城”努力“绿色转身”

平顶山市地处河南省中部，自然资源丰富，是“中国岩盐之都”、全

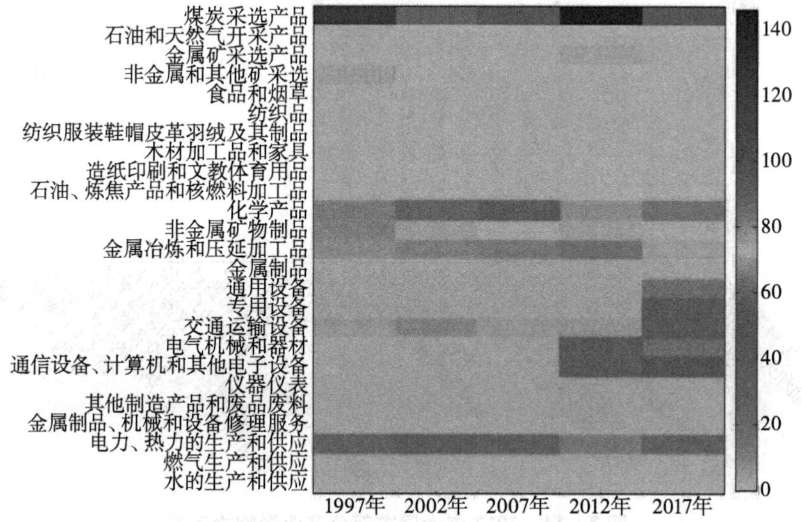

图3－16 大同市主导产业演变示意图

国十大优质铁矿之一，是中部地区水资源富集区。平顶山地处京广和焦枝两大铁路干线交会处，区位交通便捷，和全国高速公路网络相连。从发展阶段的主导产业和经济动能维度分析，平顶山市的主导产业中重化工业占绝对比重，在41个工业大类行业中，2015年排前九位的均属能源原材料类产业，其工业增加值共约444亿元，占全市的79.3%。市域经济增速提升主要靠资本投入和规模经济产生，技术革新和从业者质素提升在经济增长中的贡献度较小。

从资源开发来看，平顶山市已查明矿藏超过55处，含煤面积约650平方千米，储量103亿吨，保有储量32.5亿吨，占河南省总储量的51%，素有“中原煤都”之称，但随着煤炭工业发展推进，当地煤炭资源开发潜力相较晋、陕、蒙、宁等地区并无优势。全市主要煤田分布在平顶山市区、石龙韩梁地带及汝州市南等地区。

从经济发展情况来看，近年来，得益于煤炭产业链延伸加固，平顶山市经济发展呈“二次加速”态势。2019年，平顶山全市生产总值为2372.7亿元（见图3－17），其中，第一产业增加值173.7亿元，第二产业增加值1092.6亿元，第三产业增加值1106.4亿元。三次产业结构由2018

年的7.6∶46.7∶45.7变化为2019年的7.3∶46.0∶46.7。到2020年，“三城三基地”建设加快推进，新型功能材料产业集群纳入国家新兴产业集群发展工程，成为国家产业转型升级示范区和国家农业绿色发展先行区，服务业对经济增长贡献率达到40.5%，三次产业结构实现从“二三一”到“三二一”的历史性转变，“黑色煤城”实现“绿色转身”，资源型城市焕发新的生机和活力。

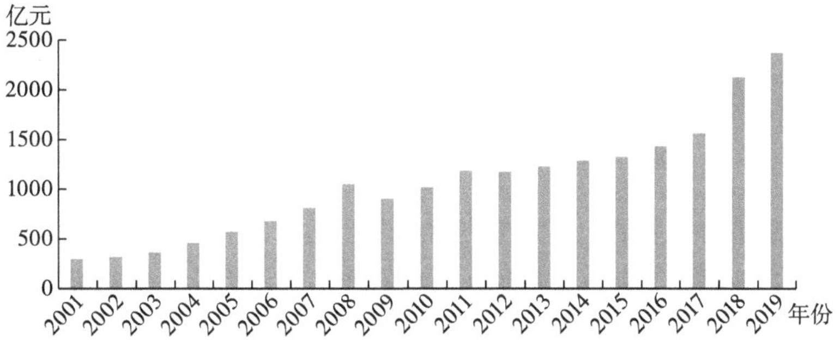

图3-17 2001—2019年平顶山市地区生产总值变化趋势

从产业发展来看，平顶山市拥有能源化工、装备制造、冶金建材、轻工食品四大类支柱产业。2019年，全年规模以上工业增加值比上年增长8.7%，规模以上工业39个大类行业中，贡献率居前的行业有：煤炭开采和洗选业增长13.7%；黑色金属冶炼和压延加工业增长15.1%；电力、热力生产和供应业增长4.2%；专用设备制造业增长11.0%；非金属矿物制品业增长5.3%；化学原料和化学制品制造业增长9.4%。全年规模以上工业高技术产业增长7.7%，高新技术产业增长11.4%，新兴产业增长5.9%。

2. 不利因素叠加阻碍煤炭经济转型

平顶山市和众多资源型城市一样，主要面临产业结构单一、市场隔离等问题，存在着矿业资源枯竭、经济结构失衡、生态环境恶劣、替代产业发展乏力等困境。课题组通过层次分析，平顶山市辐射华中地区的良好地区区位较为突出，煤化工产业也存在一定优势，但是在生态环境、科教人才等方面存在明显短板（见图3-18）。

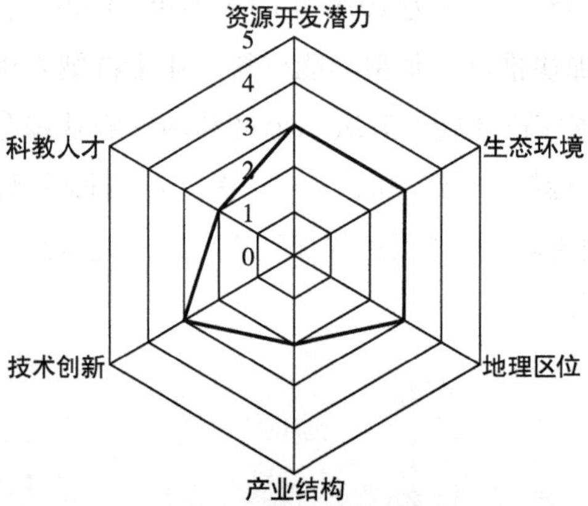

图3-18　平顶山市煤炭经济转型雷达示意图

资源经济特征明显。作为主体能源生产基地，平顶山形成了资源型城市独特的产业结构，即以煤焦等初级原料产品和电力化工等初级能源原材料为主产业分工。这种全国性产业分工促使市域经济工业结构具有明显的专业化特征，仅个别产业发展突出，各类工业发展极不均衡，呈现出市域经济结构重型化、产品结构初级化的特征。单一工业分工对区域经济的综合均衡发展产生了较多负面影响，如重工业虽占比高，但主要以煤炭和铁矿石原材料和初级加工品为主，附加值低，单位固定资产值利税贡献少，经济效益低下。

产业层次结构失衡。平顶山市第一产业以粗放经营传统农业为主，高科技农业比重低。煤炭工业及其配套的化工和机械产业是第二产业的主要组成部分，强竞争力的产品较少，经济附加值低。智能化制造、定制服务、餐饮文娱和运动旅游等消费类别的多样性指数低，三产中以原始品和中间体占绝大部分，最终消费品、深度服务产业缺失。经济发展初级阶段主要依赖能源原材料产能提升，未经第三产业促进带动的综合发展阶段，以致整体市域经济结构失衡，商业资源集聚度和城市商业活跃度较低，城市整体经济未来可塑性差。

生态环境问题严峻。过去相当一段时间内，大量的煤矿开采对矿区及周边地区的生态环境造成了严重的破坏。破坏突出的表现：一是大量的矿业废弃物堆放，占用大量土地，增加环境负荷；二是除工业“三废”外，采掘煤铁盐等资源导致地下水系平衡被破坏，区域地下水分布重构导致地表径流逐年减少，地表水系日渐干涸；三是矿区地表因矿产采挖和巷道掘进导致地表塌陷，割裂了地面基础生态；四是部分区段的非科学性采掘引发了较为严重的地质灾害。

3. 重化工业成为制约转型的主要桎梏

产业关联分析。从近年来平顶山市产业关联演进中可以看到，以煤炭、油气为代表的重化工业已成为平顶山市产业关联核心。新时期，能源及其相关产业同时快速发展，掩盖了经济上升阶段中非能源类产业成长的问题，如传统优势产业增速放缓、盈收能力持续下滑；为战略性转型布局的新兴产业总量过小，且大多数处于产业链末端环节；生产性服务业发展滞后，结构升级迟缓，对工业生产的支撑能力孱弱；三次产业结构不合理、布局不完善等，以上种种形成了经济持续增长瓶颈，埋下国民经济快速发展隐患（见图3－19）。

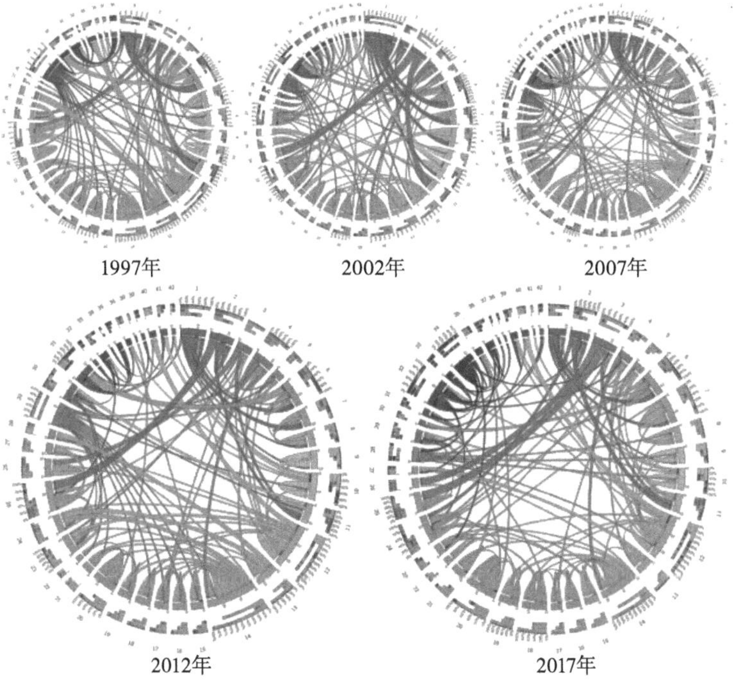

图3－19　平顶山市1997年、2002年、2007年、2012年、2017年产业关联示意图

主导产业分析。从平顶山市主导产业分析来看，煤炭采选业影响力已经低于全行业平均水平，化工、钢铁和电力等煤炭下游行业产业为经济社会带来的拉动作用不显著；在供给层面，作为产业链上游产业，煤炭及相关产业感应度系数还是明显高于其他行业，产业发展带来的推动效应较大。但从主导产业演进热力图来看，平顶山市对煤炭及相关产业已经形成较为严重的发展路径依赖（见图3－20至图3－22）。

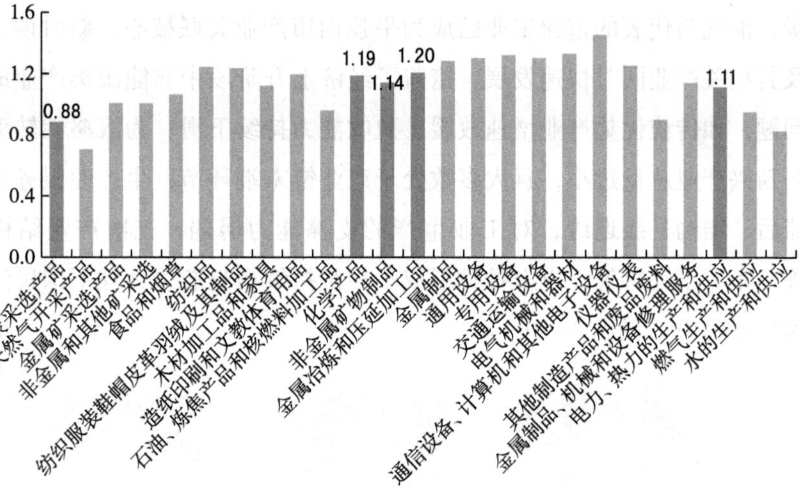

图3－20　2017年平顶山市部分产业影响力系数

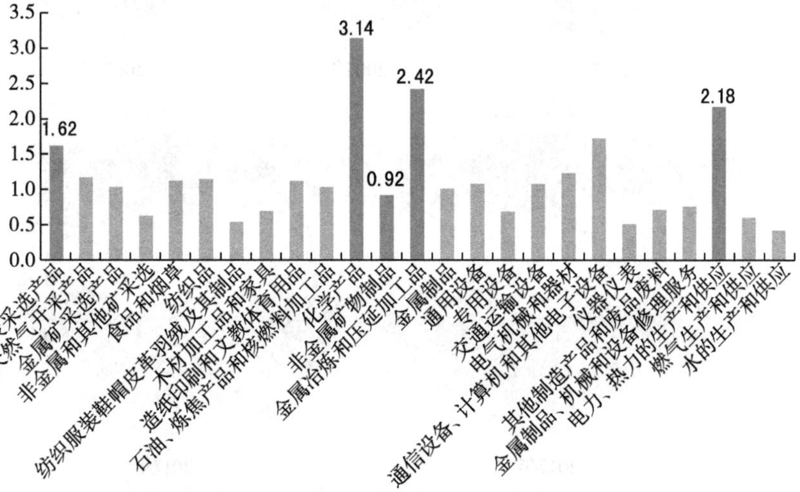

图3－21　2017年平顶山市部分产业感应度系数

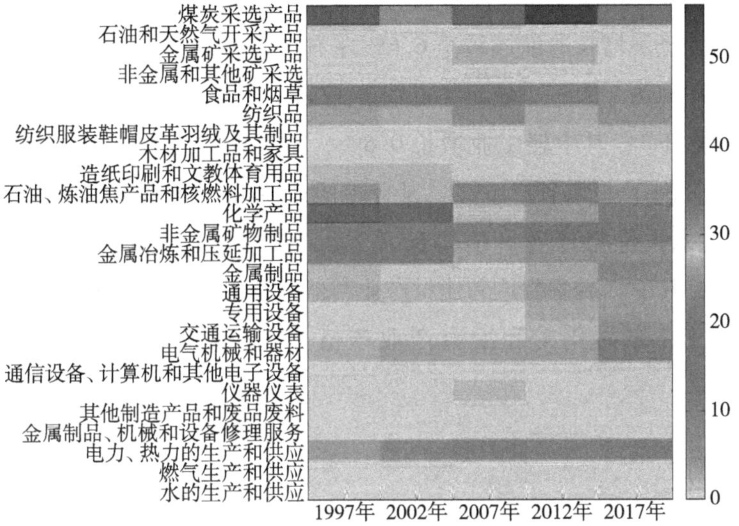

图3－22 平顶山市主导产业演变示意图

（四）江苏省徐州市

1. 徐州市煤炭经济转型发展基础良好

徐州地处江苏省西北部，为苏鲁豫皖四省交界，其所含自然资源十分丰富，其中煤炭资源最为富集，是江苏省唯一一座以煤炭工业为重要产业支柱的矿业资源型城市。20世纪70年代，徐州煤炭产量就超过了千万吨，徐州矿务局也跻身全国十大矿务局之列。1988年煤炭行业职工人数占全市总职工数的25.8%，工业产值占全市工业总产值的9.3%，1995年煤炭产值占全市工业总产值比重进一步上升至9.7%，煤炭也是该市的绝对支柱产业之一。进入21世纪后，徐州市煤炭产量又逐步攀升，在2006年达到峰值，此后煤炭产量呈走低态势，2017年下降为1278万吨。

从资源开发来看，伴随着煤炭资源的日渐枯竭，煤炭“黄金十年”不再，出现煤炭产能过剩等问题，徐州市对战略性支柱产业进行了重新审视、布局和调整。截至2017年年底，徐州全市规模以上煤炭矿区仅剩7个，产能合计1290万吨，在岗职工49739人。按照目前的开采速度，徐州剩余煤炭可采储量只能维持30年左右。

从产业经济发展情况来看，“十三五”以来徐州市经济发展步入新常态，年均经济增长速度放缓至6.6%左右。2020年，全市实现地区生产总值（GDP）为7319.77亿元（见图3－23）。全年规模以上工业增加值比上年增长6.3%，其中轻工业增长0.6%，重工业增长10.0%。分经济类型看，股份制工业增长7.6%，国有控股工业增长6.0%，民营工业增长3.3%。六大优势产业产值增长7.7%，占规模以上工业总产值比重为92.2%；其中，装备制造和建材产业产值分别增长24.5%和8.3%，能源、食品加工、煤盐化工和冶金产业产值分别下降5.2%、1.6%、15.3%和1.9%。

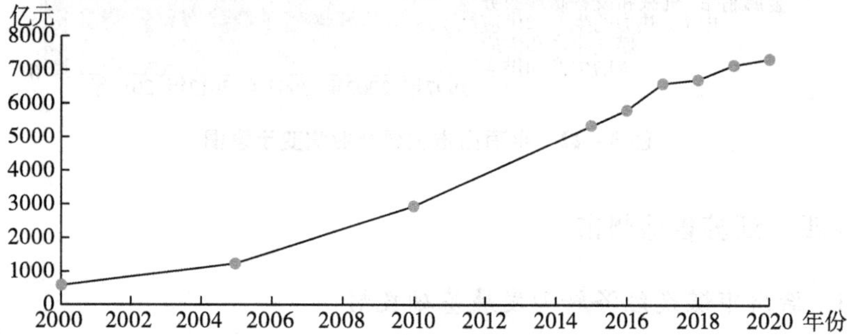

图3－23　2000—2020年徐州市地区生产总值变化趋势

从产业结构发展来看，整体上看，徐州市第二产业规模变化并不明显，但煤炭作为重要的支柱性产业之一，在衰退后并未因产业缺失对第二产业整体造成显著影响。同时，第一产业占比降幅明显，第三行业产值增量较大。徐州由“二三一”到“三二一”产业模式的转变，主要得益于第二产业生产效率的不断提高。在第二产业高质量发展的带动下，社会对第三产业的需求逐步上升，尤其是金融业、房地产业、信息服务业等分支行业受大环境影响发展十分迅速。2020年，徐州市三次产业结构调整为9.8∶40.1∶50.1，全市规模以上工业中，高新技术产业产值比上年增长15.4%，占规模以上工业总产值比重达到46.6%；新兴产业产值增长17.4%，占规模以上工业总产值比重达到53.0%（见图3－24）。

在全社会就业方面，近年来徐州市城镇人口失业率呈现倒“U”形趋势，城镇失业率从2003年的4.3%降至2017年的1.82%，2020年为

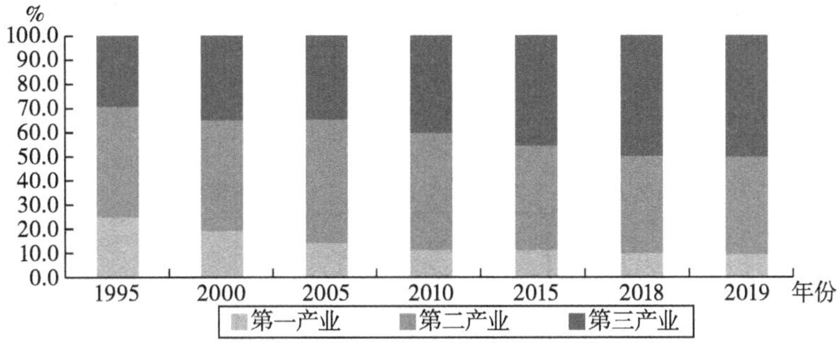

图 3-24　徐州市产业结构演变历程

1.76%，这主要得益于产业的培育与发展。多年来，徐州对已有产业的发展与规划，对新兴产业的引进与扶植工作效果十分显著，从而平稳地实现了工业的转型过渡，三次产业就业结构由 2000 年的 57∶22∶21 成功过渡为 2019 年的 22∶36∶42。

此外，从体制机制来看，在宏观政策层面，近年来因南北发展差距拉大，江苏省为了补齐短板，利好政策向苏北转移，带动了徐州工业增长。在中观层面，徐州市在城市整体发展规划中一直将推动工业化进程放在重要位置。在政策扶植上注重“三去一降一补”，以提升传统产业及发展新兴产业来优化产业结构。从微观上看，徐州的工业增长离不开几大支柱性产业，其中装备制造业已成为当地的龙头产业。在徐工集团与保利协鑫等龙头企业的带动下，徐州成功引进了一批如美国卡特彼勒、德国利勃海尔等大型跨国装备制造企业，助力徐州装备制造业形成更大优势。此外，徐州其他主要工业产品，如水泥、化工、纺织、香烟等行业，产量增长十分迅速，同样取得了较大发展。

2. 徐州市煤炭经济转型具备明显优势

长期以来，徐州市经济转型发展过程中经济体制、产业结构实现动态变化，灵活性较强。从经济社会发展和产业结构调整等情况来看，徐州市的经济社会转型取得了较为理想的效果。一方面得益于国家、江苏省出台的相关政策，另一方面也有徐州自身城市发展的优势。根据笔者分析，发现徐州市在地理区位、技术创新等方面存在明显的转型优势，同时具备较为良好的政策支持、资源条件和经济产业结构（见图3－25）。

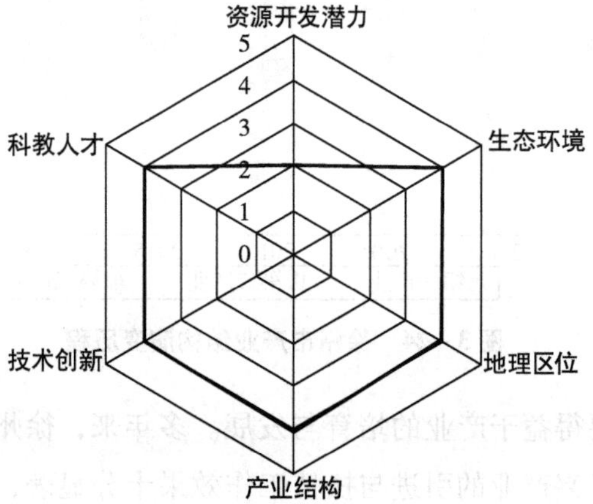

图3－25　徐州市煤炭经济转型雷达示意图

制度灵活，区位优势明显。徐州市地处鲁、豫、苏、皖四省交界，是国家重要的综合性交通枢纽。尽管煤炭资源是徐州的重要支柱产业，但徐州整体经济和工业发展并不仅仅依靠资源产业，综合工业实力较为雄厚。徐州区位优势明显，交通领域同样保持快速发展势头。2020年公路总里程15918.22千米，其中高速公路464千米，水运货运量6972万吨。全年公路旅客运输量6672万人次，观音机场航空旅客运输量220.1万人次，徐州直属站铁路客运发送量2055.85万人次。徐州市交通运输的快速发展归功于政府部门合理的统筹规划，加强构建"互联互通"路网格局，着力科技创新与体制改革，为徐州交通运输发展创造了良好的发展环境，进一步增强了政商环境开放程度。

自我主动革新，政策导向指引。作为全国典型的资源型城市和老工业基地，徐州较早地开始了自我革新、主动转型。早在"十五"时期，徐州就在江苏省有关政策精神的指引下走上了转型的道路。十余年间，徐州市逐步转变固有思维与理念，大力推进产业转型，轻、重工业及服务业多元化发展，机械、纺织、物流和新能源等行业多点开花。到"十二五"末期，徐州产业历史遗留问题基本解决，装备制造、能源、食品加工及商贸物流行业均已形成规模。同时，徐州也十分注重绿色发展，从高能耗、高排放生产方式向集约型生产方式转变，使价值链、产业链发展走向高端水平，并最终赢得淮海经济区中心城市地位。

替代资源丰富，能源行业运行平稳。随着煤炭资源日渐枯竭，徐州市煤炭产量处于逐年降低的情况，可采储量难以维持大规模开采。2006 年，徐州煤炭产量达到近年来峰值，随后一路下行，煤炭产量的减少致使当地重工业用煤成本升高。在此过程中，虽然煤炭逐年减产，但其他能源产业得以快速发展，有效地保障了能源产业平稳运行及社会就业稳定。2005—2017 年铁矿业发展十分迅猛，由 2005 年的 14.5 万吨跃升至 2016 年的 98.4 万吨。此外，徐州铝、岩盐和水泥用灰岩等矿业资源也十分丰富，相互间融合性较强，可有效缓解因煤炭行业衰落导致的财政资金紧张，并能合理吸纳矿业专业人员再就业。此外，徐州近年来大力发展新能源发电行业，截至 2017 年年底，新能源企业已达 104 家，年发电量 18 亿千瓦时，减少二氧化硫排放 4 万余吨，带动徐州绿色发展。

科技领先，创新程度高。徐州市的产业发展具有多元性，除煤炭已形成较为完整的产业链外，其他主要工业技术水平也处在较高水平。2017 年，徐州市共新增国家级高新企业 139 家，总数突破 400 家，高新技术产业产值达 5300 亿元，其中煤盐化工、建材、有色金属等优势产业发展迅速，产品档次较高，产业链条较为完备，正向外部性显著。本市规模以上工业企业科技机构达到 1166 家，相关科研人员 3 万余人，其中硕博士人数达到 4700 多人，占到总人数的 1/6。规模以上工业企业 R&D 经费支出 122 亿元，占 GDP 总额的 1.8%，高于全国 1.6% 的平均水平。其中制造业科研机构为 1148 家，占据科研领域绝对主导地位。2017 年，徐州市全年引进专家 23 人，专利申请量 10000 余件，科技进步贡献率达 56%。企业总体发展势头良好，科技投入较高。由于高新企业集群化明显，经济贡献较为突出，徐州市产业层次得到有效提高，对地方提升自主创新能力有很大的推动作用。

改善生态环境，拉动基础建设投资。徐州多年来因煤炭采掘导致的环境问题较为严重，地表塌陷、尾矿堆积、采煤宕口、水体污染等因素严重制约着徐州经济绿色发展。资料显示，到 2017 年，因煤炭造成的土地破坏达40余万亩，其中贾汪区塌陷面积高达13.2万亩，占全市总塌陷面积的近1/3，环境矛盾尤为突出。2012年由江苏省印发的《关于支持徐州市贾汪区资源枯竭型城市发展的意见》，决定对潘安湖采煤塌陷区进行改造，总投资1.7亿元，于2013年年底全面建成。经过改造后的潘安湖，成为国家4A级景区和国家级湿地公园，年旅游人次达770万，旅游综合收入23亿元。除了潘安湖项目的成功实施，贾汪区还对城区周边采煤塌陷地进行环境修复治理，实现复垦地块82块，治理总面积6.9万亩，新增耕地面积4.1万亩。通过一系列环境治理措施的实施，徐州市贾汪区成功引进了恒大、融创等知名企业前来投资，有效推动了贾汪区区域转型。在解决历史遗留问题的同时，徐州市积极开展植树造林工作，2017年徐州市森林覆盖率达30.1%，较2006年上升5个百分点；园林绿地面积达16000公顷，较历史同期增长1倍，不仅拉动了投资，也使城市生态环境得到很大改善。

3. 主导产业偏转加速煤炭经济转型进程

产业关联分析。从煤炭及相关产业来看，产业关联逐步削弱。2012年以前，煤炭产业一直是徐州市主导产业，但产业发展一直处于相对萎缩状态。20世纪90年代与下游电力热力的生产和供应业联系紧密，21世纪初与金属加工业联系紧密，截至2017年年底，煤炭行业仅在发电供热方面还有所关联。从非煤产业发展来看，20世纪90年代后期金属制品、设备制造等行业开始迅猛发展，21世纪头10年包括煤化工、石油化工等化工行业快速发展，以通用设备、专用设备制造业为代表的新型制造工业成为转型发展主流。此外，近年来，依托交通区位优势和科技投入带来的生产力升级，批发和零售业，交通运输、仓储业和邮政业及租赁和商务服务业等第三产业发展迅速，逐步成为经济增长的主要力量（见图3-26）。

主导产业分析。从产业发展对整个经济社会影响来看，徐州市当前产业发展较为均衡，煤炭及相关产业已摆脱过去粗放式发展模式，从需求角度，煤炭行业对经济系统中其他产业需求程度低于社会平均水平，但化工、建材、钢铁、电力等下游行业对经济系统拉动作用维持在相对较高水平。在供给侧方面，煤炭及相关产业对经济社会推动效应明显高于其他行业，其中钢铁、化工感应度系数分别为社会平均水平的3.0倍和2.8倍

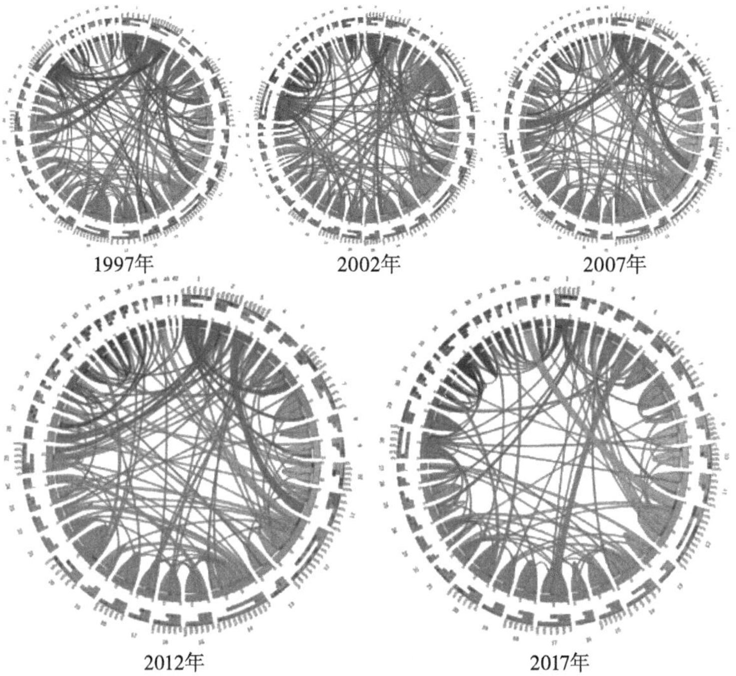

图 3－26 徐州市 1997 年、2002 年、2007 年、2012 年、2017 年产业关联示意图

（见图 3－27和图 3－28）。

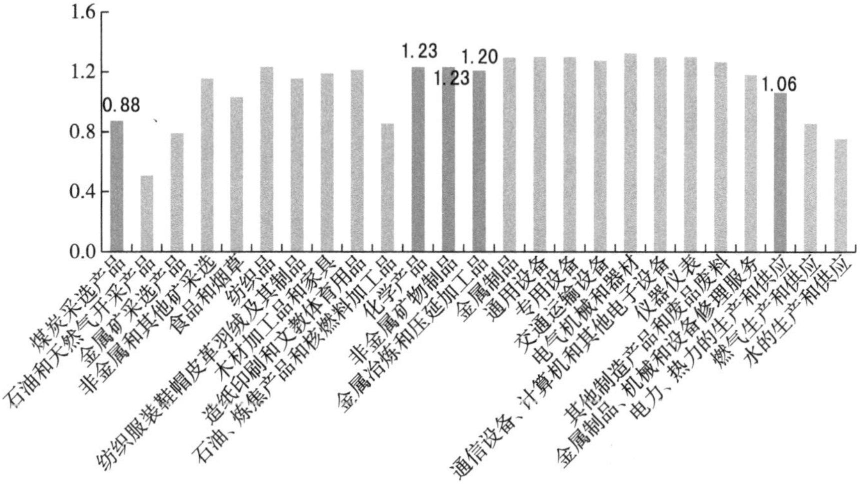

图 3－27 2017 年徐州市部分产业影响力系数

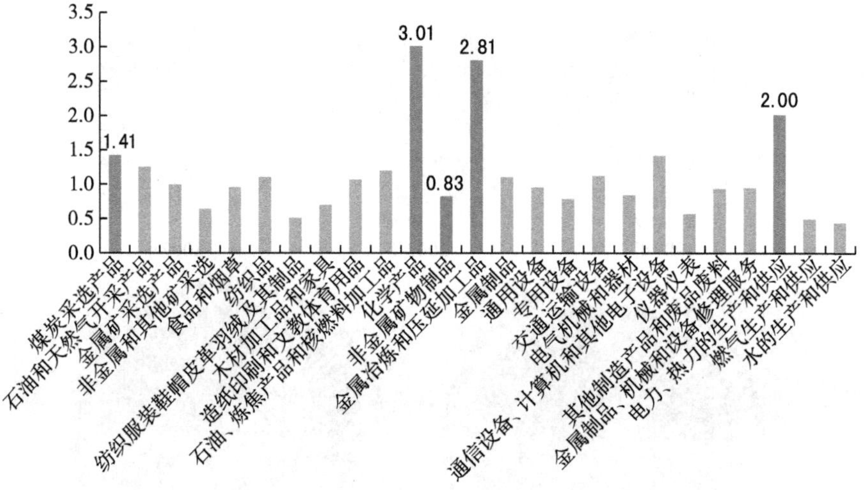

图3-28　2017年徐州市部分产业感应度系数

从主导产业发展趋势来看，过去20年煤炭采选产品行业主导地位显现出先增强后逐步削弱的基本态势（见图3-29）。在1997年及以前，依托农林牧渔业发展的食品和烟草行业是工业领域全市龙头产业。2002

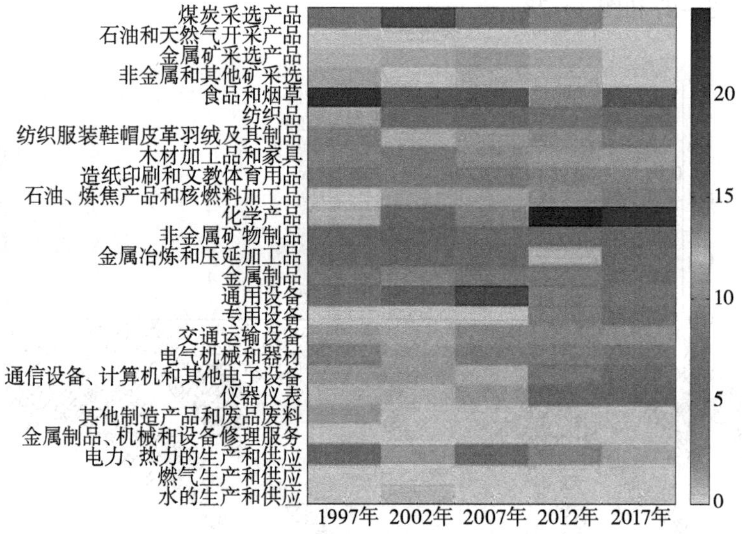

图3-29　徐州市主导产业演变示意图

年前后，随着煤炭开发利用进入“黄金十年”，电力、化工、钢铁成为主导产业，此现象延续至2007年前后。党的十八大以后，徐州市开始大范围煤炭去产能，煤炭非能利用成为主流，经济转型转向新型制造业，交通运输设备制造业、电气机械及器材制造业、通信设备计算机及其他电子设备制造业、仪器仪表及文化办公用机械制造业等行业成为主导产业，以新型制造业和服务业为替代的接续产业逐步形成。随着区位优势、科教人才优势和经济升级带来的产业综合优势不断提升，徐州市煤炭资源型城市转型将加速推进，并为全国煤炭资源型城市经济转型树立非煤产业再生转型样板。

（五）辽宁省阜新市

1. 阜新市“煤电之城”逐步走向枯竭

阜新市地处辽宁西北部，是国家最早建立的重要能源基地之一。阜新市有上百年的煤炭开采历史。国家在“一五”时期大力加以扶持，形成共和国的能源基地，有“煤电之城”“共和国的发动机”之称。但随着资源的大规模开采，阜新也无法摆脱资源型城市面临的一个共同生命逻辑和难题——得于资源开发，失于资源枯竭。

从资源环境来看，20世纪90年代以来，阜新的煤炭资源就渐趋枯竭，阜新现在煤炭可采储量快速减少，而且煤层太深、开采成本高且难度很大。同时在城市发展过程中存在着“三废”污染严重、大量占用和破坏土地、地质灾害及隐患严重、水资源破坏等生态环境问题。

从经济发展情况来看，资源枯竭严重冲击了资源枯竭型城市“一煤独大”“一柱擎天”的产业结构，经济发展存在较大困难。阜新的资源产业单一、所占比重太大，煤炭和煤电在地方经济中所占比重超过50%。2001年转型试点以来，阜新市把实现可持续发展作为阜新经济转型的战略选择，依托资源和产业优势，作了很多战略调整，也取得了一定成效。2019年，阜新市全年地区生产总值为488亿元（见图3－30），三次产业增加值比重为21.8∶26.5∶51.7，全年人均地区生产总值为27945元。

从产业发展来看，进入“十三五”时期，阜新市加大新旧动能转换步

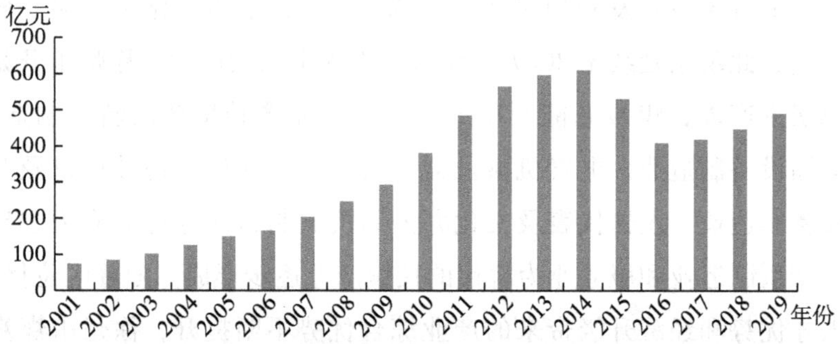

图3－30　2001—2019年阜新市地区生产总值变化趋势

伐，着力从工矿型城市向复合型城市转变，工业经济质量效益同步提升，规模以上工业增加值年均增长9%，“一煤独大”发展格局有所改善。

2. 城市煤炭经济转型面临严峻形势

2001年12月，国务院做出了实施阜新经济转型试点的战略决策，阜新由此成为全国第一个资源枯竭城市转型试点。转型试点以来，阜新把实现可持续发展作为阜新经济转型的战略选择，依托资源和产业优势，培育潜力型产业集群，经济实力持续增强。但回顾其转型发展历程，与自身相比，其经济发展取得了长足进步，2001—2019年，地区生产总值和一般公共预算收入分别增长7.1倍、9.6倍，由低速徘徊向稳步发展转变。通过课题组分析，阜新市在地理区位、资源环境、产业结构、技术创新、科教人才等维度存在明显劣势，从远期来看经济社会转型发展仍面临一定的挑战。

首先，从产业基础来看，阜新的重工业基础雄厚。阜新一开始就是煤电生产基地，在国家“一五”时期的156个重点项目中，就有4个能源项目安排在阜新，这造成阜新的煤炭经济比重越来越大，一些所谓的“非煤产业”也是依附煤炭产业进行延伸和加工的，如机械加工、矿建、电力、建材等，煤炭资源的枯竭使其他产业的发展受到很大制约，资源枯竭型城市色彩越来越突出。

其次，从区位条件来看，阜新东临省会沈阳，南靠渤海辽东湾，北接内蒙古，西与锦州港、京津地区相连，阜新铁路线可直达北京、上海、天津、沈阳、大连等地，高等级公路至省会沈阳170千米、至锦州港148千米，阜新至北京高速只需5小时左右。综合来看，阜新市的区位条件具有优势，在煤炭资源型城市中属于区位条件较好的城市。

最后，从自然条件来看，阜新属大陆性气候，为半干旱地区，降水较少，森林覆盖率低，水土流失严重。从2000年开始，阜新连续5年持续干旱，农业生产受到严重影响。此外，阜新的风力资源丰富，畜牧业发展条件也较好，矿产资源以煤炭为主，其他矿产资源优势并不突出(见图3-31)。

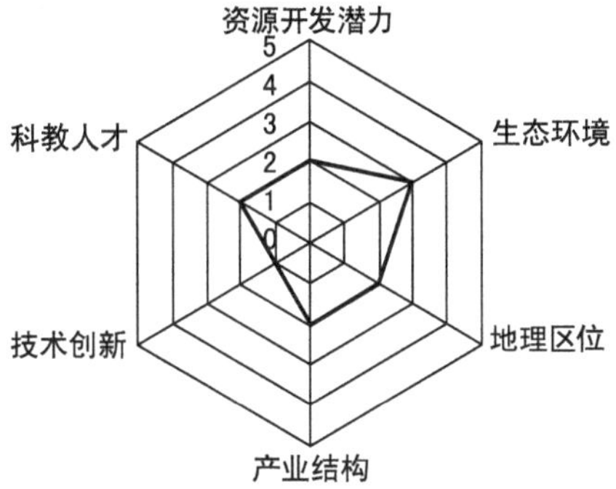

图3-31 阜新市煤炭经济转型雷达示意图

课题组经过进一步调研发现，阜新市煤炭经济转型所处困境主要表现为：

阜新在产业转型过程中面临许多障碍。一是体制障碍。囿于资源禀赋和国家政策等，阜新与大庆的发展背景相似，入驻阜新的主要是以煤炭为主营业务的国有大企业，这些企业虽然经过现代企业制度改革，但依然存在生产效率低、经营不善的问题。另外，由于这些企业隶属国家，所以就避免不了政府过多地干预企业的生产和经营，在这过程中就会导致资源浪费、发展质量较低，不利于产业转型。二是融资困难。由于阜新经济发展长期以来以煤炭和煤电产业为主导，忽视了现代服务业的发展和对新兴产业的培育，导致其融资渠道不畅，近年来，阜新引导产业向高技术化、高工业化、高水平化方向发展，这些都需要投入大量的资金，但这些并不能完全依靠财政来负担，需要社会资本的加入，因此必须疏通资金来源的渠道，而最为重要的就是发展现代服务业和新兴产业，从而推动产业向好转型。三是环境障碍。由于煤炭开采和加工多数属于高污染、高能耗的产业，阜新长期以来的煤炭开采不仅导致地表水被污染、地面沉降使得城乡基础设施遭到严重破坏，还会造成水土流失，同时煤炭加工的煤矸石大量压占土地，阜新为了治理采煤塌陷区环境污染，还要付出大量的成本，使得阜新产业转型雪上加霜。

科技水平与专业人才不足是制约阜新转型的重要因素。阜新市把下岗职工的再就业作为培育新产业的一种方式，受教育水平和从业经验等因素限制，这种方式会阻碍产业向更高级的方向发展，从而阻碍新兴产业的形成。因此，实现产业转型的最终出路是优化产业结构，促进产业向更高水平方向发展。优化产业结构就是要合理降低煤电产业的比重，把资本密集型和技术密集型产业作为优先发展的方向。然而这些产业的发展不仅需要大量的资金，还需要有一大批高素质的人才作为支撑，而在人才方面，阜新又远远落后于其他地区，每年毕业的大学生选择在阜新工作的不足 5%，人才总量不足、结构不合理，新兴产业的专业人才缺失也严重阻碍了阜新的转型发展。

3. 亟须主动转型走出“资源诅咒”泥淖

产业关联分析。近年来，面对煤炭资源枯竭及产业萎缩，全市把推动产业发展作为转型的核心，积极培育和壮大接续替代产业，尝试走出资源枯竭型城市转型发展泥淖。全市以增加总量促进产业结构调整，努力提升发展质量和效益，经过产业培育与发展，改变以煤电产业为主的单一结构，多元化接续替代产业框架初步形成。到 2017 年，农产品加工、装备制造、能源共同成为全市工业的三大支柱，占全市规模以上工业的比重达到 75% 以上（见图 3 - 32）。

主导产业分析。从阜新市主导产业分析来看，煤炭产业已经萎缩至全产业的六成左右，化工、钢铁和电力行业对经济社会发展依旧维持较高推动作用。由主导产业演进热力图可知，随着煤炭及相关产业主导力水平下降，工业转型朝向轻工业发展，如 2017 年食品和烟草加工业产业主导力达到行业最高水平，经济转型存在倒退之嫌，“煤炭之城”阜新市转型之路迫在眉睫（见图 3 - 33 至图 3 - 35）。

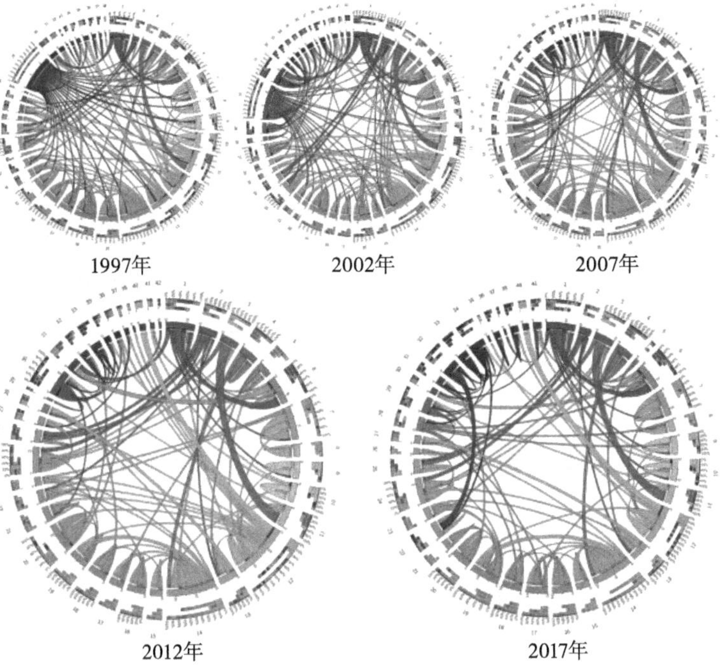

图 3-32 阜新市 1997 年、2002 年、2007 年、2012 年、2017 年产业关联示意图

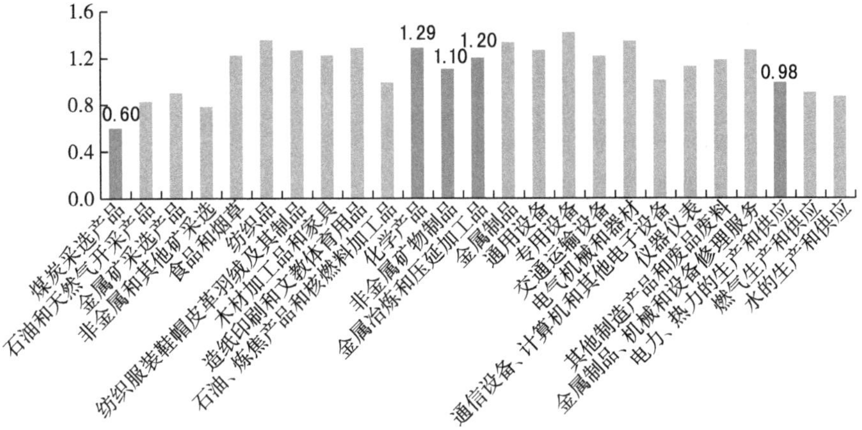

图 3-33 2017 年阜新市部分产业影响力系数

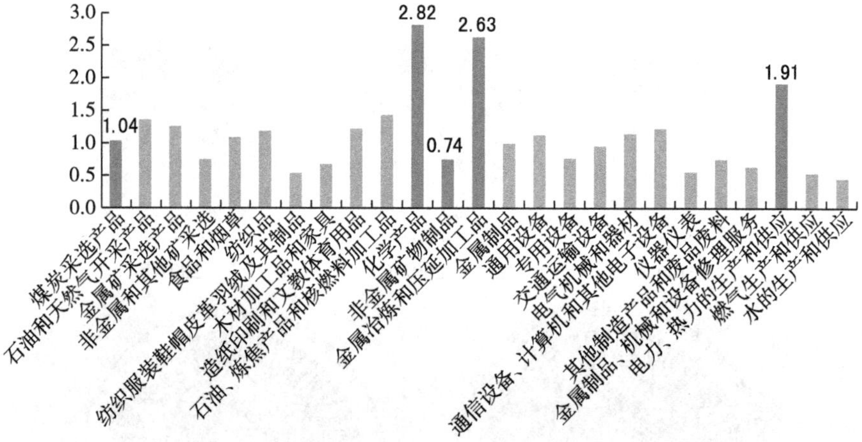

图3-34　2017年阜新市部分产业感应度系数

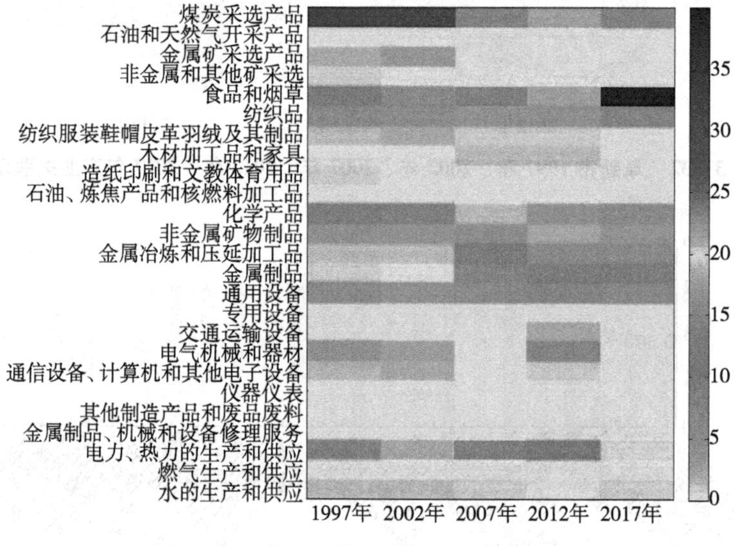

图3-35　阜新市主导产业演变示意图

专栏四

基于投入产出技术的煤炭资源型城市经济转型评价模型

投入产出技术由俄裔美国经济学家瓦西里·里昂惕夫（W. Leontief）创立，《美国经济制度中投入产出数量关系》的问世，标志着投入产出技术的诞生。投入产出技术中的“投入”是指产品生产或服务提供中所需的原材料、能源动力、固定资产折旧和劳动力的投入；“产出”是指产品生产或服务提供的总量及其在再生产、消费、积累和净出口间的分配使用。投入产出技术中最为核心和基础的部分即投入产出表，以棋盘式平衡表为表现形式的投入产出表能够精准反映经济系统中生产单位和消费单位相互之间投入产出的关系。

投入产出模型

<table>
<tr><th rowspan="3">投入</th><th colspan="6">产出</th></tr>
<tr><th colspan="4">中间需求</th><th rowspan="2">最终需求</th><th rowspan="2">总产出</th></tr>
<tr><th>1</th><th>2</th><th>…</th><th>n</th></tr>
<tr><td>中间投入</td><td colspan="4">X_{ij}</td><td>Y_i</td><td>X_i</td></tr>
<tr><td>最终投入</td><td colspan="6">V_j</td></tr>
<tr><td>总投入</td><td colspan="6">X_j</td></tr>
</table>

在投入产出模型中，X_{ij} 为第 i 部门对第 j 部门的产品投入量，Y_i 为第 i 部门的最终需求，V_j 为第 j 部门的最初投入，X_i 为当期第 i 部门的总产出。该模型，各产品或部门之间的投入产出作为内生变量，体现在第一象限中。中间流量矩阵 $A_{ij} = \frac{X_{ij}}{X_j}$ 常用于表示生产消费过程中各部门之间的产业直接关联。

产业关联分析。本报告通过产业关联度分析衡量典型煤炭资源型城市各产业之间的联系，利用地区投入产出表计算地区第二产业影响力系数和产业感应度系数，并结合各地级市产业的产值得出影响力值判断未来优势主导的替代产业。产业影响力系数反映产业的后向联系程度，是从需求角度的拉动作用的系数，其大小代表某产业的生产发生变化时使其他产业的生产发生相应变化程度。如果某产业的影响力系数大于1，说明该产业的影响力高于社会平均水平，对其他部门的中间产品需求较大，对其他产业的发展起较大的拉动作用。产业感应度系数反映产业的前向联系程度，是供给角度的推动作用的系数，其大小表示该产业的生产发生变化使某产业的生产也发生相应变化的系数。如果某产业的感应度系数大于1，说明该产业感应度高于社会平均水平，提供给其他部门的中间使用次数越多，反映的是该产业对其他产业的支撑和制约作用。

影响力系数的计算公式为：

$$e_j = \frac{1/n\sum_{i=1}^{n} B_{ij}}{1/n^2\sum_{i=1}^{n}\sum_{j=1}^{n} B_{ij}}$$

其中，e_j 表示第 j 产业的影响力系数；n 表示产业数目；$\sum_{i=1}^{n} B_{ij}$ 表示里昂惕夫逆矩阵的第 i 列之和；$\sum_{i=1}^{n}\sum_{j=1}^{n} B_{ij}$ 表示里昂惕夫逆矩阵行列之和；B_{ij} 表示里昂惕夫投入产出逆矩阵 $(I-A_{ij})^{-1}$ 中的元素，I 为单位对角矩阵，$(i,j=1,2,\cdots,n)$。

影响力值的计算公式为：

$$E_{sj} = e_j F_{sj}$$

其中，E_{sj} 表示 s 城市第 j 产业的影响力值；F_{sj} 表示 s 城市第 j 产业的产值。

感应度系数的计算公式为：

$$e_i = \frac{1/n\sum_{j=1}^{n} B_{ij}}{1/n^2\sum_{i=1}^{n}\sum_{j=1}^{n} B_{ij}}$$

其中，e_i 表示第 i 产业的感应度系数；n 表示产业数目；$\sum_{j=1}^{n} B_{ij}$ 表示里昂惕夫逆矩阵的第 j 行之和；$1/n^2\sum_{i=1}^{n}\sum_{j=1}^{n} B_{ij}$ 表示里昂惕夫逆矩阵的行和的平均值；B_{ij} 表示里昂惕夫投入产出逆矩阵 $(I-A_{ij})^{-1}$ 中的元素，I 为单位对角矩阵，$(i,j=1,2,\cdots,n)$。

感应度值的计算公式为：

$$E_{si} = e_i F_{si}$$

其中，E_{si} 表示 s 城市第 i 产业的感应度值；F_{si} 表示 s 城市第 i 产业的产值。

课题组选取国家统计局公布的1997年度、2002年度、2007年度、2012年度、2017年度地区投入产出表作为模型基表，通过中间流量矩阵 A_{ij} 、影响力和感应度测算，分析近20年来各典型煤炭资源型城市经济转型的纵向自身发展演变和横向对比转型优势、劣势。不同年份地区分产业总产值来自各市统计年鉴等公开数据。

五、我国煤炭资源型城市转型模式探讨

（一）我国煤炭资源型城市产业发展模式分析

我国煤炭资源型城市分布广泛，所处的发展环境和发展阶段各异。从前述典型煤炭资源型城市煤炭和能源产业关联演进的研究中可以看到，不同发展阶段的煤炭资源型城市在经济转型过程中面临的困境和所做出努力不尽相同，城市经济转型发展模式也各异，本书总结了四大转型模式（详见表3－3）。

表3－3 新时代我国煤炭资源型城市经济转型典型模式分析

发展模式	代表城市	典型特征	发展阶段
大煤炭基地模式	陕西榆林	大力开发煤炭	成长期
大煤电基地模式	山西大同	大力发展煤炭、煤电，协同发展新能源	成熟期
产业链延伸模式	河南平顶山	依托煤炭延伸产业链	成熟期
创新发展模式	江苏徐州	主导产业偏转，接续接替产业发展较好	再生期

1. 大煤炭基地模式：榆林市

该类城市凭借丰富的资源优势与开发潜力，正逐步加深煤炭开发利用的程度。以成长型煤炭资源型城市代表陕西省榆林市为例，该市转型尚处于初期，化石能源资源开发及相关产业逐步成为全市主导产业，同时下游制造行业近年来的发展也得到了加强。大煤炭基地的发展模式也导致整个产业依赖煤炭和能源相关产业发展而集中于初级产业，产业链延伸相对不足。

2. 大煤电基地模式：大同市

该类城市往往处于煤炭资源型城市发展相对较为成熟的阶段，“以煤为基”的产业发展模式已然形成，大兴电力设施建设，在大力发展煤电产业的同时，正积极布局风电、光伏等可再生电力。以山西省大同市为例，大同市在推进煤炭资源型城市转型中主要在于解决了煤炭产业的有效接续难题，形成了“一园一城一院一所一委”（“五个一”）为支撑的能源革命工作格局。在产业结构层面，大同市积极探索新型煤炭现代化工等产业链深度扩展，做大做强煤炭清洁利用示范，有效做好煤炭产业接续发展，利用西北部风光资源优势，积极发展风电、太阳能等新能源，突出煤基材料开发优势，唱响了“大同氢都”品牌。同时，为产业发展营造良好金融、利税等软环境。在技术创新层面，引入和培育产业龙头企业，形成新能源及先进设备制造等产业集群效应，促进一批科技成果在科创园、氢都新能源产业城实现就地转化。

3. 产业链延伸模式：平顶山市

该类城市在经济转型进程中，往往选择将煤基产业链进行延伸，通过煤化工业的扩展，城市经济产业结构较为稳固，但创新动能略显不足。以河南省平顶山市为例，偏重产业结构，并已经形成了较为稳定的“以煤为基”发展模式，平顶山市政府已经在政策上发力，从传统支柱产业改造提升、新兴产业培育壮大两侧用力，不断把产业结构调高、调轻、调强、调绿，加快发展先进制造业，深化科技创新、开放创新、制度创新。在区域地理和基础设施建设层面，郑万高铁通车运营，沙河具备通航条件，孟平铁路复线建成投运，平宝、平郏、平叶等快速通道顺利通车，辐射中原的产业区位优势逐渐形成。

4. 创新发展模式：徐州市

创新在经济和社会变迁中起着重要作用，煤炭资源型城市经济转型的创新发展模式较好地体现了以创新动能摆脱资源依赖，从而走出“资源诅咒”泥淖。以江苏省徐州市为例，在煤炭经济转型过程中最为关键的步骤是主动舍弃“以煤为基”发展模式，积极发展非煤接替产业，并加强下游产业链建设；积极推动高端制造业、新兴服务业等接续产业发展，加速支柱产业战略布局调整，提升非煤产业关联度，抢占资源转型先机，并积极争取国家和省上产业支持政策，配套减税降赋，营造良好的营商软环境。在技术创新层面，引入和培育产业龙头企业，形成集群效应。

此外，通过对比可以发现，煤炭资源型城市在发展过程中若未能提前做好转型准备，随着煤炭资源枯竭，煤炭产业也将逐步萎缩，从“因煤而兴”转向“因煤而衰”，以辽宁省阜新市作为突出代表。阜新市近年来经济社会发展存在一定的问题并面临诸多挑战，其中既有外部环境的约束，也有内在转型动能不足等原因，转型进程中煤炭及相关产业定位模糊，导致其与经济社会中其他产业联系停滞甚至逐渐萎缩可能是城市转型发展困局之首因。新时期，阜新市煤炭经济转型发展需站在更高的角落来破解转型难题，诸如积极推进煤炭接替发展、推动产业结构持续优化、做好政策引导、供给侧结构性改革深入推进等。

（二）我国煤炭资源型城市转型动力机制分析

课题组进一步考虑了煤炭资源型城市经济社会发展、区位条件、资源状况、政策供给、人文教育等方面因素，最后归纳为“天时、地利、人和”3项辩证综合指标，并在此基础上对典型煤炭资源型城市经济转型做出比较分析（见表3－4）。

表3－4 我国煤炭资源型城市经济转型动力机制分析

典型城市	天时	地利	人和
榆林市	（1）未完全赶上“黄金十年”； （2）当前面临“双碳”约束	（1）处于陕西西部不发达地区； （2）资源有优势	（1）教育科技薄弱； （2）未来人才、技术引进前景不佳
大同市	（1）能源革命排头兵之尖兵； （2）抓住新能源发展浪潮； （3）当前面临“双碳”约束	（1）资源优势（煤炭、风、光）； （2）通道优势（煤运枢纽）； （3）紧邻京津冀都市圈	（1）引智（中国科学院）； （2）引技（企业产业）

续表

典型城市	天时	地利	人和
平顶山市	（1）过去10年可能失去转型良机； （2）当前面临“双碳”约束	（1）处于河南西部欠发达地区； （2）资源逐步枯竭	（1）教育科技薄弱； （2）产业延伸路径固化可能错误
阜新市	（1）错过改革开放大潮（国家战略布局）； （2）错过新能源发展机会； （3）当前面临“双碳”约束	（1）东北传统重工业基地（欠发达）； （2）煤炭资源枯竭，新能源条件较好	（1）教育科技薄弱； （2）人才流失
徐州市	（1）抓住改革开放大潮； （2）入世后主动融入世界经济； （3）正逢中国工业化； （4）抓住“黄金十年”全国布局（陕西、新疆）	（1）位于江苏，承接产业转移； （2）重要交通运输枢纽； （3）能源资源不足	（1）矿井创新开发利用； （2）人才教育创新培育； （3）良好营商环境

1. 抢“天时”

对于煤炭资源型城市而言，“天时”意味着时代发展大潮，阜新、徐州、大同等城市在早年把握“天时”，成就了城市初期繁荣。但在改革开放、加入世界贸易组织（WTO）、大力发展新能源等方面把握不一，导致当前城市发展境况截然不同。以大同市为例，在维持煤炭发展动能的基础上积极谋求转型，大力发展以风电、光伏为代表的可再生能源和煤基新材料等非传统产业，迎来新时代低碳、减碳发展的政策导向优势，可谓抢到煤炭资源经济转型的天时，正蹚出了一条能源革命先行先试的新、旧协同新路子，为城市煤炭资源转型抢得先机，也为全国141个成熟型煤炭资源城市树立转型榜样。以榆林市为代表的成长型煤炭资源城市，在发展进程中，在“天时”上未完全赶上“黄金十年”时期，又逢“双碳”约束，且地处陕北偏远地域。这就要求成长型煤炭资源城市不仅要做好区域乃至全国煤炭安全供给，还需要在产业经济结构逐步固化之时，主动考虑自身煤炭经济绿色发展从而抢占转型先机。

2. 争“地利”

对于煤炭资源型城市而言，“地利”代表着发展的潜力，这个潜力不仅表现在区域位置，也蕴含着土地之下的资源情况。我国“衰退期”煤炭资源型城市在“地利”维度已存在明显缺陷，“成熟期”和“成长期”煤炭资源型城市在“地利”维度可能还保存着一些优势。以江苏省徐州市为例，作为再生型城市的代表，其煤炭经济转型成效较好，其位于我国沿海发达的江苏省，在转型进程中抢抓改革开放及加入 WTO 等时代发展先机、主动争取国家和省上扶持政策、做优营商环境、办好人文教育等方面都值得借鉴，城市经济转型过程中未雨绸缪和超前布局已经为全国 260 余个煤炭资源特别是煤炭资源型城市经济转型树立转型样板。而辐射华中的平顶山市凭借区位优势和煤炭资源优势，积极打造“中国尼龙城”产业龙头，在延链、补链、强链上下功夫，打造尼龙新材料和盐化工及 PC、煤焦油深加工等“1 +7”产业体系。另外，类似阜新市这类城市经历了新中国成立初期的“大干快上”，为新中国的工业建设做出了重要贡献，也经历了改革开放时期的“有所作为”和加入 WTO 以来的“韬光养晦”，但在国民经济高速向前发展进程中逐步“掉队”，未来转型压力和难度巨大，找准城市定位，发扬自身优势，吸引外来投资，承接产业转移，加快新兴产业的发展进程，可能是走出枯竭衰退模式的破题关键。

3. 育“人和”

对于煤炭资源型城市经济转型发展而言，“天时”“地利”在相当程度上属于客观条件，“人和”可谓主观内容，既是根本动力也是最终目标。通过对比，可以看到转型相对成功的城市，往往教育科研投入较大、市场活力充沛，如江苏省徐州市。煤炭资源型城市特别是资源枯竭型城市，煤竭城衰、人走城空现象频发，如辽宁省阜新市。煤炭资源型城市转型发展要做好“人和”工作，不仅要妥善解决煤炭产业退出、职工就业安置、生态环境修复等问题，还需加强教育科研等基础投入，增添城市“活力”。

（三）我国煤炭资源型城市转型发展方向思考

新时代，煤炭资源型城市转型模式在选择上要充分发挥资源环境和宏观政策的内、外部优势，充分发挥“天时”“地利”“人和”的助推动力，超前谋划符合自身需求的煤炭产业发展方向，在升级煤基产业、培育接续产业、加强政策引导、鼓励创新发展、深化开放合作、切实保障民生等方面做好做牢“六个坚持”。

1. 坚持绿色低碳，优化结构强链补链

煤炭资源型城市经济转型首先要转变能源生产利用方式，根据资源环境承载力优化开发布局，协同推进能源高质量发展和生态环境高标准保护。过程中发挥既有资源、产业和技术上的领先优势，一方面，依靠技术创新和产业链聚变增值，推进供给侧结构性改革；另一方面，积极开展国有煤炭企业兼并重组，根据产业政策退城进园，淘汰落后产能，提高能源效率，加强全产业链竞争能力。

2. 坚持统筹协调，大力培育新兴产业

以新技术、新业态、新模式为抓手，主动促进产业结构的优化升级和经济结构的战略性调整，统筹好经济发展和生态环境保护建设的关系，结合资源型地区经济社会发展基础优势，适应国内外市场的变化和方向，重点加大对碳基材料、可再生能源、分布式能源发展、氢能、储能等前沿性、趋势性产业倾斜力度。

3. 坚持政策引导，加快产业迭代重塑

我国明确提出了“双碳”目标愿景，能源清洁低碳转型已呈不可逆转之势。面对10～20年的转型“窗口期”，一方面，要坚持走好煤炭高质量发展之路，把煤炭做优做精做绿，稳住经济社会发展的基本面，与此同时，更要结合国家大力发展可再生能源的大势，利用采煤深陷区、废弃矿井等，积极布局发展风电、光伏等可再生能源，加快能源技术和能源产业的迭代；另一方面，要准确把握碳空间、碳约束对经济社会发展和产业竞争力的影响，提前布局、前紧后松，结合自身发展条件和优势，实现发展动能稳步替代、接续转换。

4. 坚持创新驱动，促进城市可持续发展

聚焦能源领域在新基建、新技术、新材料、新装备、新产品、新业态

“六新”[①] 的发展和突破，推动能源技术和现代信息技术融合，加快技术创新步伐。大力发展能源新技术和新产品要突破因循守旧的思想，创新城市经营的理念和方法，运用创新的思维解决煤炭资源城市经济转型进程中的问题。加大科技创新的投入和成果的转化，让创新成为城市经济转型发展的新动力。

5. 坚持开放合作，打造经济新增长极

以改革的勇气突破转型困局，以开放的心态推进经济转型，以合作的方式推进综改试点，深化省内外、境内外能源交流合作，积极融入国家或区域重大发展战略，着眼搭建平台，引进先进企业、先进技术、先进产业，大力开展产能合作和技术联合攻关，促进煤炭及相关产业转型发展。大力推动开放招商，有效配套减税降费，以产业集聚区、商务中心区和特色商业区为主要支撑载体，依托比较优势，打造引领城市经济转型发展的新增长极，规划建设了配套设施完善、符合现代工业布局的产业发展平台。

6. 坚持民生为本，推动转型成果惠及全体市民

煤炭资源型城市经济转型要坚持以人为本，加强能源基础设施和公共服务能力建设，提升产业支撑能力，提高能源普遍服务水平，切实保障和改善民生。着重解决居民的就业、教育、医疗、养老和居住困难等问题，提高全民的生活幸福指数，让全体市民共享转型发展成果。

（四）我国煤炭资源型城市转型发展路径探索

我国煤炭资源型城市矿竭城衰困局明显、生态环境问题严重、社会就业问题突出、综合竞争力弱，叠加“十四五”及中长期构建新发展格局下要求能源领域发挥更大作用，在背景约束下，城市经济转型势在必行。在此背景下，煤炭资源型城市经济转型要从根本上解决结构性、体制性问题和创新不足素质性矛盾，必须综合考虑当前和长远发展趋势，主动为之，

① 2020年5月，习近平总书记视察山西期间，对山西省提出“在新基建、新技术、新材料、新装备、新产品、新业态上不断取得突破”的重大要求，为山西乃至全国科技创新和产业发展进一步指明了前进方向。

抓住新趋势，专注新动能，以深化供给侧结构性改革推动经济社会转型发展。短期内，要在坚持“稳住煤”的前提下，加快摆脱“煤依赖”；从长期来看，要推进包括产业转型、增长方式转型、技术转型、金融及经济制度转型在内的综合变革。具体来说，应重点在非煤产业培育、国有企业改革、能源科技进步、体制机制创新等方面下功夫。

1. 加快推进产业结构调整，积极培育非煤战略性新兴产业

煤炭资源型城市转型需要产业转型带动经济转型，并由此引发全方位的社会变革。其转型过程是逐渐脱离对自然资源的依赖，转变经济增长方式，转型的最终目标是实现城市的健康、全面和可持续发展。在此期间，核心不在煤炭本身或者能源系统本身，其他非煤经济的发展和崛起才是破题的关键，其中最重要的就是新兴产业的培育和发展。

一是要坚定不移地调整产业结构，实施先进制造业与现代服务业“双轮驱动”，新兴产业增量扩张与传统产业存量提升“两翼并举”，以能源促产业，以产业促转型，为未来经济增长打造新优势，培育新的增长点。从实施路径上看，主要包括：①坚持走煤炭高质量发展之路，把煤炭产业及其附属产业做精做优做绿，并将其作为近期经济民生的稳定器和压舱石，稳住经济社会发展的基本面。②逐步减少资源型产业在城市经济中的比重，主动退出那些成本高、环境污染严重且没有区域比较优势的产业。③改造传统产业，对仍具有竞争优势的传统资源产业积极采用先进技术进行改造升级。④拉伸资源型产业链条，围绕主业发展上、下游产业，形成多元发展的新局面。⑤积极发展新兴产业，在资源型产业之外发展既有国际市场前景又有本地比较优势的新兴产业，并将其打造成本地经济社会发展和人员就业的重要支撑载体，有效支撑 GDP 和财政收入增量，实现发展动能稳步替代，接续转换。

二是要准确把握产业结构的优化升级和经济结构的战略性调整，统筹好经济发展和生态环境保护建设的关系，重点结合煤炭资源型城市经济社会发展基础优势，适应国内外市场的变化和方向，坚持走创新供给、精品创造、集群集约、智能升级的高端发展之路。从战略方向上看，要积极朝高端化、服务化和国际化方向发展，实现由要素驱动向创新驱动转变、由

低成本竞争优势向质量效益竞争优势转变。

（1）朝高端化发展是抢占未来产业发展制高点、提升核心竞争优势的必然选择。在此过程中，需要地方政府和企业更加注重技术创新，政府要加大对技术创新的政策扶持力度，企业也要加大研发投入，加强核心技术的自主创新，并支持重点企业建立国家级重点实验室等科技创新平台，通过产学研合作、关键技术攻关等提升产业发展水平。

（2）朝服务化发展是未来的重要方向，随着技术的不断成熟，在产品制造和附加值构成中，制造加工环节占比越来越低，服务环节占比变得越来越高，发达国家为了更多地掌握国际竞争主动性，纷纷把向服务业发展作为战略选择。新形势下，企业发展向服务化转型将更多依靠知识、信息等服务要素投入，减少产业发展对能源资源消耗的依赖，由此摆脱资源环境约束。

（3）朝国际化发展是拓展产业发展空间的必由之路，通过开拓国际市场，可以有效化解过剩产能，通过主动“走出去”，构建全球研发、生产、销售网络布局，参与全球价值链分工，获取国际竞争优势。诸多资源型城市应紧抓“一带一路”等国家重大战略机遇，加快实施“走出去”战略，充分利用国内、国外两个市场，拓宽发展空间，增强国际竞争力。

2. 深化国有企业改革，实现智慧多元发展

一是深刻认识行业发展规律，大力提升煤炭产业集中度。从行业发展规律来看，一般情况下，朝阳产业发展，需要资本进入门槛低、竞争充分，这样资本大量投入可以带来更多的创新机会和进步潜力；而夕阳行业往往行业外的资本投入少，这时需要行业内一定程度的集中，用以解决行业发展过程中存在的社会问题。考虑到煤炭行业即将步入夕阳行业，未来化解存量就业问题将是十分重大的问题，因此，煤炭资源型省份或地区，可积极争取国家支持，积极推动产业兼并重组，推进能源领域相关企业发展方式变革，允许煤炭行业存在一定的垄断性以解决夕阳产业面临的经济社会问题。

二是加快推进煤炭产业转型升级，实现多元综合发展。支持有条件的优势煤炭企业跨行业、跨区域、按品种、沿产业链兼并重组，组建大型煤

炭企业集团，全面提升行业整体竞争力。此外，加快推进煤电、煤化工等上、下游一体化发展，打造产业链集群，促进煤炭上、下游共赢发展。在此基础上，加快推进人工智能、大数据、机器人等现代信息技术与煤炭开发利用深度融合，促进煤矿加速向数字化、智能化发展，并着力培育新能源、新材料、现代金融、科技环保、现代生产性服务业等新兴产业，以新产业、新业态、新模式为煤炭行业高质量发展增添新动能。

3. 强化科技创新和人才队伍建设，着力培育产业内生新动力

一是着力提升科技实力和创新能力。科技创新是传统能源资源型地区转型的关键驱动力，煤炭资源型城市要努力引导社会各方面力量，不断提升整个城市的科技创新能力，点燃转型升级的发展引擎。具体来看：①加强基础理论研究，加快关键核心技术的攻关突破，深入推动重大工程示范和装备研制，加快科技成果转化，以科技创新支撑行业高质量发展。②强化创新转型引领新旧动能转换的重大功能作用，构建“产业＋企业＋平台＋高校＋人才＋金融＋政策”的产业科技创新体系，围绕产业链部署创新链、围绕创新链完善资源链，推动科技成果加快转化为现实生产力，提升企业和产业新的竞争优势，实现新旧发展动能接续转换，形成以创新引领为支撑的产业体系和发展模式。③加快推进创新驱动战略实施，打造更加多元化的经济增长点。抢抓新经济布局、区域竞争力重构的机遇，加速布局数字经济、高端装备制造、新材料、新能源汽车等战略性新兴产业。同时加快科技创新建设，积极引进高水平大学和技术科研团队，打造转型升级新引擎，加快由煤炭资源型城市向创新驱动转型发展的步伐。

二是加大科技人才和智力引进等要素投入，积极营造创新发展环境。以壮大实体经济、提升制造业核心技术水平、加快发展新兴产业为方向，结合不同区域的优势和特点，积极引进“高精尖缺”人才，为资源型地区转型升级提供智力支撑。具体来看：①通过制定具有区域比较优势的人才招引政策，大力引进符合产业发展方向、具有自主创新成果、能够突破产业核心技术的高层次创新、创业人才及团队。②顺应人才资源跨国跨区域流动和配置的大趋势，通过柔性引进、项目引进、专项资助引进等方式，拓宽多元化、高效率的人才引进渠道，支持高校、科研院所、企业开展形

式多样的人才引进战略和合作。③健全和完善与贡献相匹配的人才激励制度，认真执行各类人才奖励扶持政策。赋予领衔科技专家更大的技术路线决策权、经费支配权和资源调动权，力求科技创新活动效率最大化。④实施有针对性的项目和计划，帮助高校毕业生、退役军人、农民工等重点群体就业创业，重点强化对转岗和下岗职工及进城务工人员的职业技能培训，提升劳动力市场技术知识水平以适应城市发展需要。

4. 完善体制机制，拓宽发展空间布局

一是深化非税收体制机制以及新能源补偿机制等体制改革，推进绿色金融能力建设。以创新变革、增优减劣带来新的替代力度，营造更好的产业发展环境，催生新的经济发展模式，形成产业多元支撑的结构格局。

二是完善能源资源开发综合补偿机制。协调推进能源开发与生态环境保护，建立完善多元化、市场化能源资源开发综合补偿机制。科学界定生态保护者与受益者之间的权利和义务，加快形成生态损害者赔偿、受益者付费、保护者得到合理补偿的运行机制。强化政策保障，完善转移支付制度，归并和规范现有生态保护补偿渠道，加大生态补偿投入力度，建立地区间横向生态保护补偿机制，引导生态受益地区与保护地区之间、资源消费地区与资源产出区之间进行生态补偿，逐步建立体现现代生态价值的资源有偿使用制度和生态补偿制度。

三是完善矿区生态修复政策机制。加快建立矿区生态修复试验区，推进生态保护补偿试点示范，大幅提高矿山地质环境治理率和矿区土地复垦率。设立重点生态功能区生态补偿基金，将重点生态区域发展定位与生态环境改善结合起来，引导和支持社会投资主体从事矿区生态保护修复。

四是全方位降低体制成本。煤炭资源型城市能否推动能源转型和经济社会转型发展，除推动能源领域内的重大变革外，还在于经济社会体系要摆脱化石能源经济的依赖，要大力发展出与化石能源经济有明显区别的创新产业体系。为此，亟须通过降低体制成本、减少物流成本、加大教育投入等，来营造经济社会全面转型的软环境。

六、政策建议

（一）对国家层面的建议

1. 加快制定《全国煤炭资源型城市转型发展规划》

2013年国务院印发《全国资源型城市可持续发展规划（2013—2020年）》，明确了我国资源型城市可持续发展的指导思想、基本原则、规划目标和发展机制，为我国资源型城市科学界定和转型发展提供了坚实的科学依据和战略指引，具有显著的时代指导意义。新时代，资源型城市特别是煤炭资源型城市经济在转型进程中，不仅需要面对传统转型发展难题，还面临外部碳约束在内的全新挑战，建议国家相关部门加快制定全国层面的煤炭资源城市经济转型发展规划，在新发展阶段中明确各煤炭资源型城市发展目标和方向，分类引导各类城市科学发展，更加有序地开发综合利用煤炭资源，加快构建现代能源体系。

2. 统筹做好区域经济协调发展及煤炭资源型城市转型发展

我国煤炭资源型城市面临内生动力不足和外在挑战加剧的双重转型风险，建议国家侧重东北老工业基地、黄河“几字湾”、黄河下游等区域，统筹做好区域经济协调发展，从国家层面制定煤炭资源型城市转型发展政策保障措施。建议国家有关部门在国企改革、人才政策、技术平台建设等方面，给予煤炭资源型城市一定的政策倾斜，进一步支持其经济发展健康转型。对于老少边穷地区，建立城市经济转型兜底保障机制，重点帮扶困难企业、困难职工和家属，坚决杜绝赤贫、返贫现象。

3. 建立煤炭资源型城市转型发展专项金融扶持机制

我国煤炭资源型城市多处于转型阶段，急需金融政策扶持，但现实中金融保障难、保障弱的问题较为普遍。建议在国家层面落实金融、税收、转移支付等专项优惠政策，重点支持保障煤炭资源城市发展培育可再生电力、氢能等非煤产业和煤炭非能利用，推动煤炭产业与先进制造业、现代农业和现代服务业深度融合。完善金融服务体系，营造促进小型微型企业健康发展的政策环境。鼓励金融机构参与发行相关绿色信贷、绿色债券、绿色保险等产品，对不同发展模式和发展阶段的煤炭资源型城市实行差别化扶持。

（二）对地方层面的建议

1. 做好本地区煤炭资源型城市转型发展规划

积极承接国家关于煤炭资源型城市经济转型相关政策，制定符合本地区煤炭资源型城市转型诉求的规划纲领。鼓励煤炭资源型城市转型发展中技术和产业“走出去”和“引进来”相协同。

2. 创新构建转型发展平台和基础条件

一是构建本地产业发展平台。引导省内优质产业和企业合理部署，形成先富带动后富、先进带动落后的有效帮扶对接机制。促进省内煤炭资源型城市与其他城市特别是省内核心城市经济互补性发展，形成有效城市间发展聚力，形成有效区位优势。

二是承接发达省份产业转移，创新产业对接模式。我国东、西、南、北各地经济社会发展不平衡现象较为严重，新时代应利用各地资源富裕和环境承载不一的外部条件，以抓住推动实现“双碳”愿景目标为契机，进一步创新煤炭资源型城市跨区域合作新模式，主动对接形成有效产业转移，培育地区经济转型新增长极，以煤炭及相关能源产业合作为契机打通跨省合作交流最后一道关卡。

三是创新基础设施平台建设。统筹规划煤炭资源型城市高速铁路、高速公路和民用机场等基础设施建设，做大做强地区现代物流，缩短省内交流空间距离，降低转型发展外部成本。加大对煤炭资源型城市的教育投入力度，提升地方人才吸引力和省内人才流动性。

（三）对煤炭企业的建议

1. 加快自我革命转型步伐，大力推进企业兼并重组

我国煤炭资源型城市发展依托地方矿务局和重点煤炭企业，矿地融合矛盾突出。从夕阳产业发展过程来看，企业兼并重组、行业集中度持续提升是必然趋势。目前，我国煤炭行业内企业集团兼并重组依然在稳步推

进，如2017年神华集团与国电集团合并重组为国家能源投资集团，2020年山西省推动省属企业重组为晋能控股集团等。加快煤炭企业兼并重组步伐，将有助于整合城市竞争优势，推动国有经济发展质量和效益不断提升，努力摆脱工业经济体系对煤炭经济的依赖。同时，在企业兼并重组过程中应妥善解决职工收入下降、就业减少、退休安置等民生问题。

2. 主动创新转型发展思维，全力对标行业先进企业

煤炭企业要明确新时代国家“双碳”愿景目标的全新内涵与要求，直面企业自身发展的现实问题，牢固确立企业高质量发展新理念，坚持煤炭生产与消费利用清洁化、低碳化和绿色化。有序推进煤炭主导产业转移，积极推动煤基材料、煤制氢等新兴产业发展。

3. 实施刚柔并济人才政策，有力保障产业转型发展

人才是第一资源，煤炭资源型城市经济转型中人才作用更加突出。当前，我国煤炭资源型城市人才流失严重，煤炭企业从管理层到操控层均面临严重的人才断层问题。建议煤炭企业实施“刚柔并济”的人才政策，“刚”意为制定坚定人才保障机制，“柔”欲建立体现价值的柔性广阔空间，从而有效建立涵盖高、中、低各层级的人才梯度，保障企业健康发展，促使煤炭资源型城市成功转型。

Ⅳ 形势篇

一、2019—2020 年煤炭供需形势分析

（一）2019 年煤炭发展形势

2019 年，我国经济稳中向好、健康发展，能源供需结构优化有序推进，能源产业迈出高质量发展新步伐。煤炭结构性改革不断深入，先进产能进一步得到释放并向晋、蒙、陕、新集中。煤炭供需总体宽松，全年煤炭生产稳步增长，消费小幅回升，煤炭价格相对平稳，第四季度略微下降。煤炭安全保障水平显著提高，“三新”力促煤炭产业转型发展步入新台阶。

1. 煤炭产量稳步增长，区域集中度进一步提升

国家统计局公布的数据显示，2019 年规模以上工业企业原煤生产量 37.5 亿吨、同比增长 4.2%。具体来看，年初受神木矿难导致陕西及内蒙古等地加强安全检查煤矿限产等影响，第一季度全国原煤产量仅同比增长 0.4%。4 月中下旬限产煤矿逐步复产，5 月全国煤矿月度生产量重回 3 亿吨以上，上半年累计生产原煤 17.58 亿吨、同比增长 2.6%。第三季度原煤产量进一步提升，其中 7 月煤炭生产增速达到全年最高水平，前三季度全国煤炭产量达到 27.4 亿吨、同比增长 4.5%。10 月和 11 月保持了前三季度增速，12 月产量增速有所回落，全年产量同比增速为 4.2%。从日均产量来看，2019 年日均产煤 1026 万吨，较 2018 年增加约 55 万吨。

2019 年煤炭产量稳步增长，源于煤炭领域供给侧结构性改革的深入推进。煤炭工业从 2016—2017 年的“总量去产能”逐步步入 2017—2018 年的“结构性去产能”和 2019 年的“系统性优化产能”阶段。2018 年年底，全国提前两年完成“十三五”煤炭去产能目标任务，截至 2019 年年

底全国年产120万吨及以上煤矿产能达到总产能的3/4。

随着煤炭领域供给侧结构性改革深入推进，重点产煤省份优质先进产能逐步释放，囿于资源因素，煤炭区域集中度也在不断提升。2019年8个省（区）原煤产量超过1亿吨。其中，内蒙古原煤产量10.35亿吨、同比增长8.5%，山西9.71亿吨、同比增长6.1%，陕西6.34亿吨、同比增长1.7%，新疆2.37亿吨、同比增长14.2%。蒙晋陕新四省（区）的原煤产量占全国产量的76.8%，较2015年增加了8.5个百分点。从在建矿井来看，2019年晋陕蒙三地新建产能7.73亿吨，占全国产能的73.2%，煤炭开发进一步向西北资源富集地区集中态势明显。

2. 进出口态势相对稳定，多因素综合影响库存

近年来，进口煤成为保障我国区域煤炭市场稳定供应的重要组成部分。海关总署公布数据显示，2019年全国累计净进口煤炭2.94亿吨、同比增长6.0%。其中，累计进口3.0亿吨、同比增长6.3%，累计进口金额约233.9亿美元、同比下降5.5%；出口煤炭累计602万吨、同比增长22.1%，累计出口金额9.3亿美元、同比增长18.6%。从进口煤炭品种来看，优质动力煤进口量长期占煤炭进口总量1/4以上，2019年优质动力煤进口7975万吨、同比增长4.3%，连续5年保持上涨态势。

受国内煤炭去产能、国外进口低价煤、产销通道畅通以及煤炭消费回升等因素综合影响，国内全社会煤炭库存维持低位水平。2019年全年国有煤矿、重点港口煤炭库存均呈现下滑收紧态势，发电企业则呈现维持较高库存状态。国有重点煤矿方面，2019年年底库存合计1898万吨，全年库存累计增加约85万吨。但入冬以来，各产煤区域国有煤矿库存普遍释放，其中西北和华北地区12月底与10月底相比，减少库存分别达到192万吨和191万吨，降幅分别达24.4%和22.2%。

港口库存方面，2019年12月末，北方主流港口煤炭库存为5511万吨，比9月初减少了1117万吨。年底，曹妃甸、秦皇岛、广州港、国投京唐港等重点港口库存分别为372.0万吨、524.5万吨、290.0万吨和150.0万吨，较年初分别减少125.5万吨、减少52.5万吨、增加83.0万吨和减少38.0万吨。

电厂库存方面，2019 年六大发电集团煤炭合计平均日库存量达到 1636 万吨。年底随着煤价进入下行通道，库存量有所释放，但六大发电集团平均日库存量仍超 1600 万吨，平均库存可用天数为 22 天高位。

3. 煤炭消费小幅回升，占一次能源消费比重下降

初步测算，全年煤炭消费总量约合 39.4 亿吨，同比增长 1.0%。国家统计局发布的数据显示，2019 年煤炭占一次能源消费比重为 57.7%，比上年下降 1.5 个百分点，煤炭消费占比实现连年下降。分行业来看，电力、钢铁、建材、化工等主要行业分别同比增长 0.8%、4.3%、3.1% 和 1.8%，其他行业煤炭消费量同比减少 3000 万吨、同比下降 7.9%。从动力煤消费数据来看，2019 年全国动力煤消费约 33.5 亿吨，增量约 1.4 亿吨、同比增长 4.3%，电力行业动力煤消耗增量同比最高，约 5000 万吨；化工行业消耗同比增幅最大，达 11%。

4. 煤炭市场整体稳定，价格回落“绿色区间”

2019 年全国煤炭消费增长放缓，优质产能加大释放，进口保持一定增长，同时，受浩吉铁路投运有效增强煤运能力、下游电力保持较高库存等因素综合影响，全国煤供需相对宽松，煤炭市场相对稳定，煤价窄幅波动并逐渐下行，至年底国内煤价平稳回落到 500～570 元/吨的“绿色区间”。

据万德数据库价格数据统计，截至 2019 年年底，秦皇岛港口 5500 千卡/千克动力煤价格为 556 元/吨，较全年最高值下降 87 元/吨；2019 年全年均值为 592 元/吨，吨煤价格较上年回落 61 元。此外，2019 年年底全国无烟煤价格回落为 1081 元/吨，全年基本稳定在 1050～1150 元/吨；全国炼焦煤自年初的 1380 元/吨高位逐步降至年底的 1290 元/吨。

从国际市场来看，全球能源市场供给宽松，各主要港口煤炭价格总体下行。2019 年欧洲 ARA 港动力煤现货价、理查德 RB 动力煤现货价、纽卡斯尔 NEWC 动力煤现货价等总体呈现下行趋势。以纽卡斯尔 NEWC 动力煤现货价为例，2019 年年末价格合计为 438 元/吨，同比下降 34%。国际市场煤价下行，使得我国港口进口煤价处于下行通道，2019 年自印度尼西亚和澳大利亚至广州港的优质动力煤全年进口均价分别为 664 元/吨和 588 元

/吨，均明显降低。

5. 生产和运行安全能力持续增强，智能化开采较快发展

2019年全国煤矿安全生产形势持续向好，全国煤矿安全生产工作会议数据公布全年煤矿事故死亡起数170起，同比减少54起、同比下降24.1%；煤矿事故死亡人数316人，同比减少17人、同比下降5.1%；百万吨死亡率0.083，同比下降10.8%；连续3年没有发生特别重大事故，煤炭安全生产保障能力接近世界产煤中等发达国家水平。

近年来，我国煤炭运输与消费格局发生较大变化，煤炭运行安全保障能力得到加强。一方面，浩吉铁路投运有效增强了“两湖一江”地区煤炭需求保障，确保这些地区落后煤炭产能退出，同时，也减轻了我国南方地区对传统“西煤东送”“铁水联运”集疏运系统的依赖，缓解了传统煤运线路运力紧张局势。另一方面，全国煤炭消费增速回落，进一步减轻传统煤炭运输的压力，如2019年电煤需求增速放缓致使全国铁路煤炭发运量3年来首现个位数增长。国家铁路局数据表明，2019年全国铁路累计发运煤炭24.6亿吨，同比增长3.2%。电煤运输量完成16.47亿吨，同比增加4538万吨，同比增长2.8%。

2019年煤炭产业智能化开发加速推进，新技术新模式新业态逐步落地，煤炭智能运输、智能控制终端、5G集控等数字化技术应用快速开展。如神东榆家梁煤矿建成了首个无人巡视、自主割煤的智能无人化工作面，全国全年共建成200余个智能化采煤工作面，采煤工作面机器人群已在煤矿井下推广应用；“6～9m超大采高智能化综采成套技术与装备”发明成果全面推广应用；“基于‘装备云’平台的矿山与建筑智能设备上云与运维管理解决方案”项目入围2019年工业互联网创新发展工程；基于5G技术实现驾驶无盲区的大型矿车在内蒙古扎哈卓尔露天矿投入运行。

（二）2020年煤炭发展初判

2020年是我国全面建成小康社会和“十三五”规划收官之年，面临实现打赢蓝天保卫战重要任务，促进煤炭减量绿色发展是推动我国能源革命和实现能源高质量发展的根本要求。

从供应侧来看，2020 年，预计国内煤矿新增产量温和上升，供给端增速相比 2019 年将有所放缓。随着一批矿井证照办理齐全后逐渐投产以及部分投产煤矿产能利用率提升，国内煤炭产出有望继续稳步释放，煤炭产量有望达到 38 亿吨。煤炭进口量基本保持稳定，约 3 亿吨。预计全国煤炭总供给量保持在 41 亿～42 亿吨。

从需求侧来看，电力行业煤炭消费增速预计趋稳，钢铁化工行业煤炭需求将略微增长，建材行业煤炭需求预计持平，其他行业煤炭消费仍将有望较大程度下降，综合影响下预计煤炭需求仍处平台期，随着清洁能源规模继续扩大，煤炭占一次能源需求总量比重将进一步下降。预计全年煤炭需求总量在 40 亿吨以内，煤炭供需仍相对宽松。

在煤炭价格方面，考虑到煤炭总体供需相对宽松，以及国家宏观政策预期降低能源电力价格等综合因素，2020 年全年国内煤炭价格进一步承压，有向下运行的趋势，煤价有望回归到长协基准价 535 元/吨附近。

（三）相关建议

1. 进一步完善应急保障体系，减少局时局地可能出现的供应紧张问题

2019 年我国煤炭供需相对宽松，煤炭市场走势较为稳定，但受不同区域资源禀赋、季节性因素及部分地段运输保障能力不足等影响，局时局地煤炭供需缺口现象仍时有发生，这一问题短期内还不能得到根本解决。2020 年需要重点关注的地区和时段，如“迎峰度夏”时节的华中、西南等地区煤炭供应保障，“迎峰度冬”时节东北三省的煤炭供应保障等。为此，要从加强煤炭社会库存、增进区域调配能力等方面进一步完善煤炭应急保障体系。

2. 发展煤矿智能化开采，提升煤炭安全生产水平

煤矿安全生产是煤炭行业的生命线。2019 年 3 起重大瓦斯事故的死亡人数占全国 37.3%。预防重大事故，推进煤矿安全生产，需要进一步加强“一通三防”工作。建议重点省市和矿山结合实际，加强安全生产管理，有效开展煤矿智能化开采应用，减少一线用工数量，提升安全生产水平。

二、2020—2021年煤炭供需形势分析

2020年是新中国历史上极不平凡的一年，“十三五”规划主要目标任务胜利完成，中华民族伟大复兴向前迈出了新的一大步。全年全国煤炭供需总体平衡，行业新技术应用大力推进，转型发展加速。2021年，我国经济长期向好的基本面没有改变，煤炭行业将继续积极做好供应保障工作，加快自我革命进程，全力推动能源低碳转型，强力支撑国民经济持续健康发展。

（一）2020年煤炭发展形势

1. 煤炭供应保障有力，生产集中度提升

从国内原煤生产量、煤炭净进口量及库存量增减变化等来看，2020年全国煤炭供应总量达到42.4亿吨，有力地支撑了疫后经济社会恢复，为我国实现“十三五”全面建成小康社会提供了巨大支撑。同时，煤炭生产区域和行业集中度进一步提升，煤炭供需协调及区域总体布局问题进一步显现。

一是原煤生产总量达历史高位，但月度生产波动性较大。国家统计局发布的数据显示，2020年全国原煤生产量为39亿吨，同比增加5000万吨，同比增长1.4%，生产量达到历史最高水平。从全年不同时期来看，煤炭生产经历了年初保供复产、年中产能优化、年底挖潜增产的过程。年初受新冠疫情影响，部分煤矿停工停产，导致1—2月全国原煤产量仅4.9亿吨，同比下降6.3%；2月底3月初，为支撑工业经济稳定复苏，国家加大力度推进煤炭生产企业复工复产，带动3月和4月产量分别同比增长9.6%和6%；随着国内疫情得到控制并稳定向好，煤炭保供复产压力减小，5—6月全国煤炭生产小幅下降，上半年累计生产原煤18.1亿吨，同比增长0.6%。第三季度以来，受主要产煤省份开展煤炭领域违规违法问题专项整治、煤矿安全检查等综合因素影响，全国原煤产量有所下降，7—9月煤炭生产9.8亿吨，同比下降1.6%。进入第四季度，为保障“迎峰度冬”需求，国家加大了保供增产力度，推进优质产能集中释放，11月

和12月日均产量维持在1100万吨以上高位。

二是煤炭进口量略增，进口单价较大幅下降。“十三五”以来，我国煤炭进口量呈现逐年递增态势，2020年全国煤炭进口量3.04亿吨、同比增长1.5%，净进口量3.01亿吨、同比增长2.3%。进口煤炭单价也由2018年平均87.5美元/吨的高位降至2020年的66.6美元/吨，累计下降23.9%，其中2020年下降14.7%。从进口来源来看，全年自印度尼西亚、俄罗斯和蒙古国的煤炭进口量合计2.1亿吨，占全国煤炭进口总量的68.7%。

三是全国统调电厂、重点煤企和港口煤炭库存大幅下降。截至2020年年底，全国统调电厂、重点煤炭企业和港口煤炭库存总量约2.3亿吨，同比减少3870万吨左右，降幅为14.2%。其中年末统调电厂存煤1.3亿吨、同比减少3.7%，可用17天。全年煤炭企业库存量随着市场供求变化而波动下降，截至2020年年底，全国主要煤炭企业库存量为5300万吨，同比减少1500万吨、下降22.1%。受2—3月大力推进释放煤炭优质产能及新冠疫情影响，4月中上旬全国港口煤炭库存达到近8000万吨高位，下半年随着国内市场煤炭需求逐渐旺盛，港口存煤逐步释放，年末全国主要港口存煤4897万吨，比上年同期减少1868万吨、同比下降27.2%，其中沿海主要港口库存减少1372万吨。

此外，全国煤炭生产集中度进一步提升，安全生产水平大幅提高。2020年山西、内蒙古、陕西和新疆四省（区）的原煤总产量超过30亿吨，占全国总量的78.3%，同比增加了1.5个百分点，较“十三五”初期增加了9.2个百分点。煤炭区域集中度的提升，需要统筹做好煤炭产地与消费地之间的衔接，健全国家煤炭产供储销体系。不仅如此，随着山西、山东等地区大力推进煤炭企业兼并重组步伐，煤炭行业生产集中度也进一步提升。2020年我国前4家煤炭企业为国家能源投资集团、晋能控股集团、新组建的山东能源集团和中煤能源集团，其各自煤炭年产量均在2亿吨以上，分别为5.3亿吨、3.1亿吨、2.7亿吨和2.2亿吨，合计产量13.3亿吨，占全国煤炭总产量的34.1%。前4家企业产量占全国比重较“十二五”末期增加约10个百分点。“十三五”时期，我国加大淘汰落后产能，累计淘汰退出煤矿5464处、产能9.4亿吨，有力地提升了煤矿安全生产水平。与2015年相比，2020年煤矿事故起数、事故死亡人数、重特大事故起数和煤矿百万吨死亡率分别下降65.3%、62.4%、40%和64.2%。2020年全国煤矿百万吨死亡率为0.059，达到国际先进水平。

2. 煤炭消费创历史高值，消费增量主要来自电力和钢铁行业

国家统计局公布的数据显示，2020年全国能源消费总量达49.8亿吨标准煤，煤炭消费增长0.6%，占一次能源消费结构的56.8%，经初步测算，煤炭消费总量合约28.3亿吨标准煤，超过2013年的28.1亿吨标准煤的历史高值。但煤炭工业协会数据显示，2020年全国煤炭消费实物量同比增长1%，约为40.5亿吨，仍低于国家统计局公布的2013年42.4亿吨的煤炭消费量值。

中国煤炭市场网公布的数据显示，从主要耗煤行业来看，电力和钢铁行业成为拉动煤炭消费增长的主要力量，建材和化工等行业耗煤与上年同期相当。具体来看：①电力行业：受国内疫情防控、国际贸易以及天气等因素影响，电力行业耗煤逐月波动较大，既有2月单月煤耗同比下降13.8%，又见5月、11月和12月单月煤耗同比增长8.1%、25.1%和10.8%的情况。电力行业累计煤炭消费前11月均为负值，到12月累计煤炭消费增长才由负转正。全年电力行业煤炭消费21.9亿吨，同比增加3200万吨左右，同比增长约1.5%。②钢铁行业：全年钢铁行业耗煤保持较快速度增长，累计消费7.3亿吨，同比增加2700万吨左右，同比增长约3.8%。③建材行业：主要受新冠疫情影响，年初全国基础设施建设大规模暂停，建材行业耗煤大幅下降，导致第一季度累计下降23%。2020年4月之后，经济活动逐步恢复正常，建材行业煤炭消费呈现逐月正增长趋势，逐月累计降幅收窄，至2020年11月累计增长转正。全年行业累计耗煤4.9亿吨，同比增加约400万吨，增长约0.8%。④化工行业：上半年，受国际原油价格大幅下跌的影响，全国化工行业整体下行，耗煤减少，下半年有所恢复，2020年前11个月累计增长为负值，全年累计耗煤2.9亿吨，同比微增0.2%。

3. 市场煤炭价格变化较大，年底炒作因素推升煤价

2020年年初，春节期间叠加新冠疫情影响，煤矿停产停工较为普遍，但冬季取暖需求仍较强，供需出现偏紧状况，全国煤炭价格有小幅上涨，到2月下旬环渤海港口5500大卡现货煤炭价格指数较年初每吨上涨10~15元，达到576元/吨左右。2020年2月底，国家加大了煤矿复工复产支持力度，3—4月煤炭生产量大幅增加，随着3月下旬供暖结束，煤炭供需相对宽松，加之欧美等国疫情传播开始严重，经济前景不明，全球大宗商品市场大幅下滑，国际煤炭价格大幅下降，并向国内传导，国内煤炭价格也大幅下行，至4月底5月初，环渤海5500大卡动力煤现货价格指数降至475元/吨，吨煤降幅100元左右。进入2020年下半年，随着经济恢复带动市场需求上升，国内煤价逐步回升，至2020年9月底，环渤海5500大卡动力煤现货价格指数在600元/吨以上。入冬后，经济恢复进一步增长，加之受极端严寒天气、国际能源市场回暖等因素综合影响，全国煤炭价格有所上行，东北和东南沿海等局部地区存在供需偏紧状况，但总体上全国煤炭供应有保障，供需基本平衡。2020年11月下旬以来，市场煤炭价格连续出现大幅上涨，到12月底环渤海5500大卡动力煤现货价格指数达到700元/吨以上，市场现货交易煤炭价格甚至超过1100元/吨，炒作因素发挥了重要的作用。

4. 煤炭行业新技术应用大力推进，转型发展加速

一是煤矿智能化生产技术得到广泛应用。到2020年年底，全国已建成494个智能化采掘工作面，部分企业大力开展煤矿智能控制终端、5G集控等数字化技术应用。如山西华阳新材料科技集团（原山西阳煤集团）新元公司井上井下5G网络开通并完成全部优化工作，建成了全国首个5G煤矿专网；国家能源投资集团神宝能源露天煤矿建成世界首个极寒工况5G+220吨无人驾驶矿用自卸卡车编组项目；陕西煤业化工集团西安煤矿机械有限公司自主研发应用了智能掘进机器人系统；中煤科工集团北京中煤公司自主研发、天地奔牛公司参与制造的国内首台竖井掘进机，已在云南投入使用。

二是煤炭低碳化利用技术得到高度重视。2020年7月，中国央行会同国家发展改革委、证监会发布《绿色债券支持项目目录（2020年版）》，首次将碳捕获、利用与封存（CCS/CCUS）项目纳入其中，拓宽了CCS项目融资渠道。国家能源集团启动捕获15万吨二氧化碳的CCS/CCUS示范项目。截至2020年年底，全国已投入运行商业化CCS项目3个、二氧化碳捕集能力共73.5万吨，在建项目4个、二氧化碳捕集能力共196万吨。《国民经济和社会发展第十四个五年规划和2035年远景目标纲要》明确煤制油气作为全国重点经济安全保障工程，稳妥推进内蒙古鄂尔多斯、陕西榆林、山西晋北、新疆准东、新疆哈密等煤制油战略基地建设，我国现代煤化工产业链将进一步得到完善升级。

三是煤炭的材料化利用得到积极拓展。如山西部分地市积极开发石墨烯气凝胶、碳纤维等碳质新材料技术和产品。

（二）2021年煤炭供需初判

1. 宏观经济走势分析

我国已经提出2030年前实现二氧化碳排放达峰，努力争取2060年前实现碳中和，对我国煤炭经济发展提出了重大挑战。“十四五”时期是我国全面建成小康社会、实现第一个百年奋斗目标之后，乘势而上开启全面建设社会主义现代化国家新征程、向第二个百年奋斗目标进军的第一个5年，也是我国碳达峰的关键期、窗口期。对于煤炭行业来说，更是转型发展最关键的5年。

2021年是我国现代化建设进程中具有特殊重要性的一年，作为“十四五”开局之年，开好局非常重要。我国已具备成功应对新冠疫情经验，加之大规模推广接种疫苗等措施，初步判断新冠疫情将不会再对我国经济社会发展造成较大影响。随着美国新一届政府上台，相关政策更加理性，全球发展环境可能变得宽松，于我国外贸发展相对有利。同时，根据国家相关发展安排，2021年我国将稳步推进保持宏观政策连续性稳定性可持续性、深入推进重点领域改革、依靠创新推动实体经济高质量发展、充分挖掘国内市场潜力、全面实施乡村振兴战略、实行高水平对外开放、加强污染防治和生态建设、切实增进民生福祉八大重点工作。经济和能源发展在预期上，预计2021年实现6%左右的经济增长目标，单位国内生产总值能耗降低3%左右，主要污染物排放量继续下降。

2. 2021年煤炭供需形势判断

我国宏观经济的稳步发展，将带动能源及煤炭领域的进一步发展。展望2021年，从供给侧来看，一方面，随着前几年大力推进煤炭去产能和积极推动煤炭企业兼并重组，我国煤炭优质产能得到有效释放，加之煤矿智能化生产技术广泛应用，整体上煤炭供给能力进一步增强，全年煤炭产量有望稳定在39亿吨左右；在全球贸易环境相对宽松的情况下，我国煤炭净进口量维持在2.5亿~3.0亿吨也是可期的。另一方面，随着煤炭生产向晋陕蒙新地区集中，供需剥离现象加剧，在特定时段局部煤炭消费地区，煤炭供应保障存在“断链子”可能。从需求侧来看，“后疫情时代”随着我国加快构建以国内大循环为主体，国内国际双循环相互促进的新发展格局，我国能源需求也将继续增长。①电力行业：考虑到国内宏观经济稳定增长与国际环境的有利变化，加之2020年基数较低等综合因素，2021年全社会用电增速有望达到6%~7%。在大力发展水电、风电、光伏，积极有序发展核电等非化石电力的前提下，煤电生产量恐仍有增长空间，以带动电力行业煤炭消费进一步增加，全年电煤消费有望达到22.2亿吨以上。②钢铁行业：根据发达国家的发展经验，当人均累计钢铁量在9~12吨时，全社会废钢利用率提升，大量减少高炉钢生产，钢铁行业煤炭消费将大幅下降。当前我国人均累计钢铁量7.6吨左右，预计“十四五”后期我国人均累计钢铁量将达到10~11吨。尽管我国已明确要求钢铁减量发展，但受发展阶段影响，“十四五”时期我国要跨越“中等收入陷阱”，全社会对钢铁需求量仍有望保持一定空间，人均累计钢铁量有望进一步提升，“十四五”前期钢铁行业发展减量空间不大，2021年我国钢铁行业煤炭消费减量可能性不大。③建材行业：“十二五”时期，我国已基本度过传统基础设施建设的高峰期，2021年水泥和陶瓷等建材行业产品需求增长空间有限，建材行业煤炭消费增长可能性较小。④化工行业：鉴于长期受低碳化发展预期，以及煤化工产品与国际油价联动因素等影响，未来现代煤化工发展预期下降；受环保政策越发严格、农用化肥减量消费政策预期等影响，传统煤化工发展受限；考虑到先进碳质材料利用技术仍处于产业发展初期，煤炭的材料化利用规模不会很大。总体上煤化工行业煤炭消费量增长空间不大。因此，预计全年煤炭消费接近41亿吨，煤炭供需总体平衡，局部地区仍有可能出现供需偏紧的现象。

此外，考虑到全国煤炭供需总体平衡，我国电煤长协合同履行率继续保持较高水平，煤炭价格将继续保持合理区间。同时，局部地区特定时段可能出现偏紧的状况，为煤炭市场炒作留下一定空间。

（三）相关建议

1. 积极做好煤炭供应保障

尽管全国煤炭供需总体宽松，但由于煤炭生产进一步集中，区域供需不平衡、不匹配的问题可能加剧，需要统筹做好煤炭产运需衔接。建议建立更加灵活可靠的煤炭应急保障制度，进一步完善消费地区特定时段的煤炭库存体系，增强需求弹性以及区域调配能力。推动电煤长协合同履行率，引导煤炭价格保持合理区间，减少市场炒作。

2. 充分发挥煤炭行业推动能源低碳转型的不可替代作用

充分认识“碳达峰和碳中和”目标愿景对煤炭发展的重大约束，煤炭行业要减量优化发展，推动智能化、绿色化转型，加快自我革命进程。

随着可再生能源的大力发展，囿于可再生能源本身特性以及调峰能力的有限，能源系统稳定运行难度增大，煤炭要甘为人梯，积极配合风、光等可再生能源发展，为新能源发展“扶上马，送一程”。

三、2021—2022年煤炭供需形势分析

2021年，煤炭行业经历了一场历史性大考。在煤炭需求大幅上涨、供需基本面偏紧情况下，我国保障了煤炭安全供应，有效支撑了经济社会稳定运行，并推动行业高质量发展。2022年，我国发展面临的风险和挑战明显增多，保障能源安全仍是重大现实问题。要立足以煤为主的基本国情，先立后破、端牢能源饭碗，持续提升能源清洁高效利用水平，完善煤炭市

场管理。

（一）2021 年煤炭发展形势

1. 国内生产较大幅度增长，煤炭保障能力持续提升

2021 年煤炭逐月产量前低后高，全国原煤生产总量突破 40 亿吨。国家统计局公布的数据显示，2021 年规模以上工业企业原煤生产量达 40.7 亿吨，同比增长 4.7%，全年日均煤炭产量为 1115 万吨。具体来看，2021 年第一季度全国延续上年生产保供政策，晋陕蒙等产能利用率较高，带动全国煤炭产量较上年同期增长 16%，两年平均增长 7.5%，有效保障了北方供暖需求。第二季度受局部地区矿难影响，环保检查和安全督查加强，晋陕蒙鲁等地煤矿生产有所下降，全国日均煤炭生产降至 1070 万吨以下。7 月河南、山西等地区普降暴雨，较大程度地影响了煤炭主产区生产，当月全国原煤日均产量仅 1013 万吨，部分地区煤炭供给不足，市场供需紧张。随后，国家相继颁布“实行核增产能置换”“试运转到期煤矿办理延期手续”等政策，加快优质产能释放，煤炭产量快速提升。9 月底，面对煤炭供需紧张及煤炭价格大幅上涨局面，国家加大政策协调力度，大力实施煤炭增产保供稳价政策。10 月全国煤炭日均产量达 1152 万吨，11 月煤炭增产保供稳价成效显现，供需紧张状况趋缓，12 月全国日均煤炭产量攀升至 1241 万吨高点，可以有效应对“迎峰度冬”。

煤炭产能进一步集中，晋陕蒙新产量占比近八成。2021 年，煤炭行业持续推进释放优质产能、淘汰落后产能、化解过剩产能，煤炭主产区和国有大型煤企的战略地位和重要作用越发凸显。分地区来看，山西、内蒙古、陕西、新疆、贵州和安徽全年煤炭产量实现不同程度增长，分别达到 11.9 亿吨、10.4 亿吨、7 亿吨、3.2 亿吨、1.3 亿吨和 1.1 亿吨。其中，晋陕蒙新四省（区）煤炭产量合计 32.5 亿吨、同比增长 8.1%，占全国煤炭总产量比重提高至 79.9%。年产量低于 1000 万吨的八个省份（苏、吉、湘、闽、桂、赣、鄂、渝）煤炭总产量合计 3597 万吨、同比下降 31.3%，占全国比重不足 1%。分企业来看，国家能源投资集团、晋能控股集团、山东能源集团、中煤能源集团、陕西煤业化工集团和山西焦煤集团六大亿

吨级煤炭企业产量合计约18.4亿吨、同比增长9.4%，占全国总产量比重提高至45.2%。

输运系统完善升级，煤炭运力有效提升。随着“西煤东送”“疆煤外运”“北煤南运”等煤炭铁路运输布局日渐完善、“公转铁”持续推进，以及“铁水联运”的有力实施，全国煤炭输运网络同步得到高强度、高效率提升，有力支撑了全国煤炭调运和能源保供工作。如中煤王家岭联络线年底全线正式开通，进一步增强浩吉铁路的输运能力；兰新铁路、临哈铁路建成投产，确保疆煤外运能力在4000万吨/年以上。截至2021年年底，全国煤炭基地外运通道能力达30亿吨/年以上，其中山西、陕西和内蒙古西部“三西”地区外运能力约18亿吨/年。国家铁路局公开数据显示，2021年铁路煤炭发运量达25.8亿吨、同比增长8.8%；其中大秦线累计完成货物运输量4.2亿吨、同比增长4%。全国主要港口煤炭发运量约8.4亿吨、同比增长12.6%，其中北方七港累计发运量约8亿吨、同比增长11.1%。

2. 进口煤炭近年来创新高，自美国进口量大幅增加

为满足我国经济社会的发展要求，特别是保障沿海地区用能、用电安全，我国近年来加大进口煤炭调节力度，“十三五”时期全国煤炭年进口量保持在2.5亿吨以上。海关数据显示，2021年我国全年进口煤炭3.2亿吨、同比增长6.6%，日均进口量达88.6万吨，进口量占全国煤炭消费比重约7.6%。进口煤炭主要流向珠三角、长三角和京津冀等沿海地区，其中广东、福建、北京、浙江和江苏全年煤炭进口量分别约为6260万吨、6000万吨、4160万吨、2950万吨和1530万吨，有效保障了我国沿海地区电力行业用煤的需求。

从进口来源来看，印度尼西亚、俄罗斯和蒙古国是我国煤炭进口三大来源，2021年自三个国家煤炭进口量分别为1.96亿吨、0.57亿吨和0.16亿吨，分别占我国煤炭进口总量的60.5%、17.6%和5.1%。此外，随着中美第一阶段经贸协议正式签署生效，我国大量进口美国煤炭等能源商品。2021年共从美国进口煤炭1060万吨，美国超越了加拿大和菲律宾，成为我国第五大煤炭进口国。从进口煤种来看，2021年我国进口褐煤1.2

亿吨、炼焦煤 0.5 亿吨和无烟煤及其他煤种 1.5 亿吨，占进口煤比重分别为 37.5%、15.6%和 46.9%。

3. 煤炭消费量继续增长，电力贡献九成消费增量

根据国家统计公报数据，2021 年全国能源消费总量达 52.4 亿吨标准煤，其中煤炭消费增长 4.6%，占一次能源消费结构的 56%，约合 29.34 亿吨标准煤，达历史最高水平。根据煤炭工业协会统计数据，2021 年 1—12 月全国商品煤消费量累计达 42.7 亿吨，逐月煤炭消费量均创近年新高。

电力行业成为煤炭消费增量主体。根据中国煤炭市场网数据，2021 年电力、钢铁、化工和建材四大耗煤行业累计用煤 39.5 亿吨、同比增长 6.7%，占全社会煤炭消费比重为 93% 左右。具体来看，电力行业耗煤占比进一步提升，贡献全社会煤炭消费增量九成以上。2021 年全社会电力需求激增 10.3%，带动全口径煤电发电量同比增长 8.6%，全年电力行业耗煤 24.2 亿吨、同比增长 8.9%，占全社会煤炭消费比重约 57%，较“十三五”初期提升 6.8 个百分点，且贡献了 2021 年全社会煤炭消费增量的 91%。受钢铁行业出口退税、钢铁去库存等政策影响，钢铁行业煤炭消费回落，2021 年钢铁行业煤炭消费达 6.7 亿吨，同比下降 1.9% 左右。此外，化工和建材行业全年煤炭消费略有提升，同比分别增长 3.6% 和 1.1%，分别增加了 3.1 亿吨和 5.5 亿吨。

4. 供需不平衡致煤价大幅波动，政策发力实现增产稳价

2021 年前 9 个月煤炭市场供需呈紧张态势。上半年受优质产能释放较为不畅、大秦线检修以及进口减少等影响叠加，我国煤炭市场供需形势趋紧。1—6 月全国煤炭供需累计缺口近 3000 万吨，其中 4 月供需缺口最大至 4900 万吨左右，这些缺口主要由全社会库存动态调剂。7—9 月“迎峰度夏”，电力需求大增拉动煤炭消费快速增长，全国煤炭供需缺口超过 6500 万吨，全社会煤炭动态库存进一步降低。随着煤炭市场供需缺口加剧，全国煤炭价格大幅上涨。10 月初秦皇岛港口 5500 大卡热值煤炭平仓价格超过 1500 元/吨，10 月中旬大同地区 5800 大卡热值坑口煤炭价格超过 2000 元/吨，10 月 19 日郑州商品交易所动力煤期货 2111 和 2112 分别报

收2360元/吨和2150元/吨。

面对煤炭市场价格暴涨形势，国家于2021年9月底迅速出台一系列煤炭增产保供稳价政策措施。一是加大政策协调力度，推动宏观经济运行管理、国土、安监、环保和能源等部门政策协同，推动相关部门与产煤省份政策协同，推动政府与相关煤炭生产、运输企业政策协同等，有效地破除了限制煤炭增产增供的机制性梗阻。二是推动煤炭主产区加大产能核增和释放力度，据应急管理部数据，推动晋陕蒙等煤炭主产区核增产能2.2亿吨/年，有效保障第四季度煤炭增产5500万吨以上。三是加大企业重点合同煤履约力度，确保电厂煤价稳定，有力保障全国电力安全供应。四是严厉打击囤积居奇、哄抬煤价行为，约谈相关煤炭期货交易所，对非法炒作进行限制。五是引导市场回归理性，国家宏观经济管理部门及时发布煤炭生产相关信息，增强市场信心。在此系列政策措施推动下，国家部委、地方政府和国有企业联合发力，全国煤炭生产量快速增加、煤炭运输效率得到提升、港口和全社会库存获得有效补充、市场煤炭价格快速回落。10月,全国日均产量达到1152万吨，比9月底有大幅增加；大秦线等煤炭输运时效得到加速提升，国家铁路电煤日均装车同比增长20%左右；港口、电厂存煤稳步提升，其中秦皇岛港存煤突破500万吨；电厂供煤大于耗煤持续超过100万吨，存煤水平达到1.06亿吨。入冬后增产保供持续发力，全国煤炭供需形势彻底扭转，至12月底，全社会煤炭供需累计盈余突破1亿吨。截至2021年12月31日，CCTD秦皇岛港5500大卡、5000大卡和4500大卡动力煤综合交易价格分别为每吨773元、692元和584元，比10月29日高点分别下降36%、37%和39%。

5. 稳步推进智能化矿山建设，助推产业发展转型升级

智能化矿山建设稳步推进。据国家能源局初步统计，截至2021年年底，全国智能化采掘工作面已达到687个，其中采煤工作面431个，掘进工作面256个；已有26种煤矿机器人在煤矿现场实现了不同程度的应用，71处国家首批智能化示范建设煤矿总产能近6亿吨。根据相关报道，内蒙古麻地梁煤矿实现5G通信在采煤机、综掘机、巡检机器人、无人驾驶车辆等移动设备终端的工业控制应用，实现500万吨矿井用工少于700人，

单班入井少于80人，吨煤成本低于85元；陕西未来能源公司金鸡滩煤矿建成了国内一流的超大采高智能化综放工作面，生产作业人员减至5人，人均工效达105吨/工；中煤科工集团“煤智云”大数据中心建设项目启动，拟2年内投资10亿元完成建设任务，为实现煤炭行业全面数字化转型升级提供信息基础设施保障。

政策助推煤炭行业转型发展。2021年，相关部门出台《煤炭工业“十四五”高质量发展指导意见》，进一步明确煤炭行业短期发展方向、原则和目标，其中提出的十三大重点任务将全面推动煤炭工业安全绿色开发、清洁低碳利用、产业链现代化，并为我国如期实现碳达峰、碳中和战略目标提供支撑。部分企业在产业发展转型方面起带动作用，如国家能源投资集团榆林化工40万吨/年乙二醇项目投产，对促进国家煤化工产业向高端化、多元化、低碳化转型发展，有着重要的示范意义和积极影响。

（二）2022年煤炭供需初判

2022年是党和国家事业发展进程中十分重要的一年。这一年，我国将召开党的二十大，我国经济社会发展势必保持在稳定的区间。对煤炭行业发展态势的展望，需要在研判经济社会发展态势的基础上，充分关注国际能源发展态势和国内能源市场形势，并做好有效应对。

1. 宏观经济形势和政策要求

面对世界百年未有之大变局和百年未有之大疫情的持续冲击，以及国际地缘政治态势、经济全球化发展、局部军事冲突等不确定性因素增多，世界经济复苏困难，外部环境更趋复杂、严峻。我国经济发展面临需求收缩、供给冲击、预期转弱三重压力，需统筹发展和安全，保持宏观政策的连续性，增强有效性。2022年，我国将坚持稳中求进工作的总基调，统筹疫情防控和经济社会发展，着力稳定宏观经济大盘，保持经济运行在合理区间。

一方面，长期来看煤炭行业减量发展势在必行。我国已把“双碳”工作纳入生态文明建设的整体布局，以能源绿色低碳发展为关键，推进经济社会发展全面绿色转型。为此，我国将大力推动能源革命，持续推进生态环境质量改善、主要污染物排放量继续下降等预期目标实现，坚持降碳、减污、扩绿、增长协同推进，推动能源由“双控”向碳排放总量和强度“双控”转变，煤炭减量发展乃大势所趋。

另一方面，保障能源安全要立足我国能源资源禀赋，坚持先立后破、通盘谋划，传统能源逐步退出要建立在新能源安全可靠的替代基础上，短期内要立足以煤为主的基本国情，抓好煤炭清洁高效利用，推动煤炭与新能源优化组合发展。

2. 煤炭供需形势分析

从需求来看，首先，在宏观经济稳定运行的态势下，全社会用电需求将保持稳定增长，用电增速可能与经济增长同步。综合考虑水电、风电、核电、太阳能发电等清洁电力供应，燃煤发电量增长空间有限，电力行业煤炭需求可能呈较低速增长态势。其次，受传统基础设施建设和房地产开发投资不足、新基建短期拉动效应不显和进出口政策作用对钢铁产品需求的抑制，钢铁行业煤炭消费有望继续保持下降态势，建材行业煤炭需求增长空间也十分有限。同时，受政策调整等影响，化工行业在“原料用煤”导向下有望加速地方项目建设和投产，但短期内上游成本压力和下游市场开拓存在较大阻碍，化工行业全年耗煤情况可能维持2021年水平。综合判断2022年全国煤炭需求保持较低增长态势，全年煤炭消费总量或将仍处峰值平台。

从生产来看，考虑前期通过在建煤矿投产、在产煤矿产能核增、煤矿智能化改造扩产、煤矿产能衰减接续项目达产等措施，全国煤炭净增产能在2亿吨/年以上，预计2022年国内原煤产量将提升至42亿~43亿吨。

从进出口来看，我国有望继续保持适度的煤炭进口量，考虑到受全球生产恢复以及国际国内煤炭价格的影响，净进口量可能有所回落。

从市场运行来看，在供给相对充沛、铁水输运稳定的情况下，2022年我国煤炭供需紧张形势将大为缓解，但“两湖一江”、川渝、东北等地区在特殊时段仍存在供应不足的风险。整体上全国煤炭价格波动幅度较2021年将大为减少，市场煤炭价格有较大的承压下行空间。

（三）相关建议

1. 进一步发挥好煤炭的兜底保障作用

必须立足以煤为主的基本国情，增强煤炭供给弹性，保障能源安全，支撑经济社会稳定发展。一是继续执行煤炭增产保供稳价政策不松懈。尽量维持按2021年第四季度产能规模生产，保障煤炭生产总量稳定，满足全社会用煤需求。二是继续加强政策协调不脱节。保持部门间、部门与地方政府间、政府与企业间等政策协调，有效保障产能稳定释放。三是积极推进部分地区产能储备不放空。对“两湖一江”地区、川渝地区暂缓煤矿退出步伐。四是加强煤运通道建设和运行管理水平，增强区域煤炭资源调配能力。五是加强安全生产管理，确保不发生重大安全事故。六是继续推进智能化生产改造，提高生产效率和信息化水平。

2. 切实有效做好煤炭清洁利用文章

明确“双碳”目标下煤炭减量发展路径方向，分类引导煤炭产业链下游电力、钢铁、建材、化工等行业科学发展。一是加大煤炭洗选力度，推进煤炭分级提质利用，提高商品煤质量，从源头上做好煤炭清洁高效利用工作。二是积极推进煤炭更多用于发电和煤电更多用于降碳，推动具备条件的纯凝机组开展热电联产改造，坚决推进煤电“三改联动”政策落实，有序淘汰落后煤电产能，积极推进燃煤电厂富氧或纯氧燃烧技术进步和示范应用。三是推动炼钢结构转型和升级，进一步有序减少长流程炼钢工艺生产应用；积极研究发展氢冶金等技术和工艺，为远期替代高炉炼钢工艺的焦炭消耗打下基础。四是继续推进以电代煤、以气代煤等方式，替代减少部分煤炭分散式利用量，在无法推进以电代煤、以气代煤的边远地区，提高散煤供给质量，加强型煤利用，鼓励好煤配好炉，减少污染物排放。

3. 加强推进煤炭领域重点改革落实

一是推进煤炭资本市场运行机制改革。加强政策供给，着力提升煤炭市场管理能力，有序规范资本运行管理，发挥资本长处，提升国有资本稳定煤炭市场作用，严厉打击市场炒作，有效引导市场预期，营造更加稳定有序的煤炭市场运行环境，减少煤炭市场价格剧烈波动冲击及对能源安全和经济稳定的负面影响。二是加大国有煤炭企业改革力度。着眼于煤炭行业长远发展，选择煤炭价格可能下行的有利时机，持续推进煤炭企业兼并重组步伐，提升煤炭产业集中度，为煤炭企业转型升级和煤炭资源地区转型发展创造有利条件。

四、2022—2023 年煤炭供需形势分析

乌克兰危机以来，国际能源供应受到严重冲击，全球能源发展危机四伏。为应对新冠疫情等非预期因素冲击，国家统筹发展与安全，加大宏观经济调控力度，高度重视能源保供工作，多措并举保障煤炭市场稳定。煤炭行业迎难而上，增产增供、稳市稳价，国内煤炭供需紧平衡态势得以有效缓解。

（一）2022 年煤炭发展形势

1. 生产能力持续增强

国内煤炭产量大幅提升。我国立足能源资源禀赋，先立后破，稳步推进煤炭增产保供工作，圆满完成煤矿产能核增既定目标，推动实现煤炭产量较大幅度增长。国家统计局公布的数据显示，2022 年，原煤产量同比增长 10.5%，日均煤炭产量达历年最高水平。分季度来看，第一季度，煤矿安监环保督察趋严，部分矿井偶有出现停工现象，但全国煤炭生产整体维持正常，煤矿开工率保持高位，当季日均产煤较上年同期增长约 10%。第二季度，为保障“迎峰度夏”运行安全，国务院积极调整煤矿核增产能政策，加快办理保供煤矿手续，原煤生产保持高位，当季日均产煤较上年同期增长 14.2% 左右。第三季度，7—8 月受疫情静默管控影响，主产区产能释放虽出现时段性滞缓，但从 9 月开始加快优质产能释放步伐，全国日均煤炭产量快速提升。从第四季度开始，煤炭主产区疫情影响反复，10 月煤炭日均产量再度跌至 1200 万吨以下，但 11—12 月地方积极落实稳产保供责任，晋陕蒙等主产区产能核增工作持续推进，规模以上煤企产能利用率保持在 82% 以上水平，全国日均煤炭产量回升至 1300 万吨左右高位，有效应对“迎峰度冬”。

生产集中度进一步提升。2022年，我国煤炭主产区和国有大型煤企的战略地位和重要作用越发凸显，分地区来看，15个煤炭产量千万吨级以上省区产量占比已达99%以上，其中山西、内蒙古、陕西、新疆全年煤炭产量分别达到13.1亿吨、11.7亿吨、7.5亿吨和4.1亿吨，分别同比增长8.7%、10.1%、5.4%和28.6%，四省（区）占全国原煤生产总量的比重提升至81.0%，贡献了全国原煤生产增量的91.4%。分企业来看，原煤产量亿吨级企业扩大至7家，分别是国家能源投资集团、晋能控股集团、山东能源集团、中煤能源集团、陕西煤业化工集团、山西焦煤集团和潞安化工集团，七大亿吨级煤炭企业产量合计约20.6亿吨、同比增长6.4%，占全国总产量比重约45.8%，较上年提升2.7个百分点。

2. 进口煤炭“量减价增”

进口煤炭是我国沿海地区重要补充能源，近年来我国加大进口煤炭调节力度，“十三五”时期煤炭年进口量保持在2.5亿吨以上，且呈逐年递增趋势。2022年，国际煤炭市场发生深刻变革，全球煤炭消费量增长、供应量下降，叠加石油天然气价格高企，全年主要国家和港口煤炭价格被推至前所未有的高位。欧洲三港煤炭期货价格从2022年初的119美元/吨一度飙升至438.35美元/吨；南非理查兹港煤炭期货价格一度突破440美元/吨；澳大利亚纽卡斯尔港煤炭期货价格从2022年年初的157.5美元/吨震荡上行至457.8美元/吨。在此背景下，国内外煤价呈现倒挂，煤炭进口量有所下降。海关数据显示，我国2022年共进口煤炭2.9亿吨，同比下降3000万吨左右，降幅约9.2%；但由于国际煤炭市场价格大幅上涨，进口煤炭总金额超426.2亿美元，同比增长17.8%。

3. 国内供应链有保障

2022年，我国受大范围疫情、产区强降雨、局部地区需求快速释放等因素影响，发生多次区域性供需失衡风险，对煤炭的调运工作形成巨大挑战。根据国家铁路集团信息，2022年全国铁路输运电煤14.9亿吨，同比增长13%。其中，“北煤南运”连接山西到华东地区山东的瓦日铁路货运力分别较2020年和2021年增长39.4%和11.7%；连接内蒙古到华中地区江西的浩吉铁路，运煤总量同比增长55.6%。“西煤东送”连接山西到秦皇岛的大秦线累计完成运量近4亿吨，除常规检修外基本实现满运满发。煤炭铁路运输网络持续高效运行，推动了煤炭跨区域调度高效运转，为煤炭安全供给提供有力的保障，其中晋、陕、蒙等地煤炭调出量占全国煤炭跨区调动90%以上，疆煤外运量同比增长近45%。同时，在能源保供政策的推动下，电厂动力煤库存相对充足，截至2022年年底，我国政府可调度煤炭储备5000万吨，全国统调电厂存煤保持1.75亿吨高位，沿海八省电厂库存可用天数15天，东北地区电厂库存可用天数维持20天以上。此外，铁路运力大幅释放叠加下游电厂库存相对充足，港口库存维持较高水平。截至12月底，内河、沿海港口煤炭库存量在5500万吨左右，较年内最低水平提升25%以上。

4. 煤炭消费小幅增长

商品煤逐月消费呈“前低后高”态势。近两年受经济增长、行业发展和疫情管控等综合影响，煤炭消费处于高位波动阶段，年均消费增速约1.3%。根据国家统计局核算数据，2022年全国能源消费总量较上年增长2.9%，煤炭占一次能源消费比重提高3%～56.2%。另据中国煤炭市场网数据，2022年全国商品煤消费量同比增长约1.1%，较上年回落3.9个百分点。分时段来看，2022年上半年特别是第二季度以来，部分地区疫情管控趋严，区域经济发展滞缓，导致煤炭需求相对疲弱。3—6月煤炭当月消费量连续4个月的负增长，分别同比下降2.9%、5.8%、3.6%和5.7%。从2022年第三季度开始，持续高温天气和大范围干旱少雨导致电厂耗煤连续攀升，日均煤炭需求增至1200万吨以上，全国煤炭消费止跌回升。入冬后，电厂存煤高位虽导致电煤需求10月环比出现下降，但钢铁、化工等产品需求走高，拉动全国煤炭消费量攀升至1250万吨/日水平。

下游行业耗煤需求逐渐分化。据中国煤炭市场网数据，2022年我国电力、钢铁、化工和建材四大耗煤行业耗煤同比增长0.8%，约占全社会煤炭消费比重为92%，煤炭消费逐步呈现出以下4个特点：一是电煤占比进一步提升。2022年全社会火力发电量增长0.9%，全年电力行业耗煤同比增长约2.0%，占全社会煤炭消费比重约56.9%，较“十三五”初期提升

9.5 个百分点，且贡献了 2022 年全社会煤炭消费增量的 80% 左右。二是化工用煤需求快速增长。随着国家明确原料用能不纳入能源消费总量控制，推动煤炭由燃料向燃料与原料并重转变，全年化工行业用煤同比增长约 5.4%，增速居四大行业之首，占全社会煤炭消费比重提升至 7.4% 左右。三是冶金用煤需求趋于平稳。近年来钢铁行业产能压减工作深入推进，全国钢铁行业有效产能总体有所下降。但据调研，2022 年钢材主产区限电导致电炉钢产量明显下降，反向拉动高炉、转炉等长流程炼钢比重提升，虽然粗钢等行业主要产品产量较 2021 年有所下降，但钢铁行业耗煤仍有微增态势，据中国煤炭市场网监测，全年钢铁行业用煤同比增长 1.7% 左右。四是建材用煤大幅下滑。在房地产等行业发展下行背景下，2022 年水泥、平板玻璃等主要产品产量分别下降 10.8% 和 3.7%，直接带动行业耗煤需求同比下降 5.6%，占全社会煤炭消费比重降至 12% 左右，较 2021 年减少约 0.9 个百分点。

5. 煤炭市场平稳运行

其一，煤炭供需偏紧态势得到一定程度的缓解。从 2021 年开始，受优质产能释放较为不畅、输运时段性受阻以及进口减少等因素影响，我国煤炭市场供需形势趋紧，特别在“迎峰度夏”阶段，电力需求大增拉动煤炭消费快速增长，全国煤炭供需缺口超过 6500 万吨，这些缺口主要由全社会库存动态调剂补充。2022 年，我国煤炭增产保供政策持续发力，煤炭产量大幅提升，虽进口量有所下降，但全年煤炭供需盈余呈现不断提升态势，煤炭全社会库存缺额得以有效补充。

其二，政策保障国内煤价平稳运行。2022 年，面对复杂严峻的国际能源形势，我国加强煤炭市场预期管理，抓好煤炭稳价政策落地，实现了国内煤炭价格持续平稳运行。一是明确长协合约价格区间。2022 年 2 月发布的《国家发展改革委关于进一步完善煤炭市场价格形成机制的通知》提出，按照“下限保煤、上限保电”原则，明确港口煤炭中长期交易价格合理区间为每吨 570 ~ 770 元，自 2022 年 5 月 1 日正式实施。二是强化长协合同管理。2022 年 8 月发布的《国家发展改革委办公厅关于强化中长期合同管理确保电煤质量稳定的通知》，要求按照市场化原则，鼓励实行电煤质量“分质分级”管理，体现煤炭“优质优价、低质低价”原则，引导市场主体按照约定进行履约，防止出现“签高售低”等行为，保障电煤质量稳定在合理水平。2022 年 11 月国家发展改革委办公厅发布的《2023 年电煤中长期合同签订履约工作方案》，提出严格按照“基准价 + 浮动价”原则签订，下水煤合同基准价按 5500 大卡动力煤 675 元/吨执行，浮动价实行月度调整。12 月，重点燃煤发电企业煤炭综合平均到厂价每吨 846 元，同比下降 13%，与国际煤炭价格上涨 1 倍以上形成鲜明对比。在煤炭价格调控监管系列措施综合作用下，2022 年我国煤炭市场保持平稳，价格总体运行在合理区间，有力保障了经济社会稳定运行。

6. 智能矿井建设加速

安全生产与高效开采是煤炭企业必须全力确保的目标，依托信息化、智能化技术，变革传统生产方式与劳动组织模式，是煤炭产业转型的必由之路。在全国层面，国家持续推动煤矿智能化改造，有力释放优质产能、淘汰落后产能、化解过剩产能，2022 年全国煤矿智能化采掘工作面从 494 个增至 1019 个，同比增加 42%。智能化煤矿由 242 处增至 572 处，产能由 8.5 亿吨增至 19.36 亿吨。煤矿智能化水平的提高，进一步提升了安全生产能力，2022 年全国煤矿瓦斯事故起数、死亡人数均同比下降 44%，未发生冲击地压和火灾死亡事故，煤矿连续 6 年未发生特别重大事故。在地方层面，通过加大智能化建设扶持力度，加快煤炭开采智能化转型步伐，25 个省份出台了财税支持保障措施，全年智能化煤矿建设投资累计达到 1000 亿元。同时，煤炭主产省区陆续公布煤矿智能化改造路径目标，如内蒙古计划到 2023 年生产矿井全部实现智能化；山东计划到 2025 年全面完成矿山智能化改造；山西提出到 2025 年大型煤矿、灾害严重煤矿全部实现智能化、机械化、自动化；陕西将智能化建设纳入煤矿安全专项整治 3 年行动考核。在企业层面，主要煤企锚定目标、因矿施策，利用智能化、数字化技术，推动煤炭开采提质增效。如国家能源投资集团基本实现煤矿智能化技术及建设 100% 全覆盖、采煤作业面 100% 智能化、掘进工作面 100% 智能化、选煤厂 100% 智能化、固定岗位 100% 无人值守“五个 100%”的目标。山东能源集团通过实施煤矿智能化改造，实现智能开采产量占比超

80%，累计减少井下人员1.2万人。陕西煤业化工集团坚持“系统智能化、智能系统化”思路，全面加速“智能矿井、智慧矿区”建设，建成智能矿井28处、智能化采煤工作面50个，智能化产能占比达到99%，实现智能化从单一系统向全过程延伸、从单个煤矿向全矿区拓展的新突破。

（二）2023年煤炭市场初判

当前我国经济恢复的基础尚不牢固，需求收缩、供给冲击、预期转弱三重压力仍然较大，外部环境动荡不安，给经济社会发展带来的影响加剧。能源安全保供形势下，我国将加强重要能源、矿产资源的国内勘探开发和增储上产，持续提升国家战略物资储备保障能力。2023年，预计我国煤炭供需或转向动态平衡，煤炭市场价格进一步趋于稳定。

1. 煤炭供给保障安全稳定

一是国内原煤产量稳中有增。推动实施煤炭增产保供政策以来，晋陕蒙等煤炭主产区优质产能释放加快，新疆等地新建产能步伐加速，致使我国煤炭产能短时间有力回升。“十四五”时期，煤炭主产区明确增产计划，其中，新疆提出新增产能1.64亿吨/年的煤矿项目建设，产能增幅60%以上；内蒙古提出新建一批大型煤矿，120万吨/年及以上煤矿产能占比达到92%；山西提出对符合核增条件的煤矿“应核尽核、应增尽增”，释放先进煤炭产能。需要注意的是，我国东中部地区煤炭资源开发历史长、强度大，资源逐步枯竭，总体上步入开发中后期，且整体赋存偏差、埋藏深、构造复杂，安全开采难度大、开发成本高，2023年该区域仍将有部分“老旧小”矿井退出。综合判断，预计2023年我国煤矿有效产能较2022年微增，在历史平均产能利用率水平下，全国原煤生产量将稳中有增。

二是煤炭进口量止跌回升。2023年，在地缘政治冲突、供应链受阻以及高通胀等多重挑战冲击下，全球经济增长的预期仍不乐观，国际货币基金组织（IMF）等主流机构判断全球GDP增长或低于3%。在全球煤炭需求总体预期减弱、供给保持基本稳定背景下，国际煤炭市场偏紧态势逐步缓和。2023年2月以来，主要国家和港口煤炭价格连跌至140～240美元/吨区间，逐步回归至理性水平。对于我国而言，2023年，国内外煤价倒挂趋势减弱，国家势必加强进口多元化管理，煤炭进口量或恢复至2021年水平，进一步发挥对我国煤炭市场的补充调剂作用。

2. 煤炭需求维持峰值平台

整体来看，2023年我国发电用煤将持续增长，钢铁和化工行业用煤基本处于稳定状态，建材行业耗煤需求有一定幅度下降，此外，散煤利用每年仍有1000万吨以上的减量空间，全年煤炭需求总量或将仍处峰值平台。具体来看：

一是燃煤发电用煤小幅增长。当前可再生能源发电大幅提升，但为保障电力安全，更好地发挥煤电兜底作用，全国清洁高效支撑性煤电项目加快核准和建设。据中电联判断，2023年我国电力消费需求增长约6.0%，在充分考虑可再生能源发电大幅增长的前提下，燃煤发电量或将小幅增长，进而拉动电煤需求提升。

二是冶金用煤进入峰值平台。"十四五"中后期，我国人均钢铁消费量趋于饱和，电炉钢比重不断提升，投资继续扮演主要动能角色，新型基础设施建设加快布局。参照行业普遍判断，预计2023年粗钢产量较2022年增长1%～1.5%，钢铁行业耗煤形势基本趋同，全年耗煤量同比增长约1.5%。若进一步叠加考虑电炉钢技术推广应用、钢材等主要产品内外部需求持续下降趋势，行业能（煤）耗增速将进一步降低。

三是建材用煤进入下行通道。我国建材行业经历了快速增长、产能优化、低速增长等几个阶段，"十三五"时期行业煤炭需求量相对稳定。"十四五"中后期，受房地产等主要下游行业景气度下行影响，我国水泥、玻璃、陶瓷等建材行业主要商品需求预计整体低位运行，2023年行业煤炭需求或不及过去几年平均水平。

四是化工行业用煤稳中有升。国家明确原料用能不纳入能源消费总量控制，推动煤炭由燃料向燃料与原料并重转变。根据有关煤制气、煤制油及煤制烯烃等新型煤化工项目规划，部分项目已陆续投产，"十四五"后3年内蒙古、新疆、辽宁和山西等省（区）煤化工项目将加快投产步伐，但仍受高煤价带来的成本经济性影响，以及水资源等生态环境约束，初步判断2023年煤制烯烃等新型煤化工产品产量将持续攀升，煤制氨、煤制甲醇等将有所缩减，预计化工行业用煤量仍将有较小幅度的增长。

（三）相关建议

一是持续完善煤炭“产供储销”体系。以发展先进产能为重点，布局一批大型现代化煤矿，持续优化煤炭生产结构，推动煤炭和新能源优化组合。完善煤炭跨区域运输通道和集疏运体系建设，重点保障东北、川渝、“两湖一江”等地煤炭供给安全。做实煤炭东部产量储备、中部产能储备、西部产地储备工作，增强煤炭政府可调度储备和地方、企业储备动态衔接。

二是有效提高煤炭供给质量。在进口方面，持续推动煤炭进口多元化进程，增加高卡优质动力煤进口。在国内方面，给予市场更多配置资源空间，有力提升产能、产量弹性，防范化解高压状态下，煤矿采掘接续紧张带来的品质下降和安全生产风险。

三是合理调节一次能源价格。坚决落实电煤供应中长期合同签约率、履约率、价格执行力“三个100%”政策，平抑价格扰动。推动煤炭煤电企业联营，化解上下游价格波动风险。科学安排电厂等大用户存煤规模，有效应对煤炭价格市场波动。

四是加快推动智能煤矿、绿色矿井建设步伐。煤炭主体能源地位短期难以改变，需统筹能源发展与安全，着力推进煤矿安全、高效、智能、绿色生产。能源安全保供形势下，要因地制宜地加快煤矿智能化、数字化改造步伐，通过科技手段提升我国中东部煤矿生产安全，推动晋陕蒙等主产区煤炭生产提质增效。此外，“双碳”目标下，应加快推动煤炭与新能源融合发展，探索利用煤矿地下空间，试点推广压缩空气储能、抽水蓄能和CCS等项目；在矸石山、矿区空地等，积极开发风能、太阳能等可再生能源。

五、2023—2024年煤炭供需形势分析

2023年是全面贯彻党的二十大精神的开局之年，是新冠疫情防控转段后经济恢复发展的一年，全年能源工作牢记“供应保障能力持续增强”的目标要求，积极推动煤炭产供储销体系高效运转，保供稳价工作取得较大成效。

（一）2023年煤炭发展形势

1. 国内先进产能持续释放

首先，原煤生产稳定增长。2023年，我国煤炭原煤产量再创新高，国家统计局数据显示，全年原煤产量47.1亿吨、同比增长3.4%（其中，规模以上企业原煤产量46.6亿吨、同比增长2.9%），月度产量同比均实现增长、日均产量达到1250万吨的高位水平。具体来看，2023年上半年煤炭产能释放稳中向好，1—6月我国共生产原煤23.0亿吨，同比增长4.4%，国内煤炭供应有保障。2023年下半年，煤炭产业延续积极发展态势，煤矿开工率和产能利用率保持高位，特别是第四季度“迎峰度冬”期间，晋陕蒙新等主产区和主要煤矿企业克服雨雪冰冻增强、安全监察趋严等挑战约束，持续强化组织煤矿生产，稳步推动煤矿增产稳产、原煤产量屡创新高，2023年11—12月全国日均原煤产量保持在1330万吨以上。

其次，生产集中度进一步提升。2023年，全国煤炭生产重心继续西移，主产区增产保供的核心作用凸显。据统计，2023年全年晋、陕、蒙、新四省（区）原煤产量合计37.9亿吨，约占全国的81.3%，较上年提升0.3个百分点，且贡献了全国煤炭增量的81.8%。其中，山西原煤产量13.6亿吨、同比增长3.3%；陕西原煤产量7.6亿吨、同比增长2.3%；内蒙古原煤产量12.1亿吨、同比增长0.2%；新疆原煤产量4.6亿吨、同比增长10.7%。从企业来看，据中国煤炭市场网统计，2023年全国产量排名前十的煤炭企业生产原煤约24亿吨、同比增加8412万吨、占全国规模以上企业原煤产量的比重超过一半，亿吨级煤企数量增至8家，其中国家能源投资集团连续第二年突破6亿吨大关。

2. 煤炭进口量创新高

进口煤炭是我国东南沿海地区重要补充能源，2023年我国继续实施零关税政策，为煤炭进口提供了有利条件，国内煤炭区域性供需错配矛盾得到有效缓解。海关数据显示，2023年我国进口煤炭4.74亿吨、同比增长62%；进口煤炭支出额约530亿美元、同比增长24.3%。从主要进口来源国来看，全年94%的进口煤集中来自印度尼西亚、澳大利亚、俄罗斯、蒙古国4个国家，其中进口印度尼西亚煤炭2.2亿吨、同比增长29%；进口俄罗斯煤炭1亿吨、同比增长50%；进口蒙古国煤炭6997万吨、同比增长125%；进口澳大利亚煤炭5247万吨、同比增长1737%。

3. 跨省运输能力稳步增强

2023年，我国“西煤东送”“北煤南运”“沿海进江”“疆煤外运”等煤炭跨区输运工作进展顺利，由产地、中转港与接卸港构成的“三段”模式基本形成。铁路部门充分发挥在综合交通运输体系中的骨干作用，铁运专线煤炭发运量连创新高。根据国家铁路集团信息，2023年全国铁路煤炭运输总量27.5亿吨、同比增长2.6%，其中电煤22.8亿吨、同比增长4.5%。具体来看，2023年，大秦铁路煤炭年运量达4.2亿吨、同比增长6.4%；朔黄铁路累计完成货运量3.7亿吨，同比增加1930.2万吨；瓦日铁路实现货运量10008.1万吨，年运量再次突破1亿吨大关；浩吉铁路煤炭年运量完成0.96亿吨、同比增长5.5%；“疆煤外运”量6022.7万吨、同比增长9.5%。主要港口装卸效率和弹性潜力充分挖掘。据中国煤炭市场网监测数据，“迎峰度夏”“迎峰度冬”期间环渤海港口以千万吨计进行快速接泊装运，以存煤动态变化有效平抑市场供需波动。截至2023年年底，全国主要港口（如煤炭中转、接卸港口73港等）存煤总量近6500万吨，较2023年年初增加1100万吨、同比增长20%。此外，在供给充足保障下，电煤市场逐步走出自2021年以来紧平衡的状态，全国电厂存煤保持在2亿吨以上，可用天数稳定在26天。

4. 能源安全“压舱石”作用更加明显

2023年，煤炭作为保障我国能源安全的“压舱石”和“稳定器”，在2021年欧洲能源危机、2022年乌克兰危机引发全球能源市场动荡过程中发挥了重要作用，为国民经济蓬勃发展提供了不竭动力。国家统计局数据显示，初步核算2023年我国全年能源消费总量57.2亿吨标准煤，煤炭消费量增长5.6%，但是随着可再生能源产量快速增加，清洁能源比重提升，煤炭占能源消费总量下降0.7个百分点，2023年占比达55.3%、较上年下降0.7个百分点。

分行业来看，2023年全国电煤需求旺盛，非电用煤出现分化：

（1）发电用煤快速增长。2023年极端高温、寒潮多发、频发，来水偏晚、偏枯，致使火电的顶峰、调峰压力进一步提升。中国电力企业联合会和中国煤炭市场网数据显示，2023年全国燃煤发电量同比增加5.7%，带动电力行业煤炭消费增长，电煤占煤炭消费比重进一步提升到59.1%、较上年提升2.2个百分点，发电用煤贡献了近88%的煤炭消费增量。

（2）钢铁行业用煤进入峰值平台。根据国家统计局数据，2023年我国钢材出口同比激增36.2%，带动规模以上企业全年钢材产量同比增长5.2%，特别是在吨钢综合能耗上升1.6%的背景下，据中国煤炭市场网统计，全国钢铁行业用煤增长约2000万吨，行业煤炭消费量占全国煤炭消费总量比重保持15%左右。

（3）建材行业用煤需求趋降。国家统计局数据显示，2023年房地产投资下降9.6%，导致水泥、玻璃需求减少，全年水泥、玻璃产量分别下降0.7%和3.9%，但以光伏、新能源建设为代表的新基建增速加快，综合因素导致建材行业用煤或已出现峰值拐点。

（4）化工用煤稳定增长。2023年化工产品需求旺盛，根据国家统计局数据，乙烯、化肥、甲醇产量分别同比增长6%、5%和4%，煤制烯烃等新型煤化工生产线均保持了较高的运转率，化工用煤需求继续保持5%以上的较快增长速度。

5. 煤炭价格稳步回落

2023年，高供应、高进口、高库存等因素有效缓冲市场供需波动，全年煤炭价格整体平稳。从中长期合同价格来看，2023年秦皇岛港5500大卡下水动力煤中长协均价为713.8元/吨，同比下降7.8元/吨，降幅达1.1%，年内价格峰谷差29元/吨。从现货价格来看，受区域性、品种性供需错配影响，价格经历“V”字走势后稳中有降。以5500大卡动力煤现货价为例，市场煤价年内峰谷差在460元/吨左右，目前较2022年同期下降约两成。

分时段来看，2023年上半年电厂煤炭需求旺盛但长协保障库存相对充沛，钢铁、建材、化工等行业用煤需求略显不足，煤炭市场供需趋于宽松，叠加环渤海港口等环节库存进入去化阶段，煤炭现货价格承压下行。国家统计局监测数据显示，2023 年 6 月无烟煤、普通混煤、山西大混、山西优混等市场价格环比跌幅分别为 -20.4%、-8.7%、-8.6%、-8.2%。2023 年第三季度中后期，经历“迎峰度夏”后非电煤市场开始稍有回暖，价格短时有所回升，但在供给保持充裕的基础上，煤炭价格缺乏持续上涨支撑，环渤海主要港口 5500 大卡商品煤报价 1050 元/吨左右。2023 年第四季度以来，重点区域和重点企业增产保供持续发力，煤炭价格继续下探。截至 2023 年 12 月下旬，无烟煤、普通混煤、山西大混、山西优混分别报收 1087.4 元/吨、720.9 元/吨、833.0 元/吨、942.9 元/吨，较 2023 年初均下降 20% ~30%。

6. 智能矿井建设加速

2023 年，在国家发展改革委、国家能源局共同推动下，我国加快现代化大型煤矿建设步伐，积极推动煤矿智能化升级改造，主要在晋陕蒙新等地，有序核准一批安全有保障、智能化水平高的大型现代化煤矿，保障煤炭产能稳定接续，加快释放优质先进产能。国家能源局数据显示，2023 年全国首批智能化示范煤矿陆续建成验收，累计建成 564 个智能化采掘工作面，单面平均能力达到 500 万吨/年，煤炭行业智能化建设取得新成效。

需要注意的是，随着煤矿持续高强度、高负荷运转，部分地区煤矿采掘接续明显紧张，全国煤矿百万吨死亡率有所上升。国家统计局公布的数据显示，2023 年全国煤矿百万吨死亡人数为 0.094 人、同比上升 23.7%。

（二）2024 年煤炭市场初判

2024 年，我国经济与社会发展面临的环境战略机遇和风险挑战并存，经济社会发展基调仍是稳中求进、以进促稳、先立后破，这就要求进一步强化能源资源安全保障，更好地发挥煤炭兜底保障作用。

1. 优质产能持续释放

随着国家“增产保供”和“产能核增”工作持续推进，我国煤炭先进产能释放加快，预计 2024 年全国煤炭产能核增量维持 2023 年水平。此外，我国东中部地区煤炭步入开发中后期，2024 年仍将有部分“老旧小”矿井退出；晋陕蒙新主产区安监环评趋严，在当前较为宽松的市场环境下，煤矿投产周期较之前或有所增加。综合判断，预计2024年全国煤炭生产维持增长态势，增速较“十四五”前3年有所下降。

2. 进口总量维持高位

一方面，从煤炭进口来源来看，印度尼西亚、俄罗斯、澳大利亚等国煤炭产量仍存在一定增产趋势，但也面临基础设施落后、受国际市场影响和极端天气冲击等风险挑战，实际增产效果存疑。另一方面，IEA判断，全球煤炭消费量可能会在2024年达峰，全年需求增量主要来自印度、东南亚等地区，国际市场竞争加剧。从我国自身来看，煤炭关税税率调整在一定程度上削弱了进口高速增长态势。根据国务院关税税则委员会公布的《中华人民共和国进出口税则（2024）》，自2024年1月1日起恢复煤炭进口关税，除澳大利亚、印度尼西亚的进口煤依旧适用协定零关税税率外，包括俄罗斯、美国、南非、蒙古国等在内的其他国家和地区的进口煤实行最惠国税率，即进口无烟煤、炼焦煤、褐煤关税税率为3%，其他煤为6%。海关数据显示，2024年1—2月我国进口煤炭总量同比增长23%，较2023年62%的同比增速有较大差距。综合判断，在东南沿海煤炭需求增长拉动下，2024年我国煤炭进口总量仍将增长，但随着全国煤炭生产和跨区运输发力，预计全年煤炭进口增幅有限、增速较2023年大概率收窄。

3. 四大行业用煤“三增一降”

2024年国务院《政府工作报告》指出，“2024年我国国内生产总值预期目标增长5%左右”，经济回升向好态势将进一步巩固和增强，势必拉升煤炭需求，下游电力、化工、钢铁、建材行业用煤需求或呈“三增一降”态势。具体来看：

①电力行业。中国电力企业联合会预测2024年全社会用电量同比增长6%左右，“兜底”与“调峰”需求将支撑电煤消费同步增长。②钢铁行业。世界钢铁协会预测2024年全球钢铁需求小幅提升，我国粗钢出口有望持续保持高位；同时，在推动大规模设备更新和消费品以旧换新等政策刺激下，将拉动国内工业通用/专用设备、交通运输设备以及“新三样”需

求增长，进一步通过产业链提升钢铁原材料产品需求，钢铁行业用煤需求保持2023年水平。③建材行业。国家明确要求抓紧推进保障性住房建设、“平急两用”公共基础设施建设、城中村改造等“三大工程”，水泥、玻璃等建材行业主要产品需求或有所支撑，但行业发展整体仍处下行通道，预计2024年全年行业用煤需求或不及预期。④化工行业。当前煤化工行业整体利润良好，化肥、纯碱、煤制烯烃等煤化工生产线保持较高运转率，预计2024年化工用煤需求将继续保持较快增长态势。此外，随着散煤治理重心向民用转移、治理范围向非重点区域延伸，散煤治理难度或逐步加大，减量空间逐渐缩小。

（三）相关建议

“双碳”目标下，我国煤炭减量替代是大势所趋；落实能源保供任务，还要坚持底线思维。2024年，我国煤炭产业仍需持续优化煤炭产能结构，提高供给质量，不断适应调整定位和作用。

一是加快建设一批低成本运转、宽负荷生产的“柔性煤矿”。当前，我国煤炭供需逐步由过去2021—2022年紧平衡转向整体宽松，但能源安全保障任务仍较艰巨，特别是在“迎峰度冬”“迎峰度夏”时段内，东北、“两湖一江”、川渝等地煤炭供给仍较为紧张。建议进一步推进国家、地方、企业多层级煤炭储备体系建设，合理布局一批柔性产能、弹性产能，建立规模适度的煤炭产能储备；加快煤炭企业兼并重组步伐，充分挖掘产能潜力，提升煤炭产能产量弹性，做好产地资源储备和资源接续工作，同步实现安全生产、充足供给。

二是稳步提高煤炭有效供给质量。近两年来，煤炭发挥托底保障作用力加强，市场供需持续偏紧，煤炭供给“增量减质”时有发生，煤炭消费或存“虚高”现象。建议有关部门推动煤炭合同履约监管从“管量”到“管质、管量”转变，严厉打击煤炭供应“错峰执行”“打折执行”等现象；同时，推进全国煤炭统一大市场建设，防范化解高压状态下煤炭品质下降和安全生产风险；并充分利用国内市场需求优势，推动煤炭进口多元化进程，增加高卡优质动力煤进口。

三是要全面推进建设绿色智慧矿山建设。近年来，我国煤炭行业绿色智能升级改造持续推进，充填开采、保水开采、煤与共伴生资源共采等绿色开采技术普遍应用，绿色低碳建设成效显著。特别是大数据、人工智能、5G、区块链等新技术的推广应用，智能应用场景不断扩大，全员工效不断提升，行业整体吨煤生产能耗和碳排放强度稳步下降。建议继续大力推动煤矿“绿色＋智能＋生态”转型模式，不断提高矿区开发与生态环境协调发展水平，加快产业转型发展步伐。

参考文献

[1] 白朝阳,姚远. 铜川煤矿矿区产业转型六题待解[N]. 中国能源报,2020-02-17(015).

[2] 白瑞, 秦书生. 论我国绿色发展思想的形成[J]. 经济纵横, 2012(7): 106-109.

[3] 杜吉明. 煤炭资源型城市产业转型能力构建与主导产业选择研究[D]. 哈尔滨:哈尔滨工业大学,2013.

[4] 曹孜. 煤炭城市转型与可持续发展研究[D]. 长沙:中南大学,2013.

[5] 柴杨. 基于多条件约束的煤炭资源有效供给能力研究[D]. 北京:中国矿业大学(北京),2010.

[6] 陈雅琳,高吉喜,李咏红,等. 江苏省煤炭资源流转及影响因素分析[J]. 资源科学,2010,32(7):1259-1265.

[7] 成升魁,徐增让,沈镭. 中国省际煤炭资源流动的时空演变及驱动力[J]. 地理学报,2008(6):603-612.

[8] 段七零. 我国运煤通道现状与优化对策研究[J]. 中国能源,2007(6):26-31.

[9] 杜祥琬. 以能源转型推动经济高质量发展[J]. 中国石油企业,2019(10):13.

[10] 冯雨,李学刚,丁文芬. 煤炭进口对沿海地区煤炭市场的影响[J]. 中国煤炭,2011,37(7):5-8.

[11] 冯春晖,解海东. 大型能源基地一体化发展模式探析[J]. 煤炭经

济研究,2017,37(8):62－65.

［12］冯姗姗,罗萍嘉．面向空间规划体系变革的资源型城市生态转型规划策略研究——以徐州市为例［J］．上海城市规划,2020(1):55－60.

［13］房照增．东南亚煤炭供需现状及其前景［J］．中国煤炭,2004(9):74－77.

［14］傅角今．世界石油地理［M］．北京:科学出版社,1959.

［15］郝丽莎．世界石油地理格局之变［M］．南京:南京师范大学出版社, 2012.

［16］郝丽莎,赵媛．世界石油资源空间分布格局演化分析［J］．自然资源学报, 2010(11):10.

［17］高思．资源型城市产业转型与可持续发展研究［D］．长春:吉林大学,2006.

［18］郭俊杰．资源型地区经济转型发展探究［J］．中国战略新兴产业,2020(8):103－104.

［19］关睿．我国资源型城市的可持续发展研究［D］．青岛:青岛大学,2010.

［20］国家发展和改革委员会．关于加强分类引导培育资源型城市转型发展新动能的指导意见［Z］. 2017.

［21］国家发展改革委宏观经济研究院课题组．我国资源型城市的界定与分类［J］．宏观经济研究,2002.

［22］国家发展和改革委员会,国家能源局．2021 全国能源工作会议［EB/OL］. https://www.ndrc.gov.cn/fzggw/wld/shx/lddt/202012/吨20201223_1260004.html? code=&state=123.

［23］国家能源局．能源要闻［EB/OL］. http://www.nea.gov.cn/xwzx/nyyw.htm.

［24］国家海关总署．统计月报［EB/OL］. http://www.customs.gov.cn/customs/302249/zfxxgk/2799825/302274/302277/4185050/index.html.

［25］国家统计局．中华人民共和国2021年国民经济和社会发展统计公报［EB/OL］. http://www.gov.cn/shuju/2022－02/28/content_5676015.htm.

［26］国家统计局．中华人民共和国 2022 年国民经济和社会发展统计公报［EB/OL］．http://www.stats.gov.cn/tjsj/zxfb/202302/t20230227_1918980.html.

［27］国家统计局．2021 年 12 月能源生产情况［EB/OL］．http://www.stats.gov.cn/tjsj/zxfb/202201/t20220117_1826406.html.

［28］国家统计局．国家数据库［DB/OL］．http://www.stats.gov.cn/.

［29］关伟，许淑婷．辽宁省能源效率与产业结构的空间特征及耦合关系［J］．地理学报，2014，69(4)：520－530.

［30］高天明，沈镭，刘立涛，等．中国煤炭资源不均衡性及流动轨迹［J］．自然资源学报，2013，28(1)：92－103.

［31］姜巍．中国煤炭资源供应格局演变及流动路径分析［J］．地域研究与开发，2012，31(2)：9－14.

［32］郭云涛．中国煤炭中长期供需分析与预测［J］．中国煤炭，2004(10)：6，22－25.

［33］国务院．关于实施东北地区等老工业基地振兴战略的若干意见［Z］．2007.

［34］国务院．关于促进资源型城市可持续发展的若干意见［Z］．2007.

［35］国务院．关于进一步加强淘汰落后产能工作的通知［Z］．2010.

［36］国务院．全国资源型城市可持续发展规划（2013—2020 年）［Z］．2013.

［37］国务院．关于煤炭行业化解过剩产能实现脱困发展的意见［Z］．2016.

［38］国家发展和改革委员会．关于促进资源型城市可持续发展的若干意见［Z］．2007.

［39］国家发展和改革委员会．关于支持老工业城市和资源型城市产业转型升级的实施意见［Z］．2016.

［40］侯邦安．1995—1996 年我国能源供需形势分析与预测［J］．预测，1995(5)：15－20.

［41］黄园淅，张雷，程晓凌．中国西部地区煤炭供应的时空变化分析

[J]. 资源科学,2009,31(4):687－695.

[42] 黄忠,李瑞峰."十二五"期间我国煤炭供需分析与预测[J]. 中国煤炭,2010,36(8):27－29,72.

[43] 嵇昊威. 江苏省煤炭运输通道研究[D]. 南京:南京师范大学,2011.

[44] 李雪梅. 煤炭资源流动规律及其替代机制研究[D]. 山东科技大学, 2012.

[45] 姜巍,等. 中国煤炭资源供应的时空格局演变及区域经济效益分析[J]. 经济地理,2011,31(12):2054－2059.

[46] 姜巍,张敏,等. 中国煤炭资源铁路流通网络结构特征及其演变[J]. 经济地理,2013,33(1):98－104.

[47] 蒋金泉, 李英德, 任一鑫. 基于MFA的矿区资源微观优化配置模式[J]. 中国矿业, 2008, 17(3):5.

[48] 李擘,严惠兰. 我国煤炭"铁海联运"现状分析[J]. 港工技术,2009,46(1):45－47.

[49] 李国平,王志宝. 中国区域空间结构演化态势研究[J]. 北京大学学报(哲学社会科学版),2013,50(3):148－157.

[50] 李国平,吴爱芝,孙铁山. 中国区域空间结构研究的回顾及展望[J]. 经济地理,2012,32(4):6－11.

[51] 李学刚. 影响2011年国内动力煤市场的因素分析[J]. 煤炭经济研究,2010,30(12):92－94.

[52] 李效臻,饶娆,宋艺航,等. 北京市煤炭生产及消费分析与需求展望[J]. 中国能源,2011,33(12):29－32.

[53] 李忠民,杨晓红. 亚太煤炭贸易格局变化对中国煤炭市场的影响[J]. 中国煤炭,2007(9):79－81,87.

[54] 梁仁彩. 世界能源地理[M]. 北京:科学出版社,1989.

[55] 刘满芝,马燕燕,周梅华,等. 中国煤炭供需与经济的重心演变轨迹研究[J]. 中国管理科学,2012,20(S2):820－826.

[56] 刘满芝. 国家煤炭应急储备规模和布局研究[D]. 北京:中国矿

业大学,2012.

[57] 刘敬青. 铁路省际煤炭调运的分析与评价[J]. 中国能源,2010,32(10):20－24.

[58] 刘敬青. 我国煤炭供需运空间格局分析[J]. 综合运输,2009(12):61－65.

[59] 刘星厚,任晨晨. 煤炭资源流动的系统分析[J]. 煤炭科技,2009(4):86－89.

[60] 吕涛,曹永荣. 区域间煤炭调运网络结构的实证分析[J]. 铁道运输与经济,2009,31(11):1－7.

[61] 罗陨飞,姜英,涂华. 我国煤炭进口形势与进口煤质量分析与研究[J]. 煤质技术,2011(2):1－5.

[62] 吕涛. 煤炭供应保障影响因素及储备保障战略研究[M]. 北京:中国矿业大学出版社,2011.

[63] 邵强. 基于空间结构理论的城市发展理论研究[D]. 南京:河海大学,2004.

[64] 沈镭,刘晓洁. 资源流研究的理论与方法探析[J]. 资源科学,2006(3):9－16.

[65] 钱今昔. 战后世界石油地理[M]. 天津:天津人民出版社,1981.

[66] 秦玉. 基于GIS的空间相互作用理论与模型研究[D]. 上海:同济大学,2008.

[67] 唐志鹏,王亮,刘卫东,等. 我国区域闭合性煤炭流的时空分析[J]. 自然资源学报,2010,25(8):1332－1339.

[68] 唐衍伟. 中国煤炭资源消费状况与价格形成机制研究[J]. 资源科学,2008(4):554－559.

[69] 万祖安,李爱国. 社会场论纲——"自然—文化—人"和谐统一论[J]. 理论前沿,2005(15):35－37.

[70] 王成金. 云贵煤炭基地"西煤东送"运输网络优化研究[J]. 经济地理,2012,32(4):83－89.

[71] 王成金,莫辉辉,王姣娥. 中国煤炭资源的流动格局及流场规律研

究[J]. 自然资源学报,2009,24(8):1402 - 1411.

[72] 王国清,朱德祥. 世界煤炭地理[M]. 北京:商务印书馆, 1987.

[73] 王培宏. 我国煤炭生产—消费的地区性差异研究[J]. 经济地理, 2012,32(8):97 - 101.

[74] 王灵梅, 张金屯. 生态学理论在生态工业发展中的应用[J]. 环境保护, 2003(7):4.

[75] 王如松. 生态整合与文明发展[J]. 生态学报,2013,33(1): 1 - 11.

[76] 王云. 山西煤炭运输通道适应性分析及对策[J]. 综合运输,2008(9):27 - 30.

[77] 汪应宏,郭达志,张海荣,等. 我国煤炭资源形势的空间分布及其应用[J]. 自然资源学报,2006(2):225 - 230.

[78] 肖新建. 煤炭革命3520: 2035年煤炭消费降到20亿吨的合理性分析[M]. 北京:中国经济出版社,2021.

[79] 中国电力联合会. 2023年度全国电力供需形势分析预测报告[EB/OL]. https://www.cec.org.cn/detail/index.html? 3 - 317477.

[80] 中国煤炭工业网. [EB/OL]. http://www.coalchina.org.cn/.

[81] 中国煤炭资源网. 煤炭行业数据库[EB/OL]. http://www.sxcoal.com/data/view/124.

[82] 中国煤炭运销协会. 资讯中心数据库[DB/OL]. https://www.cctd.com.cn/list - 66 - 1.html.